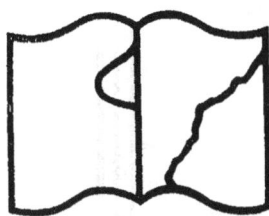

Couvertures supérieure et inférieure détériorées

Début d'une série de documents en couleur

NOUVELLE COLLECTION A 1 FR. LE VOLUME

MAXIMILIEN PERRIN

LA FLEUR

DES GRISETTES

PARIS
LIBRAIRIE MONDAINE
L. BRETON ET Cie, ÉDITEURS
9, rue de Verneuil, 9

EXTRAIT du CATALOGUE de la LIBRAIRIE MONDAINE
L. BRETON & Cie

NOUVELLE COLLECTION (à 1 franc le volume).

ODYSSE BAROT vol.
Le Roman d'un Poète.... 1
Le Mari de la Princesse... 1

GASTON CERFBEER
Les mauvaises Farces.... 1

ERNEST CAPENDU
Marcof le Malouin........ 1
Le Marquis de Loc-Ronan.. 1
Le Chat du bord.......... 1
Blancs et Bleus........... 1
Mary Morgan.............. 1
Vœu de Haine............. 1
L'hôtel de Niorres......... 3
Le Roi des Gabiers........ 3
Le Tambour de la 32e demi-brigade............... 3
Bibi-Tapin............... 4
Arthur Gaudinet.......... 2

ALPHONSE DE CALONNE
Bérengère................ 1

HENRI DEMESSE
Titi-Carabi............... 1
Les trois Duchesses....... 1
La vicomtesse Marguerite.. 1
Margot la Bouquetière..... 1
Le Collier de la Morte..... 1

MARQUIS DE FOUDRAS
Suzanne d'Estouville...... 2
Madame Hallali........... 1
Lord Algernon............ 2
Madame de Mirémont...... 1

JULES DE GASTYNE
Divorcés................. 1
Le Lit de velours noir..... 1
Le Drame des Chartrons... 1
Mariée et Vierge.......... 1
Les Noces tragiques....... 1
Les deux Amours.......... 1
Les Désespérés............ 1
Une Vengeance terrible... 1

A. HUMBERT
Les Gens de Velleguindry.. 1
Tailleboudin.............. 1

ARMAND LAFRIQUE vol.
Père Infâme.............. 1

ARMAND LAPOINTE
Les Amoureuses........... 1

RENÉ MAIZEROY
Les Passionnés............ 1

CATULLE MENDÈS
La Vie sérieuse........... 1
Histoires d'Amour......... 1

GUSTAVE AIMARD
Dona Flor................ 1
Une Vendetta mexicaine... 1

G. AIMARD & D'AURIAC (J.-B.)
La Caravane des Sombreros. 1
I'm l'Indien.............. 1
Rayon de Soleil........... 1
L'Aigle noir des Dahcotas.. 1

CHINCHOLLE
Le Joueur d'orgue......... 1

ALBERT DUPUY
Savine................... 1

GEORGES GRISON
Le Panier de la rue des Moulins.................. 1

HENRI DE KOCK
Mademoiselle Croquemitaine. 1
Les treize nuits de Jane... 1
Le Monde où l'on rit jaune. 1

ALPHONSE DE LAUNAY
Le Crime de la rue des Lilas. 1
L'Homme à la pipe........ 1

ÉDOUARD MONTAGNE
Serments de Femme....... 1

XAVIER DE MONTÉPIN
Le Loup noir............. 1
Pivoine.................. 3
Mignonne................ 1
Les Viveurs de province... 1

LOUIS NOIR vol.
La Banque juive.......... 1
Le Médecin juif........... 1
Le Colporteur juif......... 1
Le Roi des Chemins....... 1
Le Ravin maudit.......... 1
Jean Chacal.............. 1
Le Coupeur de Têtes...... 2
Le Lion du Jordan........ 2

GEORGES PRADEL
L'Affaire de la rue de Douai. 1
Le Cirque Bompard........ 1
L'Abandonné............. 1

MAXIMILIEN PERRIN
La Fleur des Grisettes..... 1
L'Enfant de l'Amour....... 1
Une Fille à marier......... 1

GEORGES RÉGHAL
M. le Docteur............ 1
La ruine du Charlatan..... 1
Les Rostangs............. 1
Le Sacrifice de Raymonde.. 1

LÉOPOLD STAPLEAUX
Où mène l'Amour......... 1
Maîtresse et mère......... 1
L'honneur perdu.......... 1
Le demi Grand-Monde.... 1

SIRVEN & LA RIQUE
Le beau Maquignon....... 1
Jacques Lenormand....... 1

A. SIRVEN & D'ORSAY
La Paillotte.............. 1
Cœur de fer.............. 1

PHILIPPE TONELLI
La Vierge des Makis....... 1
Seppa................... 1

AUGUSTE VILLIERS
Maman.................. 1

LUDOVIC DE LAÈRE
Le Crime de l'Étang-Rouge. 1

PARIS. — TYP. PAUL SCHMIDT.

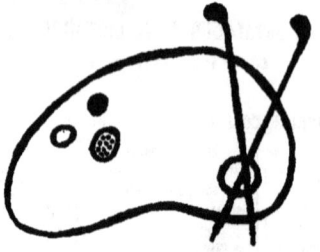

Fin d'une série de documents
en couleur

LA FLEUR
DES GRISETTES

MAXIMILIEN PERRIN

LA FLEUR
DES
GRISETTES

L. B

PARIS
LIBRAIRIE MONDAINE
L. BRETON ET Cie ÉDITEURS
9, RUE DE VERNEUIL, 9

1894

(Traduction et reproduction réservées)

LA FLEUR DES GRISETTES

I

C'était par une belle journée du mois de mai et à la neuvième heure de la matinée, que deux jeunes gens se promenaient pédestrement et tout en causant à travers les routes ombreuses des bois qui séparent Verrières de Meudon. Le soleil versait alors à longs rayons sa chaude lumière sur la terre moite du printemps. Un air tiède et pénétrant descendait des hauteurs qui entouraient les bois, tout chargé d'arômes, imprégné de senteurs, encore tout parfumé de son passage à travers les arbres, les genêts et l'aubépine en fleurs.

Les pinsons jetaient parmi les branches leurs fanfares éclatantes et les fauvettes babillaient dans les buissons.

— En voyant cette luxuriante verdure, en respirant à pleine poitrine cet air pur et embaumé, je te pardonne de très bon cœur, mon cher Gabriel, l'irrévérence que tu as commise à mon endroit, en m'éveillant dès l'aube matinale, en m'arrachant au doux repos que je goûtais dans mon lit, pour me forcer de t'accompagner dans ta promenade de ce matin. D'honneur, je me crois en paradis au milieu de ce bois vert et fleuri, en foulant sous mes pieds profanes ce beau et doux gazon tout émaillé de violettes et de pâquerettes. Seulement, je suis très curieux de savoir en quel lieu ou village de ce canton nous conduit notre pérégrination à travers ces bois touffus.

Disait un de nos promeneurs, jeune homme d'une trentaine d'années, à la chevelure brune et frisée, assez joli garçon et d'une taille moyenne, ayant nom Octave Boudinier, et de plus possesseur d'une dizaine de mille livres de rentes, lesquelles lui permettaient de mener une existence joyeuse et indépendante.

— C'est vers le Bas Mendon que nous portons nos pas, où nous nous arrêterons afin d'y déjeuner chez un espèce de cabaretier-traiteur, répondit en souriant Gabriel Dupuis, jeune homme de vingt-quatre ans, dont le front large et découvert, surmonté d'une chevelure noire et abondante, révélait une grande intelligence; dont les yeux vifs prenaient parfois une expression de mélancolie rêveuse, et duquel les beaux traits étaient empreints d'un air de bienveillance qui prévenait en sa faveur. Orphelin depuis l'âge de vingt ans, Gabriel Dupuis jouissait d'une assez belle fortune que lui avait laissée son père, ancien négociant, d'une honorabilité reconnue.

— Comment, c'est dans un cabaret que tu songes à nous faire déjeuner, nous, des habitués du café Anglais ?

Mais malheureux, tu veux donc m'empoisonner en condamnant mon estomac à se substanter d'horribles aliments fricassés par un affreux gargotier de campagne ?

— Sois sans crainte, gouliafre, car voilà près de quinze jours que je déjeune, dîne même chez ledit gargotier et je m'en trouve fort satisfait.

— Très bien, mais pourquoi cette préférence de ta

part pour un honteux cabaret, lorsque Meudon possède d'excellents restaurants ?

— Parce que, mon cher Boudinier, le cabaret du père Tripotte possède une chambre qui est située au-dessus de sa boutique, que cette chambre a deux croisées par lesquelles la vue embrasse toute l'étendue d'un magnifique et vaste jardin, espèce de parc, dans lequel est pour ainsi dire enclavé ledit cabaret.

— Quoi, c'est pour le simple et innocent plaisir de contempler par une fenêtre le jardin en question que tu franchis tous les matins l'énorme distance qui sépare ta maison de campagne du Bas-Meudon ? demanda Octave Boudinier d'un air surpris.

— Cher ami, ta surprise doit cesser en apprenant que dans ce jardin il s'y promène chaque matin une admirable jeune fille, de laquelle je suis devenu amoureux fou.

— Oh ! alors je comprends tout ça : à quoi en es-tu avec cette admirable ?

— Rien qu'à la simple contemplation, et pourtant voilà quinze grands jours que je l'ai aperçue pour la première fois, à l'église, un dimanche, accompagnée d'une vieille tante placée auprès d'elle en qualité de duègne. Ce jour-là, mon cher, j'ai été assez heureux pour toucher de mes doigts les doigts rosés d'Angelette, en lui présentant de l'eau bénite à la sortie du temple.

— Ah ! elle se nomme Angelette ?

— Oui, mon cher Octave ; nom charmant que justifient la grâce, la modestie de cet ange de beauté qui, en acceptant ma politesse le plus gracieusement possible, daigna lever sa paupière veloutée pour me remercier par un aimable regard.

— Fichtre ! voilà qui est d'un amour des plus naïfs... Après...

— Depuis il ne s'est pas passé une matinée sans qu'Angelette, lors de sa promenade solitaire dans le jardin, ne m'ait aperçu à la fenêtre du cabaret, d'où je la contemple avec amour et passion.

— Mon avis est, mon bon Gabriel, qu'en te voyant dès l'aurore au cabaret, cette jeune fille doit te prendre pour un ivrogne.

— Allons donc! je suis certain, moi, que mon assiduité à cette fenêtre lui aura fait deviner que je n'y viens que pour elle, pour l'amour dont ses charmes ont embrasé mon cœur.

— C'est assez probable... Quelle est cette jolie fille, et d'où vient-elle ?

— Grâce à la cabaretière que j'ai fait parler, je sais qu'Angelette est la fille unique d'un négociant en quincaillerie, retiré depuis dix ans des affaires après y avoir fait une fortune considérable, lequel, malheureusement pour sa fille, a commis la sottise impardonnable de se remarier, d'épouser, après dix années de veuvage, l'ex-dame de compagnie de sa défunte, jeune femme astucieuse et très coquette, assez jolie, dit-on, qui, pour jouir d'une plus grande dose de liberté, et courir le monde, y coqueter sans craindre d'y être éclipsée par la rare beauté de sa belle-fille, relègue cette dernière durant neuf mois de l'année, sous la garde d'une vieille parente, dans la maison de campagne vers laquelle je te conduis.

— Alors le quincailler n'aime pas sa fille, puisqu'il consent à ce qu'elle vive ainsi éloignée de lui ? observa Boudinier.

— Il l'adore, au contraire, mais le cher homme craint encore plus sa femme, dont il est fort amoureux et qui le mène par le bout du nez.

— Encore une marâtre qui, après s'être emparée de l'esprit d'un vieil imbécile, ruinera la pauvre Angelette en lui volant son héritage, après en avoir fait sa victime du vivant de son père.

— Il faut espérer le contraire, puisque, à part son excessive coquetterie et sa passion pour le plaisir et le luxe, on dit cette femme aussi bonne que désintéressée.

— L'amour du plaisir, la coquetterie et le désintéressement sont le lot de la jeunesse, mais le caractère change en vieillissant, avec l'âge vient le positif; car c'est la fin, c'est le dénouement qu'il faut attendre pour bien juger les choses. Mais laissons venir, et, en attendant, dis-moi quel moyen tu comptes employer pour te faufiler auprès de ta belle et de t'en faire aimer?

— Boudinier, je n'ai encore rien arrêté, et si je t'ai fait venir à ma campagne, si, pour t'arracher plus sûrement quelques heures à tes joies mondaines de Paris, je t'ai écrit que j'étais malade, que la présence d'un ami tel que toi calmerait mes souffrances, ce n'était qu'en l'intention de te faire part de l'amour que m'a inspiré Angelette et de te demander des conseils, à toi, tant expert en fait d'intrigues amoureuses, toi qu'on a surnommé le lovelace, l'irrésistible, le dompteur de femmes.

— Hélas! ce n'est que trop vrai, mon cher Gabriel, mes nombreux triomphes auprès du beau sexe m'ont mérité ces glorieuses et diaboliques dénominations qui ne me rendent pas plus fier, quoiqu'étant l'œuvre de mon mérite, de mon éloquence persuasive et de quelques agréments dont dame nature s'est plu à orner mon physique, fit Octave Boudinier, d'un ton où perçait une énorme fatuité.

— Allons, conquérant, dis-moi comment je dois m'y prendre afin d'apprivoiser la jolie fauvette dont j'ambitionne le cœur et la possession.

— Est-ce une maîtresse ou une légitime que tu convoites en elle? s'informa Boudinier d'un air grave et important.

— L'une ou l'autre; cela dépendra, répondit Gabriel.

— Du plus ou moins de qualité de la belle, cela se comprend! Eh bien! cher, si tes vues sont honnêtes, style bourgeois, il faut t'en aller tout droit à Paris faire une visite au papa et à la maman belle-mère d'Angelette, et après leur avoir carrément exposé ta position, demander la main de leur fille et tes grandes entrées dans leur maison ; si, au contraire, tu ne veux qu'une maîtresse, courtise la jeune fille en cachette, fais-toi adorer d'elle, puis enlève-là.

— Octave, je n'ai encore parlé à Angelette, ni été à même d'apprécier ses qualités, mais à en juger d'après son charmant physique, par cet air d'adorable innocence qui règne dans ses traits divins, à la décence de son maintien, je suis d'avance persuadé qu'une fille pareille repousserait toute proposition de la part d'un homme qui oserait lui conseiller une action, une démarche qui pourrait porter atteinte à son honneur.

— Que tu es timide et niais en matière d'amourette ! et que tu connais peu le cœur des femmes ! Certes que si, de but en blanc, et avant de t'être fait aimer de la jeune fille, tu t'avisais de lui proposer une fugue, de planter là sa famille pour courir la prétentaine avec toi, qu'un refus de sa part, sa colère et son mépris seraient la juste récompense de ton audace ; mais fais comme moi, commence par captiver ta belle d'abord par de tendres œillades, par de langoureux soupirs exhalés à propos, puis, assiège ses oreilles de ces douces et insinuantes flatteries qu'une femme aime tant à entendre ; deviens pressant, irrésistible, fais en sorte d'emporter d'assaut le cœur que la fillette, aux trois quarts vaincue, ne défend plus que très faiblement, puis, une fois maître de la place, exige, commande, car tu n'as plus devant toi qu'une esclave qui d'elle-même te prodiguera les baisers qu'elle te refusait avant que tu ne fusses son vainqueur.

— C'est bien tout cela, mais comment débuter auprès d'Angelette ? Quel moyen employer pour l'aborder et l'entretenir de la passion brûlante que ses attraits ont fait naître en moi ?

— Rien de plus facile, cher ; je t'expliquerai cela lorsque nous serons à table et que la présence de la belle promeneuse aura inspiré mon génie inventif.

— Avec cet esprit entreprenant et audacieux, Boudinier, tu dois rencontrer peu de cruelles ?

— Je n'en ai jamais trouvé qui osassent me résister, cher ami. Présente-moi la femme la plus belle comme la plus sévère, la lionne la plus farouche, la vertu la plus à cheval sur les bonnes mœurs, la femelle la plus ennemie de l'amour et des hommes, et je me fais fort de la dompter, de l'asservir à mes caprices et volontés.

— Toujours vainqueur et heureux, tu dois, de cette façon, compter tes maîtresses par centaines, observa Gabriel.

— Cher, j'en suis pour l'instant au numéro 217, fit Octave avec fatuité.

— 217 ! c'est ébouriflant. Décidément, Octave, tu es un profond scélérat.

— C'est ainsi que m'intitulent mes nombreuses victimes, cher !

La conversation en était à ce point lorsque nos deux amis, arrivés au Bas-Meudon, atteignirent le modeste cabaret du père Tripotto, dans lequel ils pénétrèrent pour vivement gagner la chambre haute et s'y attabler près de la fenêtre qui donnait sur le jardin d'Angelette, où madame Tripotto, jeune dondon aux joues fraîches et rebondies, à la bouche souriante ornée des plus belles dents du monde, s'empressa de leur servir une copieuse omelette au lard à laquelle devait succéder une fricassée de poulet.

Les deux amis, affamés par une longue promenade, par l'air pur et frais du bois, attaquèrent vigoureusement le déjeuner en l'humectant d'un bourgogne assez passable, tout en tournant souvent leurs regards sur le vaste jardin dont les pelouses, les parterres de fleurs et les ombreux massifs se déroulaient sous leurs yeux.

— Décidément, cette grosse mariton me plaît et il me prend la fantaisie originale de m'encanailler avec elle, ne fût-ce qu'une fois, dit Boudinier, après avoir jeté un regard de convoitise sur les dodus appas de la cabaretière.

— Comment, scélérat ! tu oserais même t'en prendre à cette pauvre femme ? fit en riant Gabriel.

— Idée bizarre d'un homme blasé, fatigué des femmes du monde, et curieux d'apprendre de quel genre de plaisir est capable de vous saturer une maritorne de cette espèce grossière et commune.

— Boudinier, selon moi, tu rabaisses un peu trop bas notre gentille hôtesse à laquelle, pour plaire et briller dans certaine société parisienne, il ne manque qu'un joli chapeau sur la tête, un cachemire sur les épaules et quelque peu de ces jolis colifichets qui complètent la parure de nos dames de la ville.

— D'accord, mais tout cela ne donnerait pas à cette boulotte le chic et le genre de nos femmes de Paris, observa Boudinier. N'importe ! telle qu'elle est, cette femme me plaît, j'en suis gourmand et j'en goûterai.

Comme notre dompteur terminait ces mots, lui et Gabriel virent déboucher d'une avenue du jardin une belle et gracieuse fille vêtue d'un coquet négligé du matin et la tête couverte d'un large chapeau de paille d'Italie. C'était Angelette qui se rendait au parterre situé sous la fenêtre d'où la contemplaient les deux amis, pour faire une moisson des fleurs les plus belles et les plus fraîches.

— Eh bien ! comment la trouves-tu ? demanda vivement Gabriel à Boudinier.

— Extraordinairement belle et superbement gracieuse. Une véritable sylphide à la blonde et soyeuse chevelure... Je remarque en plus, cher ami, que ce chérubin qui, sans nul doute, aura deviné le but de tes assiduités et ce qu'exigent d'elle les tendres regards que tu lui adresses, dirige de temps à autre, à la sourdine, ses beaux yeux vers toi... Gabriel, cette fille t'aime déjà, elle est vaincue, elle est à toi, mon cher.

— Boudinier, si tu ne veux me faire mourir de joie, ne me dis pas de ces choses-là, ne me pronostique pas un bonheur dont l'accomplissement n'existe sans doute que dans ton imagination, car, en matière d'amour, l'amitié est presque toujours consolatrice.

— Gabriel, écris sur ce feuillet ce que je vais te dicter, répondit Boudinier tout en arrachant une feuille de papier de son calepin pour la présenter, ainsi qu'un crayon, à son ami.

— Dicte, car je t'ai deviné, fit Gabriel.

« Pour vous, je meurs d'amour, adorable Ange-
« lette; au nom du ciel, prenez pitié d'un amant qui
« gémit et brûle du désir de tomber à vos genoux,
« pour vous jurer un amour éternel et implorer de vos
« lèvres divines le mot charmant qui doit encourager
« sa flamme. Un refus de votre part, belle Angelette,
« pour moi c'est la mort, car je sens que désormais il
« ne m'est plus possible de vivre sans vous. Je me
« nomme Gabriel Dupuis, j'ai vingt-quatre ans, je
« possède une honnête fortune et j'habite en ce mo-
« ment une maison de campagne située sur la lisière
« du bois de Verrières. Demain, belle Angelette, de-
« main comme chaque jour je reviendrai ici solliciter
« un regard de vos beaux yeux, un peu de pitié en fa-
« veur de l'amour que vous m'avez inspiré. »

Ces mots écrits, Boudinier plia le papier et dit à Gabriel de le jeter à Angelette, tout en accompagnant cet envoi d'un baiser.

L'amour, qui sans doute protégeait notre jeune amoureux, dirigea son billet doux et le fit tomber sur le buisson de roses blanches qu'Angelette était entrain de moissonner. La jeune fille, dont le papier venait d'effleurer la main, se recula vivement tout en portant son regard de la lettre à la fenêtre; puis, ayant aperçu à cette dernière Gabriel qui la contemplait tout en lui envoyant un baiser de la main, Angelette se retourna pour prendre la fuite et courir se perdre dans un massif d'arbres.

— Malheur ! elle n'a pas daigné seulement ramasser mon billet ! s'écria Gabriel au désespoir.

— Tu ne pouvais attendre tout de suite cette démarche de sa part, car la bienséance s'y opposait ; mais quittons ce lieu, pour y revenir un peu plus tard, et si nous retrouvons notre lettre à la place où elle gît en ce moment, je consens à être pendu.

— Tu penses donc, Boudinier, qu'elle sera venue la prendre ?

— La prendre, la lire et la cacher ensuite dans son joli corsage pour la relire ce soir, demain et toujours, répliqua Boudinier.

— J'accepte cet heureux augure ; soldons notre déjeuner et partons, car j'ai hâte de revenir.

Ce fut dame Tripotto qui apporta la carte à payer.

— Savez-vous charmante cabaretière, que l'éclat de vos beaux yeux est capable de séduire un saint, que les perles admirables qui ornent votre bouche de corail appellent le baiser, enfin que vous êtes adorable et qu'il ne m'a suffi que de vous voir pour devenir subitement amoureux de vous ? disait Boudinier à dame Tripotto dont il entourait la taille de ses deux mains, tandis que Gabriel, penché à la fenêtre, cherchait Angelette des yeux.

— Ne vous moquez donc pas de moi, s'il vous plaît, Monsieur ? répliqua la cabaretière tout en essayant d'échapper au conteur de fleurettes.

— Dame Tripotto, votre mari est vieux et laid moi je suis jeune et riche, réfléchissez ! je veux être votre amant.

— Je ne voulons pas d'autre amoureux que mon homme.

— Un rustre indigne de vous, tandis que moi, qui saurais apprécier tout ce qu'une jolie femme telle que vous mérite d'égard et d'amour, je vous inonderai de soins et de gracieux présents... Est-ce dit ?

— Non pas !

— Alors j'accepte le contraire et prends ce baiser pour gage, répondit Boudinier pour ensuite saisir à deux mains la tête de la jeune femme et lui appliquer ledit baiser sur les lèvres.

— Oh ! quel enjôleur vous faites donc ? s'écria la cabaretière toute rouge, en rajustant son bonnet et en s'échappant de la chambre.

— Décidément je reviendrai souvent déjeûner ici, se dit Boudinier, en rejoignant Gabriel à la fenêtre.

— Elle ne revient pas ! soupira ce dernier.

— Certes, tant que tu resteras planté à cette croisée où, cachée derrière quelque touffe d'arbre, te contemple ta belle qui brûle de t'en voir disparaître afin d'accourir chercher ton billet doux, répliqua Boudinier.

— Alors, partons.

— Pour aller rôder autour des murs qui ferment ce jardin afin de nous assurer si quelque brêche ne pourrait pas t'en faciliter l'entrée, c'est-à-dire, le moyen de te rapprocher d'Angelette et d'entrer en connaissance avec elle.

— Escalader une muraille, passer pour un voleur ! allons donc !

— Cher ami, tout est permis en amour ! Si tu t'avises de reculer devant le moindre scrupule, adieu tes succès auprès de ta belle... Viens donc, et crie avec moi : Vivent l'audace et la ruse !

Nos deux amis quittèrent le cabaret pour aller rôder autour du jardin d'Angelette qui, clôturé en grande partie par un mur élevé, se terminait dans la campagne par une haie d'épine et de troène.

— Cher, voilà le passage que l'amour t'a réservé, dit Boudnier à Gabriel en lui indiquant la haie.

— Quoi ! à travers ces ronces et ces épines ! Es-tu fou ?

— Cher, j'ai entendu dire dans certaine pièce intitulée : *Le Pied de mouton*, que Gusman ne connaît point d'obstacles. Sois comme lui si tu tiens à triompher.

— Mais, malheureux, tu veux donc que je laisse ma chair après ces affreux piquants ?

— Sois sans crainte, douillet ; demain, sur mon ordre, ton jardinier, avec sa serpette, t'aura ouvert un passage secret à travers ces ronces... Es-tu content, maintenant ?

— Du moins, plus tranquille, répondit Gabriel en souriant.

Quelques instants plus tard les deux amis rentraient au cabaret, et Gabriel joyeux s'écriait : Le billet n'y est plus !

— Corbleu ! je te le disais bien, que l'enfant charmant n'attendait que notre absence pour bien vite satisfaire son impatiente curiosité, répliqua Octave Boudinier.

II

— En vérité, [ma chère femme, vous avez ce soir l'humeur rocailleuse en diable, disait à Victorine née Latouche, sa femme légitime, M. Alcibiade Desjardins, père de la belle Angelette, dans le salon de leur hôtel de la rue de Londres.

— C'est, qu'en vérité, la vie que vous me faites, Monsieur, est aussi maussade qu'insipide, et, cependant, lorsque vous me faisiez la cour et me tourmentiez pour devenir votre femme, vous me promettiez une existence filée de soie et d'or. Où est aujourd'hui l'effectif de toutes ces belles promesses ? J'aime la toilette, et vous me faites attendre depuis huit jours le cachemire que j'ai choisi ; j'aime le bal, le spectacle, donner des fêtes chez moi, et vous me privez, la plupart du temps, de toutes ces jouissances, sous le prétexte que le cercle auquel vous êtes abonné réclame chaque soir votre présence, en sorte que je suis condamnée, moi, jeune femme, à rester seule à la maison, où je m'ennuie d'une horrible façon.

— Vous êtes injuste dans les reproches que vous m'adressez, ma chère Victorine. Premièrement, est-ce que, confiant en votre honneur, je ne vous accorde pas une liberté pleine et entière ? celle d'aller dans le monde, au bal, au spectacle, quand bon vous semble, même de recevoir chez vous les amis qui vous plaisent ?

— Hé ! Monsieur, oubliez-vous qu'une femme ne peut sans cesse se présenter seule dans le monde, surtout quand elle est jeune, à moins de s'exposer à se voir courtiser par chaque homme à qui son isolement donne le droit de lui adresser son impertinent hommage ? Oubliez-vous encore que chaque fois que je vous prie de vouloir m'accompagner dans le monde, que la plupart du temps vous me refusez sous le prétexte que vous êtes fatigué. Voilà pourtant à quoi s'expose une jeune femme qui épouse un vieillard.

— Si vous le prenez sur ce ton, madame Desjardins, je vous répondrai qu'ayant été l'espace de quatre ans la dame de compagnie de ma défunte, vous avez eu le temps de connaître et d'étudier mes habitudes, de savoir que je déteste aller dans le monde, et surtout de passer les nuits. Quant à cette vieillesse dont il vous plaît de me gratifier par anticipation, vous me permettrez de vous rappeler que je n'ai pas encore atteint la soixantaine.

— C'est juste, car il s'en faut de trois mois que vous n'ayez atteint cet âge respectable, ce dont vous profitez pour faire le jeune homme, à l'ombre de la perruque qui dissimule la neige de votre chevelure, fit en riant Mme Desjardins.

— Vous êtes dans l'erreur, Madame, je ne porte pas perruque, vous le savez fort bien, mais seulement un simple toupet afin de dissimuler la nudité de mon crâne et d'éviter des rhumes de cerveau auxquels je suis fort enclin.

— Est-ce de même afin d'éviter les rhumes de cerveau, Monsieur, que vous vous barbouillez entièrement le visage de poudre de riz, de cold-cream? Non! mais bien, vieux jeune homme que vous êtes, en l'espoir de dissimuler la patte d'oie dont le nombre des années a gratifié votre visage.

— De grâce, Madame, cessez de me turlupiner de la sorte, et, s'il vous est possible, tâchons de causer plus amicalement.

— Je vous écoute. Commencez, dit la dame en s'étendant paresseusement sur le soyeux tête-à-tête où elle était assise ; puis, en faisant suivre ses paroles d'un bâillement interminable :

— Avez-vous, aujourd'hui, été voir notre chère fille Angelette, ainsi que vous me l'aviez promis hier ?

— Ma foi non ; je l'ai entièrement oubliée ; ensuite, ayant reçu dans la journée beaucoup de visites, cela m'a fait sortir très tard, assez pour n'avoir tout juste que le temps de faire le tour du bois.

— Ma chère Victorine, il me semble que vous négligez pas mal notre fille, et, pourtant, lorsque, cédant à vos conseils j'ai consenti à me séparer d'Angelette pour l'envoyer à Meudon respirer l'air de la campagne en compagnie et sous la garde de la sœur de ma première femme, vous m'aviez fait la promesse d'aller la voir le moins tous les deux jours, et même de passer auprès d'elle une bonne partie de la belle saison.

— Quoi vous dit, Monsieur, que je ne remplirai pas ma promesse ? voilà tout au plus un mois que votre fille est à Meudon, et nous n'en sommes encore qu'à la mi-mai.

— Sans doute, mais, ma chère Victorine, vous me permettrez de vous faire observer que, durant ce mois, vous n'avez été voir notre enfant qu'une seule fois, et qu'il est imprudent de notre part de laisser ainsi une jolie fille éloignée de sa famille sans s'occuper d'elle.

— Que concluez vous de cela, Monsieur, demanda Mme Desjardins d'un ton aigre.

— Que j'ai grande envie de rappeler Angelette parmi nous, à moins que vous ne consentiez à ce que nous allions passer auprès d'elle la belle saison à la campagne.

— Je m'oppose à tout cela, Monsieur Premièrement, en l'intérêt de la santé de votre fille, à qui notre médecin a formellement ordonné l'air des champs; secondement, parce que je déteste la campagne, et qu'il ne me plait pas de m'y enterrer toute vivante.

— Alors, Madame, notre chère enfant...

— Aura ma visite trois fois la semaine, mais n'en exigez pas davantage, interrompit la belle mère.

— Je m'aperçois avec chagrin que vous n'aimez pas ma fille, Madame.

— Vous êtes fou !

— Fou autant qu'il vous plaira, mais cette indifférence de votre part envers ma pauvre enfant, n'est pas ce que vous m'aviez promis, souvenez-vous-en, Victorine, vous que j'ai épousée, croyant remplacer la mère aimante et vigilante qu'Angelette avait perdue.

— Monsieur, j'aime votre fille, mais je déteste les reproches et la morale ; j'ajouterai même encore que j'ai en horreur le ton pathétique : il me donne sur les nerfs ou me procure une insomnie irrésistible ; or, je vous demanderai donc la permission de me coucher, d'autant plus qu'il est près de onze heures et que je tombe de sommeil.

— Soit, couchons-nous, Madame.

— Quoi ! n'allez-vous pas, ce soir, selon votre habitude, passer quelques instants à votre cercle ?

— Non, ma chère femme ; cette nuit je reste auprès de vous.

— Je viens de vous dire, Monsieur, que je suis malade.

— Raison de plus pour ne pas vous quitter si vous êtes souffrante, afin de pouvoir vous prodiguer mes soins.

— Merci de cette bonne intention, mais comme je veux dormir cette nuit, vous aurez la bonté de passer chez vous.

— Cependant, Victorine, il m'eut été agréable...

— Allons donc ! est-ce qu'à votre âge, monsieur, Desjardins, on doit avoir de pareilles pensées. Croyez-moi, mon ami, allez vous coucher, et laissez-moi dormir en paix, d'autant plus que nous devons passer la nuit prochaine au bal que donne Mme du Tronchet.

— Vous l'exigez, Victorine, j'obéis et me retire ; mais, en faveur de ma soumission, j'implore un baiser, dit Desjardins d'un ton sentimental, en se penchant sur sa femme dont il entoura la taille d'un bras amoureux.

— En vérité, mon ami, vous êtes bien jeune, malgré vos soixante ans... allons, embrassez-moi et partez, répliqua en riant Victorine, tout en présentant la joue à son mari qui, au lieu d'un baiser, en prit une douzaine.

— François, hâte-toi de réparer le désordre de ma toilette... Ma voiture est-elle encore attelée, disait Desjardins à son valet de chambre, après être rentré dans son appartement.

— Non, Monsieur ; Pierre, auquel vous avez dit que vous ne sortiriez pas ce soir, a mis les chevaux à l'écurie. Faut-il lui dire de les remettre à la voiture ?

— Inutile ; je prendrai une voiture de place. Passe-moi mon rouge, car je suis ce soir d'une pâleur extrême... je vais changer de pantalon ; apporte-moi mon tourterelle collant.

Une demi-heure plus tard, bien frisé, bien bichonné et les joues vermeilles, Desjardins quittait son hôtel et montait en coupé de remise.

— Voilà pourtant à quoi s'expose une femme froide et capricieuse ! C'est de ta faute, Victorine, toi qui contrains mon cœur jeune et brûlant à courir chercher auprès d'une autre femme, les caresses, les baisers brûlants que tu refuses à un époux sensible et aimant.

Tandis que notre mari se disait ainsi, la voiture qui roulait fut s'arrêter rue Notre-Dame-de-Lorette, où Desjardins descendit pour s'élancer sur le trottoir d'un pas léger, et s'introduire dans une maison de belle apparence puis aller sonner à un deuxième étage.

— Mariette, ta maîtresse est elle encore debout ?
— Oui, Monsieur, et, cependant, Madame n'attendait pas Monsieur ce soir.
— C'est vrai, j'avais prévenu hier soir, en la quittant, cette chère Paméla, qu'elle ne me verrait pas aujourd'hui.
— Comment ! c'est vous, mon ange, mon chérubin ! Eh bien, vous me croirez si vous voulez, mais quoique vous m'eûtes annoncé que je ne vous verrais pas aujourd'hui, un doux pressentiment me disait le contraire ; aussi, en cette tendre prévision, me suis-je abstenue de sortir, disait Paméla, grande et belle fille à la blonde chevelure, en sautant au cou de Desjardins.
— Comment, chère amante, tu comptais sur moi, tu pensais à ton cher loulou ? reprit Desjardins en entraînant Paméla sur un tête-à-tête.
— Quoi de plus naturel que de penser à celui qu'on aime, répondit la jeune femme tout en passant ses doigts effilés dans la chevelure du vieux céladon.

— Ainsi, malgré mes cinquante ans, tu m'aimes d'amour, ma chérie ?

— Mon ami, vous ne pouvez croire combien vous m'êtes cher. Mon Dieu, comment ne vous aimerais-je pas à la folie, vous, un petit Richelieu dont les grâces, le sémillant, l'esprit, font oublier les années ; vous, enfin, si bon, si généreux.. Tenez, Arthur, ne cessez jamais d'aimer votre petite Méla, si vous ne préférez apprendre qu'elle est morte de chagrin.

— Paméla, tu es une maîtresse adorable !

— Parce que je vous préfère à un jeune homme, que vous me dites cela. Les jeunes gens, fi ! je les déteste ! Parlez-moi d'un homme de votre âge, à la bonne heure ! au moins une femme se forme à bonne école ; enfin, il y a tout à gagner pour elle, en manières, en bon sens, en économie.

— Tu as cent fois raison, chère amie, et surtout en constance, lorsqu'un homme a le bonheur de rencontrer une maîtresse telle que toi. A propos, ne m'as-tu pas dit dernièrement que tu désirais changer ton mobilier, mais que tu n'osais parce que c'était une question d'une dizaine de mille francs ?

— Oui, mon loulou.

— Alors satisfais ton désir, mon adorée, car je t'apporte la somme nécessaire.

— Remportez ces billets, Arthur, cette somme est beaucoup trop forte ; je ne veux pas que vous disiez un jour que votre Paméla vous a ruiné, disait la lorette en repoussant les billets de banque que Desjardins déposait sur ses genoux.

— Chère Paméla, ce désintéressement est digne de ton cœur aimant qui se croit riche de mon amour, mais je me croirais à mon tour, le plus ingrat des hommes et des amants si je ne m'empressais de combler les désirs de la femme qui, en échange d'un peu de bien que je lui fais, se donne à moi de cœur et d'âme.

— Ah ! mon Arthur ! combien vous êtes noble,

délicat et généreux; impossible de vous résister; si j'accepte ce nouveau don de votre amour, croyez bien que ce n'est que dans la crainte de vous chagriner par un refus, reprit Paméla tout en jetant avec indifférence la liasse de billets sur un meuble placé près d'elle ; puis reprenant ; Combien votre femme doit être fière de posséder un époux tel que vous et combien elle doit vous aimer ?

— C'est ce qui te trompe, mon ange; Mme Desjardins qui n'était que la simple dame de compagnie de ma défunte femme, Victorine Latouche, fille sans famille ni fortune, à qui j'ai donné tout cela, ne m'en tient aucun compte, et par sa froideur, sa coquetterie, ses caprices, fait un enfer de ma vie.

— Quelle ingratitude ! mon Dieu ! que lui faut-il donc à cette femme pour la satisfaire ?

— Corbleu ! le luxe, une toilette ruineuse, des fêtes où elle puisse briller ; tu vois, Paméla, qu'elle est loin de te ressembler, toi si tendre et si dévouée, toi la raison l'économie et le désintéressement en personne.

— Ah ! c'est que je t'aime, moi, mon Arthur ; et de te rendre heureux est le plus cher de mes vœux, fit Paméla en pressant avec tendresse Desjardins dans ses bras.

La deuxième heure du matin sonnait à la pendule, lorsque l'amant suranné s'arracha avec transport des bras de sa caressante maîtresse, pour retourner au toit conjugal.

— Dieu, quelle séance, et que cet animal caressant est assommant ! disait Paméla, aussitôt après le départ de Desjardins.

— Combien vous a-t-il donné en échange de la monnaie de singe dont vous venez de le gratifier, ma chère maîtresse ? demanda la servante.

— Dix misérables billets de mille

— Pas davantage ? fit Mariette.

— Pas davantage ; mais patience, le vieux bénêt ne s'en tiendra pas là... Dis moi, Mariette, à quelle heure l'autre t'a-t-il dit qu'il viendrait me voir demain ?

— M. Octave Boudinier se présentera à midi.

— Avec l'écrin qu'il m'a promis la nuit dernière, j'espère ; sans cela flanque-lui la porte sur le nez, Mariette.

— Oh ! il n'aura garde de se présenter les mains vides. le cher bénêt est trop amoureux pour cela, répondit la chambrière.

— Du moins celui-là est jeune et, sans le ridicule qu'il possède de jouer l'homme à bonnes fortunes, on prendrait plaisir à le ruiner, fit Paméla.

— Ce M. Boudinier est-il riche ? demanda Mariette.

— Vingt-cinq à trente mille livres de rente tout au plus.

— C'est gentil ! rendez-lui donc le service de l'en débarrasser à votre profit, chère maîtresse.

— Je ne demande certes pas mieux. Encore cette proie à dépouiller, ensuite, Mariette, étant devenue riche, nous quitterons Paris pour aller vivre en bonnes bourgeoises dans quelque grande ville de province où je jouerai la femme honnête.

— Alors, courage, ma chère maîtresse ; hâtez le plus possible la réalisation de ce gentil projet en plumant sans pitié les pigeons que votre beauté sait prendre au trébuchet.

III

La matinée était délicieuse, l'horloge de la petite église de Meudon venait de tinter la septième heure, le soleil était radieux, les fleurs balancées sur leurs tiges par un doux et caressant zéphir, parfumaient l'air de leur suave parfum. Angelette, qui avait déserté sa couche virginale pour descendre au jardin, se promenait les yeux baissés en dirigeant son regard de tout côté comme une personne à la recherche d'un objet perdu ; puis notre jeune fille, impatiente de ne rien trouver ni apercevoir, ouvrait le feuillage de chaque plante afin d'y plonger un regard scrutateur.

— Rien, absolument rien aujourd'hui ! comme cela est contrariant ; ce jeune homme écrit si bien, son style est si plein de douceur, d'âme, de dévoûment, que je me sens heureuse, toute attendrie même lorsque je lis les jolies lettres qu'il m'envoie chaque jour par cette fenêtre. Comment se fait-il qu'il ne m'a pas écrit aujourd'hui ? serait-il malade ? Comment se fait-il qu'il sache mon nom, ce que je suis ? Ses vues sont honnêtes, me dit-il ; il veut devenir mon mari : il est libre de disposer de lui, riche et possède une villa dans ce pays, il me supplie de lui accorder un instant d'entretien parce qu'il a beaucoup de choses à me dire, il meurt si je ne lui accorde cette faveur, et moi je n'ose, j'ai peur, et pourtant rien qu'en l'apercevant à la fenêtre où il s'accoude pour me voir et me suivre des yeux dans mes allées et venues ; j'ai pu apprécier combien sa jolie figure est empreinte de bonté et de douceur. Oh ! oui, ce jeune homme est sincère dans l'affection qu'il me témoigne, il m'aime, j'en suis certaine. Ainsi pensait Angelette tout en continuant ses recherches, lorsqu'en passant près d'une touffe épaisse de lilas en fleur, elle se sentit retenue par la manche de sa robe, et que Gabriel, sortant brusquement du feuillage qui lui servait de cachette, se laissa tomber à ses pieds en murmurant ces mots d'une voix que saccadait l'émotion.

— Au nom du ciel, n'ayez nulle frayeur Mademoiselle, daignez m'entendre, et pardonnez au téméraire à qui l'amour et l'admiration ont conseillé de pénétrer en ces lieux, afin de vous exprimer toute l admiration, le respect et le dévoument que lui ont inspiré votre rare beauté et le récit de toutes les précieuses qualités que renferme votre cœur.

— Mon Dieu ! que vous m'avez fait peur, Monsieur ! par où êtes vous donc entré ici ?

— Par la haie qui borde ce jardin, Mademoiselle.

— Mais vous avez dû vous piquer horriblement, et la preuve c'est que vos mains sont toutes déchirées.

— Pour vous admirer et vous entendre, charmante Angelette, que ne braverait-on pas ?

— Savez-vous, Monsieur, que si ma tante vous suprenait ici, qu'elle se mettrait fort en colère et serait même capable de vous en faire chasser par le jardinier.

— Elle ne m'y suprendra pas, Mademoiselle, car je me place sous votre garde et celle de l'amour.

— Alors, n'y restez pas longtemps, car ma tante ne peut tarder à se lever pour venir me rejoindre dans ce jardin ; hâtez-vous donc de m'expliquer le motif de votre démarche et de vous sauver ensuite.

Ce que je souhaite, Mademoiselle, est de vous répéter de vive voix tout ce que mes lettres vous ont révélé, que je vous adore et que je ne puis plus vivre sans votre divine possession.

— Mais je ne vous connais pas, Monsieur, et rien que de rester et de vous entendre est une grande imprudence que je commets.

— Angelette, ne soyez pas aussi sévère, écoutez-moi sans crainte ni remords, car je suis honnête et incapable d'oublier les égards et le profond respect qu'un homme de cœur et d'éducation doit à une jeune personne comme vous. Pour l'apprécier, il faut le connaître, le voir, l'entendre, et c'est pour atteindre ce but tant désiré de mon cœur, que j'ai osé pénétrer dans votre demeure. C'est pour vous dire : Angelette, indiquez-moi par quel moyen je puis vous mériter, celui qu'il me faut employer pour me faire connaître de vos parents, admettre chez eux, obtenir de leur bienveillance la permission de vous adresser mon hommage, celui de pouvoir vous répéter chaque jour à chaque heure : Angelette, vous êtes ma vie, mon âme, mon adoration, et je suis votre esclave soumis.

En parlant ainsi, Gabriel s'était emparé de la main d'Angelette qu'il pressait avec amour et même sur laquelle il poussa la témérité jusqu'à y déposer un baiser.

— C'était, plongée dans un trouble inexprimable, toute émue et tremblante, que la jolie et innocente fille écoutait attentivement, et les yeux timidement baissés, un langage jusqu'alors étranger à ses oreilles, mais que son petit cœur écoutait attentivement sans en ressentir le moindre courroux.

— Monsieur, mon père est bon, il veut le bonheur de sa fille, et s'il doit trouver en vous celui que Dieu a choisi pour être mon mari, je suis persuadée qu'il accueillera favorablement votre demande.

— Ainsi, Mademoiselle, vous m'autorisez à m'adresser à monsieur votre père ; ah ! combien je vous sais gré de ce consentement, de cette preuve de confiance qui est pour mon cœur l'indice certain que je ne vous suis pas tout à fait indifférent.

— Oh! ne vous félicitez pas si vite, Monsieur, bien que mon père vous accorde le droit de me faire votre cour, il vous restera encore la tâche de gagner mon cœur, celle de l'amener à vos volontés ; si vous n'alliez pas réussir !

— Alors, Mademoiselle, je deviendrais le plus malheureux des hommes, et c'est pour éviter ce malheur, et pouvoir entreprendre aussitôt votre précieuse conquête, que j'ose vous supplier de vouloir bien me permettre de vous rencontrer quelquefois secrètement dans ce jardin, en attendant que la souveraine volonté de monsieur votre père ait daigné m'en accorder la libre entrée.

— Vous accorder une pareille chose, oh! non, que deviendrais-je, mon Dieu, si un beau jour le jardinier de la maison, ou tout autre serviteur, me surprenait en conversation secrète avec vous ? hélas ! je serais une fille perdue de réputation et n'oserais plus regarder personne en face, dit Angelette avec frayeur.

— S'il en doit être ainsi, Mademoiselle, jaloux de vous complaire en tout et d'éviter ce qui pourrait être pour vous un sujet d'inquiétude ou de chagrin ; permettez-moi de me faire connaître de madame votre tante et d'obtenir d'elle la permission de venir vous faire ma visite.

— Pour cela, très volontiers, mais je dois vous prévenir que ma bonne et vieille tante est tant soit peu sauvage.

— Belle Angelette, je me fais fort de me mettre sous peu dans les bonnes grâces de votre respectable parente.

— Faites-donc, Monsieur, quand ça ne serait que pour connaître la manière dont vous allez vous y prendre, afin d'approcher de cette chère tante, répondit Angelette en riant.

— Merci, Mademoiselle, oh ! merci ! vous qui, en me permettant de m'adresser à vos chers parents, remplissez mon cœur d'espérance et de joie. Angelette m'aimererez-vous donc un jour ?

— Que sais-je ? peut-être oui, peut-être non, enfin j'essaierai ; maintenant, adieu, Monsieur, sauvez-vous bien vite, car j'entends tousser et cela m'annonce que ma tante qui est descendue au jardin m'y cherche en ce moment.

— Adieu, Mademoiselle, et à bientôt, car loin de vous mon cœur souffre et se meurt.

Cela dit, Gabriel s'empara de nouveau de la main d'Angelette et la porta à ses lèvres, puis il s'éloigna pour se diriger à travers les bouquets d'arbres vers la haie qui lui avait donné entrée, et par laquelle il s'échappa, grâce à la trouée que lui avait silencieusement pratiquée son propre jardinier, la nuit précédente.

Le lendemain de cette première entrevue des deux jeunes gens, la dame Ravelet, tante d'Angelette, proposait à sa jolie nièce une promenade à travers bois jusqu'au village de Verrières, où elle désirait faire choix et acquisition de tubercules, de superbes dahlias, dont elle voulait orner les parterres de leur jardin, ainsi que de plusieurs autres plantes rares qu'était venu, la veille et dans l'après-midi, lui offrir le jardinier de M. Gabriel Dupuis, propriétaire d'une délicieuse maison de campagne située à l'entrée dudit Verrièrrs.

En entendant prononcer les noms de son amant, Angelette ne put s'empêcher de rougir, ce que la tante attribua au plaisir que sa proposition lui occasionnait.

— Chère tante, je suis tout à votre disposition, en vous assurant que cette jolie promenade en votre compagnie est tout à fait de mon goût; mais comment se fait-il que vous entrepreniez ce petit voyage lorsque François, votre jardinier, aurait pu lui-même choisir et acheter ces fleurs, lui qui, par état, doit s'y connaître mieux que vous? interrogea Angelette.

— Mon enfant, quand on fait soi-même ses affaires, elles n'en vont que mieux; puis il s'agit d'acheter plus ou moins, de marchander, et que François ne pourrait s'acquitter de tout cela aussi bien que moi; mais comme sa compagnie nous sera doublement nécessaire, premièrement, parce que deux femmes seules ne peuvent raisonnablement s'exposer à travers bois, et qu'il faut quelqu'un pour rapporter ici nos acquisitions; cet homme va nous accompagner.

— Quand partons-nous, chère tante ?
— Tout de suite, si cela te convient.
— Alors mettons-nous en route pour cette gentille promenade, répliqua Angelette, tout en s'empressant

de couvrir sa tête d'un gracieux chapeau et de jeter un léger burnous d'été sur ses épaules.

Nos deux femmes, suivies du jardinier, se mirent pédestrement en route et gagnèrent les bois pour aller s'arrêter, après une demi-heure de marche, devant la grille à piques dorées d'une charmante villa à l'italienne, qui s'élevait blanche et gracieuse au milieu d'un parterre de fleurs.

Au bruit que fit la sonnette, une servante paysanne accourut.

— Ma mie, est ce ici la maison de M. Gabriel Dupuis? s'informa la tante Ravelet.

— Oui, Madame; c'étions vous peut-être qui venez chercher du plant et qu'attendions mon père, l'jardinier d'la maison?

— Oui, ma mie.

— Entrez, Mesdames, car mon père est en ce moment occupé à ses melons ; mais j'allons courir le chercher.

En attendant, donnez-vous la peine de vous assire, Mesdames, dit la jeune paysanne en indiquant un banc, pour ensuite s'éloigner afin d'aller prévenir Gabriel de l'arrivée des deux dames, puis son père.

Angelette, assise à côté de sa tante, portait des regards curieux sur la coquette habitation dont elle faisait remarquer l'élégance à sa tante, lorsqu'une des fenêtres s'ouvrit et que Gabriel s'y présenta, pour adresser un respectueux salut aux visiteuses, auprès desquelles il s'empressa d'accourir, afin de leur adresser ses civilités et de s'informer à quel heureux hasard il était redevable de la présence chez lui de deux charmantes dames.

— A votre jardinier, Monsieur, qui, ayant appris que je désirais faire l'acquisition de plusieurs espèces de dahias qui manquent à ma collection, est venu poliment m'offrir de me les procurer, si je voulais prendre la peine de venir les choisir sur l'album où il vous a plu de les dessiner et de les colorier, répondit la vieille tante, tandis que sa nièce, timide et toute embarrassée, osait à peine lever les yeux sur Gabriel.

— Mesdames, mon jardinier ne pouvait faire une chose qui me fût plus agréable que celle de me procurer l'occasion fortunée de vous présenter mon respectueux hommage, en qualité de voisin de campagne.

J'espère, Mesdames, que vous daignerez mettre le comble au plaisir que j'éprouve à vous recevoir chez moi en daignant venir vous reposer un instant au salon, où j'aurai l'avantage de placer mon album sous vos yeux, et, en qualité d'horticulteur, de vous aider de mes conseils dans le choix des fleurs dont vous désirez orner votre jardin.

— Vous êtes, en vérité, d'une politesse exquise, Monsieur ; mais ma nièce et moi, craignant de vous importuner, vous demandons la permission de rester dans ce jardin et sur ce banc, où nous nous trouvons à l'ombre et fort à notre aise.

— Non, Madame, je ne veux pas qu'il soit dit que j'aurai laissé à la porte de ma demeure deux charmantes dames exposées au soleil, qui, dans un instant, va inonder ce banc de ses rayons brûlants..

Madame, permettez-moi donc de vous offrir cette amicale hospitalité qu'on se doit à la campagne, et surtout entre bons voisins, dit Gabriel à la vieille tante, qui, vaincue par cet excès de politesse, passa son bras long et maigre sous celui que lui présentait le jeune homme.

Nos trois personnages, Angelette marchant à côté de sa tante, furent s'installer dans un gracieux salon d'été, tout embaumé par l'arome des fleurs, où Gabriel, après avoir fait asseoir les deux dames près d'une table, s'empressa de leur ouvrir l'album en question ; tout cela, non sans adresser à la dérobée les plus tendres regards à la belle et douce Angelette, restée muette jusqu'alors, tant l'émotion qu'elle ressentait paralysait ses facultés.

— Puisque vous poussez la politesse et la générosité, Monsieur, jusqu'à vouloir bien nous faire hommage de ces plantes ravissantes, veuillez nous apprendre par quelle sorte de politesse il nous sera permis de nous acquitter envers vous ? demanda Mme Ravelet, après avoir arrêté son choix sur un nombre de plantes de la plus riche variété.

— Rien de plus facile, Madame ; comme je suis persuadé que parmi les fleurs rares qui ornent votre parterre il en est qui manquent à ma collection, je vous demanderai donc la précieuse faveur de me permettre d'aller à mon tour vous faire ma visite et de passer votre flore en revue.

— Venez, Monsieur, car vous serez le bienvenu, répondit la tante du ton le plus gracieux et à la grande satisfaction des deux jeunes gens.

— Merci, cent fois merci, Madame, vous qui permettez à un pauvre solitaire d'aller goûter un instant de bonheur auprès de vous... Mademoiselle est musicienne sans doute ? ajouta Gabriel, en voyant le regard d'Angelette se fixer sur le piano qui décorait le salon.

— Quelque peu pianiste, Monsieur, répondit la jolie fille.

— Et de plus elle possède une voix ravissante, fit la vieille tante.

— Serait-ce trop abuser de votre bienveillance que de vous prier, Mademoiselle, de vouloir bien me donner un léger échantillon de votre talent ?

— Mon Dieu, Monsieur, l'extrême amitié que me porte ma bonne tante me fait passer à ses yeux pour un phénix, mais il faut vous en méfier et ne croire tout au plus que la moitié des éloges qu'elle me prodigue, répondit Angelette.

— Alors, Mademoiselle, rien de plus facile à vous que de fixer mon opinion sur le plus ou le moins de talent que vous possédez, en daignant céder au désir que j'exprime de vous entendre charmer mes oreilles et mon cœur.

— Allons, enfant, rends-toi à une invitation formulée en des termes aussi flatteurs et mets-toi vite au piano.

— Que faut-il chanter, bonne tante ? demanda Angelette, tandis que Gabriel la conduisait galamment au piano.

— Ce qui te plaira, chère enfant, répliqua la vieille dame.

Après un léger prélude, Angelette fit entendre une voix ravissante dont les suaves et mélodieux accents plongèrent Gabriel dans le plus doux ravissement qu'augmentait encore la beauté de la jeune cantatrice dont il contemplait le gracieux visage que réflétait la glace placée au-dessus de l'instrument.

A Angelette succéda Gabriel qui, sur l'invitation de la tante et désireux de lui complaire, exécuta une brillante variation sur le motif de l'opéra de *la Favorite* puis fit entendre ensuite une gaie chansonnette.

Tout en pianotant, chantant et causant, les heures avaient marché sans que nos gens s'en aperçussent, et la troisième heure de l'après-midi tintait comme Angelette et sa tante prenaient congé de Gabriel pour regagner leur domicile, après toutefois que la tante eut refusé l'offre que leur avait adressée le jeune homme de les accompagner jusqu'à Meudon.

— A quoi pensez-vous donc, bonne tante, que vous ne me dites rien ? demanda Angelette à mi-chemin ?

— Je pense, ma mignonne, que tu es en âge d'être mariée et que M. Gabriel Dupuis ferait un gentil mari.

— Comment, vous pensez cela, chère tante ?

— Oui, et je gagerais que tu as la même conviction que moi ; avoue-le franchement.

2*

— Dame, chère tante, je ne puis dire autrement, que ce Monsieur est fort aimable.

— Et bien tourné, n'est-ce pas ?

— Eh bien, j'ai grande envie de faire ce mariage-là, auquel Victorine Latouche, ci-devant ta servante et aujourd'hui devenue dame Desjardins, de par la faiblesse et la volonté de monsieur ton père, s'empresserait bien vite de donner son consentement, afin de se débarrasser entièrement de ta personne.

— Bonne tante, vous n'aimez pas beaucoup ma belle mère, avouez-le.

— Je l'avoue, chère enfant; je n'ai jamais en ma vie ressenti une grande affection pour les intrigantes, les ambitieuses et les coquettes, trois qualités que possède cette dame au suprême degré.

— Ah ! ma tante ! que dites-vous là ? fit Angelette de l'expression du reproche.

— La vérité, mon ange ; ah ! je sens que je fais mal en m'exprimant ainsi vis-à-vis de toi, mais je ne me sens pas la force de contenir mon indignation quand je songe à l'indifférence de cette femme à ton égard, quand je la vois t'éloigner, te priver la plupart du temps des caresses de ton père, et cela pour mieux s'emparer de l'esprit de ce faible vieillard et l'asservir à ses volontés, parce que tu es jeune et belle. mon ange, et que ces deux qualités que tu possèdes au suprême degré offusquent cette jalouse et coquette péronelle. Ah ! pourquoi a-t-il plu au bon Dieu de rappeler si tôt à lui ta bonne et vénérable mère, ma bien-aimée sœur ? termina dame Ravenet en soupirant.

IV

— Comment, c'est toi, mon cher Gabriel, qui as eu le courage de t'arracher à ta belle et parfumée villa pour venir à Paris presser la main d'un ami ? s'écriait Octave Boudinier, en voyant, un matin, entrer Gabriel Dupuis dans sa chambre à coucher comme il était encore au lit.

— Je suis depuis hier à Paris, où j'ai couché...

— Chez une maîtresse ? interrompit Boudinier.

— Non pas, mais seul et dans mon appartement de la rue de la Paix, répondit Gabriel en souriant

— Cela devait être de la part d'un homme ainsi que toi, amoureux fou de la plus jolie des filles passées, présentes et futures. Quant à moi, cher, c'est un pur hasard si tu me trouves ce matin vertueusement étendu seul dans mon lit, car hier soir une femme adorable, une nommée Paméla Robinet, dont j'ai conquis le cœur en moins de vingt-quatre heures, voulait absolument que je passasse la nuit chez elle.

— Quoi ! toujours de nouvelles conquêtes ?

— Toujours, mon cher Gabriel, est-ce donc de ma faute si je n'ai qu'à paraître et à vouloir pour captiver et soumettre les plus indomptables.

— Mais toutes ces femmes doivent te coûter un argent fou ?

— De l'argent, fi ! Est-ce que je sais ce que c'est que de payer l'amour et ses caresses. Cela est bon pour les sots et les vieillards amoureux ; mais grâce à mon physique, mon esprit et mon audace, jamais chez la femme que je dompte l'intérêt n'est en jeu, c'est le cœur seul qui est de la partie.

— Prends garde, Boudinier, les femmes sont rusées, et si jusqu'alors elles ont été les victimes de ton audace et de ton inconstance, une d'elles, plus adroite, moins crédule que les autres, finira par devenir ton maître.

— Ma maîtresse, veux-tu dire ? fit en riant Octave.

— Et ton maître, je le répète.

— Ah oui ! compris, cher, c'est-à-dire que cette biche me mènera par le bout du nez ?

— Certes ! fit en riant Gabriel.

— Et c'est à moi, un roué régence, que tu oses prédire une pareille boulette ? Et vous, Dieu puissant, vous l'entendez blasphémer ainsi et vous ne tonnez pas ? Moi devenir l'esclave d'une femme et de ses caprices, jamais, jamais ! s'écria Boudinier d'un ton ferme.

— Qui vivra verra, dangereux Lovelace, dit Gabriel.

— Mais à propos de femme, à quoi en es-tu avec la jolie Angelette ? as-tu suivi le plan que je t'ai tracé pour pénétrer dans la place et captiver la jolie fille ?

— J'ai fait cela, et qui mieux est, je suis devenu l'ami de la maison, le Benjamin de la tante, une excellente femme qui, me permet de voir sa nièce chaque jour, mais qui malheureusement, ne la perd pas un seul instant de vue en ma présence. Cette dame a deviné mon amour pour Angelette, elle sait que je suis payé d'un tendre retour et me conseille de m'adresser au père de sa nièce, qui, selon sa pensée, n'hésitera pas un seul instant pour m'accorder la main de sa charmante fille.

— Décidément, c'est un amour sérieux qui ne tourne rien moins qu'au mariage ?

— Décidément ! oh, une fille comme Angelette n'est pas un gibier de libertin, mais bien un ange de vertu et d'innocence qui sait se faire respecter tout en disant de sa plus douce voix, à l'amant qui a conquis son cœur : Je vous aime !

— Cher, il est heureux pour la pauvre enfant qu'elle ne soit pas tombée en mes mains, car sa vertu, ses grands principes n'auraient pu la sauver ; la pauvrette serait devenue ma maîtresse.

— Boudinier, mon ami, qui veut trop prouver finit par ne pas être cru, et à te parler franchement, je crois que tu en dis plus que tu n'en fais, et que ta fortune, la générosité de ton caractère sont pour toi auprès du beau sexe tes plus puissants auxiliaires.

— Libre à toi de penser ainsi sans m'offenser en rien, car moi-même je m'étonne de mes nombreux succès. Par exemple, hier soir, pas plus tard, je flânais à ma sortie du café Tortoni, dans le passage des Panoramas, lorsque mon regard avisa une jeune fille qui, arrêtée devant la vitrine d'un bijoutier, en contemplait d'un œil désireux le brillant étalage ; je m'approche d'elle, je la regarde, et ma surprise est extrême de rencontrer chez cette jeune fille dont la mise propre mais simple, le petit panier passé sous le bras, indiquaient une grisette revenant de son travail, la figure la plus adorable, des yeux superbes pétillants d'esprit et de finesse, une bouche rosée ornée des plus belles dents du monde, enfin que te dirai-je ? une petite perfection que le caprice de la destinée astreint au travail, habillée de toile à soixante quinze centimes le mètre et condamnée à tremper ses pieds mignons dans la boue lorsqu'elle possède toutes les qualités nécessaires pour vivre sous la soie, le velours et rouler en équipage...

— Tout cela, Boudinier, prouve que cette jeune fille est sage, qu'elle préfère une existence honnête et laborieuse, sa mise modeste, à la prostitution qui, comme tu viens de le dire, la couvrirait de soie et promènerait son indolence, sa paresse et ses vices en brillant carrosse... Mais continue, dis-moi, comme toujours, que tu n'as eu que la peine de te montrer et d'adresser la parole à cette fille pour qu'elle devienne folle d'amour en ta faveur et passe bien vite son bras sous le tien.

— Du tout, cher, il n'en a point été ainsi ; apprends, bel incrédule, que cette petite fille, cette grisette, en m'entendant lui dire qu'elle est jolie, s'est empressée de me tourner le dos en haussant les épaules ; mais comme un semblable sans-façon n'est pas fait pour rebuter un gaillard de ma force et désireux d'avoir raison de cette petite sauvage, je me mis à la suivre sur le boulevard qu'elle arpentait d'un pas pressé en se dirigeant vers celui de Bonne-Nouvelle.

— De grâce, Monsieur, laissez-moi, je ne sais pour qui vous me prenez et votre obstination à me suivre, à me parler, m'impatiente fort, me dit-elle en réponse aux jolies choses que je lui adressais.

— Au nom du ciel, charmante demoiselle, n'ayez garde de vous offenser de mes paroles ; je suis un honnête homme, veuillez le croire, dont les intentions sont toutes bienveillantes à votre égard. Je suis jeune, je suis garçon et possède vingt-cinq mille francs de rente..

— Tout cela est fort beau, Monsieur ; moi, je suis une simple ouvrière, dont le travail constitue toute la fortune, aussi la différence qui existe en nos mutuelles positions doit-elle vous prouver qu'il ne peut s'établir aucune relation entre nous. Veuillez donc alors me laisser continuer mon chemin tranquillement et m'éviter le désagrément de me faire remarquer par les passants.

— L'imbécilité du hasard en vous faisant naître sans fortune, en vous condamnant à un travail incessant, aurait dû au moins vous priver de tous les avantages physiques dont il s'est plu à vous orner.

— Pourquoi donc cela, Monsieur? mais moi, je trouve qu'il a bien fait en ne me maltraitant pas par trop, et pourtant je suis forcée de convenir qu'une figure passable, pour une pauvre fille condamnée au travail, est un rude fardeau à porter comme à défendre.

— Comment cela, Mademoiselle ? m'empressai je de demander à ma jolie grisette qui, sans s'en apercevoir sans doute, continuait et alimentait d'elle-même un entretien auquel elle venait de me prier de mettre fin.

— Comment, dites-vous, Monsieur ? reprit-elle : Parce qu'elle expose une jeune fille, à chaque pas qu'elle fait dans la rue, à des rencontres telles que la vôtre, à se voir accostée par des hommes qui, devinant en elle une pauvre ouvrière, se croient en droit de l'accoster impunément et de lui débiter de ces choses déplacées, honteuses souvent, qu'ils n'oseraient adresser à une dame en chapeau et en cachemire. Hélas ! il y a pire que cela encore, continua ma grisette en soupirant ; oui, pire encore, car, d'un importun de grand chemin, d'un insolent, on se débarrasse facilement en se plaçant sous la sauvegarde du premier sergent de ville qui se présente ; mais lorsqu'un infâme de qui dépend souvent le pain de la pauvre ouvrière le lui propose au prix de son déshonneur sous peine de s'en retourner, sans ouvrage, de mourir de faim et de froid dans sa mansarde, voilà ce qui est le plus cruel et se présente à chaque instant !

— En effet, Mademoiselle, cela est affreux, et si votre bouche ne me l'apprenait, j'aurais peine à croire à de pareilles infamies, m'écriai-je en jouant l'indignation.

— N'est-ce pas que cela est bien mal ?

— Horrible ! barbare ! Est-ce que par hasard des gens de cette sorte, se seraient permis de vous proposer de semblables marchés !

— Ils se sont gênés par trop, surtout les commis de magasin, car, s'il faut vous le dire, Monsieur, j'ai le malheur d'être repriseuse en cachemire, et dans ce maudit état, les ouvrières n'ont affaire qu'à messieurs les commis, espèce de sots, bouffis d'importance, qui feraient beaucoup mieux, selon moi, de manier le marteau ou le fusil plutôt que d'exercer le métier des femmes en passant leur vie efféminée à déplier et replier des chiffons du matin jusqu'au soir, puis à faire la cour aux ouvrières, à congédier celles qui refusent d'écouter leurs sornettes, à protéger, aux dépens de la maison qui les occupe, la malheureuse fille dépourvue de talent qui consent à leur servir de jouet et de maîtresse, et de laquelle ils paient la honteuse complaisance de tout l'ouvrage dont ils peuvent disposer en qualité de chef de rayon, sans pitié pour la pauvre fille dont la sagesse est un crime à leurs yeux, et de laquelle ils repoussent la prière, en ricanant insolemment à son nez.

— J'écoutais parler ma jeune fille dont la voix s'était animée, dont les yeux s'étaient humectés de larmes, provoquées par une juste indignation et, pendant ce temps, sans même nous en apercevoir, tout en marchant l'un près de l'autre, nous avions dépassé le Château d'Eau et atteint le faubourg du Temple, au coin duquel ma grisette s'arrêta pour reprendre ainsi :

— Monsieur, veuillez excuser mon bavardage, me pardonner de vous avoir retenu aussi longtemps à m'écouter, et soyez assez bon pour me quitter ici, car j'approche de ma demeure et, pour tout au monde, je ne voudrais pas qu'on s'aperçût dans le quartier que je me suis fait reconduire par un jeune homme, ce qui ne manquerait pas de provoquer les caquets et de nuire à ma réputation.

— Ajoutez encore, mademoiselle, et de vous nuire auprès de votre amoureux.

— Je n'ai point d'amoureux, Monsieur, je suis une sage fille et je tiens à ne pas faire mal parler de moi.

— Ainsi, Mademoiselle, il est dit que j'aurai eu le bonheur de faire votre charmante connaissance pour la perdre aussitôt !

— Certainement, il doit en être ainsi.

— Cependant, mademoiselle, il pourrait, ce me

semble, en être tout autrement, et si vous consentiez à me recevoir chez vous, à m'apprécier, je suis certain que vous ne vous en repentiriez pas.

— Monsieur, je ne doute nullement de votre mérite, mais en fait d'hommes je ne reçois chez moi que des femmes, répondit-elle en riant pour ensuite m'adresser de la main un gracieux salut, me tourner le dos et prendre sa course.

Tu crois peut-être, cher, que ce brusque congé me dérouta ? Erreur, alors ; car un homme comme moi ne perd pas ainsi courage ni espoir : cette grisette me plaisait, et je jurai qu'elle serait à moi. Or, après lui avoir donné le temps de s'éloigner d'une centaine de pas, je me mis à la suivre dans le faubourg jusqu'à la rue Fontaine-au-Roi où je la vis frapper et entrer dans une maison portant le numéro 7. Bon ! c'est là qu'elle demeure ; mais à quel étage ? Tout en parlant ainsi, m'étant placé de l'autre côté de la rue, j'examinai la maison dont j'interrogeai chaque fenêtre du regard, lorsqu'au cinquième étage j'en vis une, la seule qui fût restée dans l'ombre, s'illuminer subitement. Bien ! celle-là est la sienne. Troisième à gauche, cinquième étage. Puis, satisfait de ma découverte, je me remis en marche pour regagner le boulevard.

— Tu me cites cette rencontre comme une nouvelle prouesse, et je ne vois qu'une déception dans le refus que cette fille a fait de ta personne, dit en riant Gabriel.

— Libre à toi de prendre la chose comme tu l'entends, mais moi, dont la rigueur de cette petite excite le désir et l'amour-propre, permets-moi de m'en féliciter. C'est demain dimanche, jour de liberté pour les gens qui travaillent et que ma jeune fille passera, dans sa chambrette, à se confectionner quelque colifichet à l'usage de sa toilette ; chez laquelle je tomberai à l'improviste, où, en tête-à-tête avec elle, j'accomplirai mon œuvre de séduction.

— Eh bien ! si tu m'en crois, tu laisseras cette jeune fille en repos, dit Gabriel.

— Allons donc ! une perfection qui sera pour moi une adorable maîtresse, et, si je ne m'en empare, et en dépit de sa sagesse finira par devenir la proie de quelque courteau de boutique. Non pas ! à demain sa défaite et mon triomphe !

Comme Octave s'écriait ainsi, son domestique entrait dans la chambre pour lui remettre ses lettres.

— Encore mes victimes qui m'écrivent ! en vérité elles me ruinent en ports de lettres. Tu permets, cher ?

— Ne te gênes pas.

— Ah ! Rosalie Deschamps qui se plaint de mon absence et m'appelle à grands cris. Peine perdue, je n'en veux plus, fit Boudinier en jetant la lettre dans la ruelle du lit pour en ouvrir une seconde.

— Madame A... qui me gronde de ce que je ne profite pas assez de l'absence de son mari pour venir la voir. Jolie femme qui m'adore et me fatigue. J'y renonce... Ah ! ah ! la superbe Paméla Robinet qui me supplie de l'accompagner aujourd'hui au bois et, pour cette promenade, met sa plus brillante calèche, ses plus superbes chevaux à ma disposition. J'irai peut-être... Celle-ci est d'une femme galante séparée de son mari par amour pour moi. La pauvrette menace de se périr si je ne reviens à elle. Péris-toi, ma mignonne, les volontés sont libres... Qu'est-ce cela ? une invitation au brillant bal que doit donner lundi M. Dervac, maire de son arrondissement. Je ne manquerai pas de m'y rendre, car il y aura foule de jolies femmes... Nous irons ensemble, si tu y consens, cher.

— Je ne serai pas à Paris, lundi.

— N'importe, pourvu que tu y viennes à dix heures ; je t'attendrai ici ; nous irons souper ensemble, puis après nous nous rendrons à ce bal où nous presserons la main du fils de la maison, de ce cher Georges Dervac qui, m'a-t-on dit, est de retour à Paris depuis trois jours, après avoir donné sa démission de secrétaire d'ambassade pour raison de santé.

— A cette condition, je consens à quitter ma belle campagne fleurie et le charmant sujet qui m'y captive, pour t'accompagner et embrasser ce cher Georges, cet ami bon et loyal que l'affreuse mort menace de nous enlever peut-être dans peu.

— Hélas oui, le cher garçon est malheureusement atteint d'une maladie qui ne pardonne pas : la pulmonie ! fi ! Ainsi je peux compter sur toi et t'attendre avec certitude ?

— Tu le peux, répondit Gabriel en se levant pour prendre congé de Boudinier.

A peine ce dernier fut-il seul, qu'il s'empressa de reprendre, l'une après l'autre, les lettres dans sa ruelle pour les lire et s'écrier avec humeur :

— Corbleu ! toutes ces misérables lorettes prennent donc ma bourse pour un puits d'or sans fond, que sans cesse elles me harcellent de leurs demandes cupides ? Décidément, je m'aperçois qu'il en coûte fort cher lorsqu'on veut jouer le Lovelace et passer pour tel... Cette Paméla qui m'écrit qu'elle a eu le malheur de perdre hier un des bracelets de diamants que je lui ai donnés dernièrement et me demande l'adresse de mon joaillier afin, dit-elle, de le remplacer aussitôt. Encore quinze cents francs qu'il me faut débourser, ne pouvant faire autrement que de réparer ce malheur sous peine de passer pour un avare ; elle, si belle ! si ravissante ! elle qui n'estime en moi que mon physique et mes qualités personnelles ; elle, si pleine d'amour et d'abnégation et qui n'accepte qu'avec répugnance les présents que mon amour se plaît à lui offrir, en me grondant bien fort et en blâmant ma générosité à son égard. Être aimé ainsi de la femme la plus belle comme la plus élégante de tout Paris. quel luxe ! quel genre ! aussi, combien de gens sont jaloux de mon bonheur.

Le lendemain, qui était un dimanche, Boudinier, sur le midi, se présentait à la maison de la rue Fontaine-au-Roi, et s'adressait en ces termes à la concierge de cet immeuble :

— Brave femme, indiquez-moi, je vous prie, où est située la chambre de l'ouvrière en cachemire qui habite cette maison ?

— Quoi que vous lui voulez à cette jeunesse? demanda d'un ton bourru la vieille portière en toisant Boudinier de la tête aux pieds.

— Lui procurer la pratique de ma sœur qui a plusieurs châles à faire réparer, et, en répondant ainsi, notre Lovelace glissait une pièce d'or de vingt francs dans la main de la cerbère.

— S'il en est ainsi, du moment qu'il s'agit d'ouvrage, M'sieu peut monter chez mam'zelle Thérèse, il la trouvera chez elle, au cinquième, la deuxième porte à gauche dans le colidore, s'empressa de répondre la vieille portière en essayant de rendre le plus gracieux possible l'affreux sourire qui, en écartant ses lèvres, découvrait la ruine hideuse de sa mâchoire.

Boudinier, dûment autorisé, s'élança sur la montée, atteignit l'étage indiqué, puis la porte de Thérèse, à travers laquelle perçait la voix fraîche de l'ouvrière, en train de gazouiller une gaie chanson.

— Entrez, fit-elle en entendant frapper, et, comme la clé était sur la porte, Octave ouvrit et se présenta souriant aux regards surpris de la jeune fille assise et en train de travailler auprès d'une fenêtre ouverte, fenêtre encadrée d'une guirlande de gobéas, dans le vert feuillage duquel un pinson, dans sa cage, sautillait tout en chantant.

— Ah ! par exemple, j'étais loin de m'attendre à vous revoir, Monsieur ; en vérité, il faut que vous soyez bien inconvenant pour vous permettre de vous présenter chez moi sans me connaître, et d'après le refus que je vous ai fait de vous recevoir, dit Thérèse en se levant vivement.

— Je conviens, Mademoiselle, que mon audace est grande, mais ne vous en prenez qu'à l'intérêt extrême qu'a su m'inspirer votre gracieuse personne le peu de temps que j'ai passé à vous admirer et à vous entendre.

— Ah çà ! comment se fait-il que Mme Chico, ma portière, vous ai laissé monter ?

— Cette excellente femme n'a pu résister à mes prières.

— Et encore moins à l'argent que sans doute vous lui avez donné ; ces gens-là sont si cupides !

— Charmante Thérèse, n'en voulez pas à cette brave femme dont le sensible cœur s'est attendri en ma faveur, et daignez vous rasseoir pour m'entendre.

— Que me voulez-vous donc, Monsieur ? Ne vous ai-je pas dit l'autre soir que je suis une honnête fille, qui ne veut ni intrigue, ni amoureux, enfin qu'espérez-vous en venant ici ?

— Conquérir votre estime, puis ensuite votre amitié.

— A d'autres, ces contes-là ! Un monsieur comme vous, riche, et qui fréquente le beau monde, se moque bien de l'amitié d'une fille de ma condition.

— Belle Thérèse, vous rabaissez un peu trop votre mérite personnel, sachez qu'une jolie fille comme vous peut marcher de pair avec la grande dame sur laquelle elle l'emporte souvent.

— Vous êtes un enjôleur auquel je veux dire son fait : vous veniez ici pour me faire la cour en l'espoir de me séduire et de me tromper ; vous vous êtes dit, une ouvrière pauvre doit être une proie facile, allons voir celle-là et faisons-en notre dupe en essayant de l'éblouir par des promesses, même en lui offrant... de l'or s'il le faut.

— Corbleu, Mademoiselle, je vois avec peine que vous avez de moi une bien exécrable opinion ! qu'ai-je donc fait pour vous l'inspirer ? Thérèse, connaissez-moi mieux et veuillez m'entendre, reprit avec feu

Octave en s'asseyant tout près de la jeune fille, qui avait, tout en parlant, repris sa place et son ouvrage.

Oui, je n'ai pu résister au désir de vous revoir, au désir de contempler ces traits charmants auxquels il n'a fallu qu'un instant pour jeter le trouble dans mon âme et y faire naître le germe d'un amour violent et sincère. Thérèse, je vous aime, je vous aimerai toute ma vie, et je viens vous supplier d'être mon amie, ma maîtresse adorée, celle aux pieds de laquelle je veux déposer mon cœur et ma fortune entière, vous à qui je fais le serment d'un amour éternel, dont je veux être l'esclave soumis.

— Voilà, ma foi, de bien séduisantes paroles et un amour qui a grandi bien subitement, vous en conviendrez ; seulement dans ce beau discours que vous venez de me débiter à grande vitesse, il y a un mot, un seul, qui a singulièrement choqué ma susceptibilité d'honnête fille.

— Répétez-le, chère Thérèse.

— Celui de maîtresse, reprit en souriant la jeune fille.

— C'était d'amie que je devais dire, reprit Boudinier.

— Amie ou maîtresse sont synonymes en pareille circonstance, vous me permettez de vous le dire, Monsieur ?

— Charmante Thérèse, au lieu d'analyser le plus ou le moins de valeur des mots, soyez assez humaine pour consulter votre cœur et de me faire part ensuite de ce qu'il vous dictera en faveur de mon amour.

— C'est déjà fait, Monsieur et je vous transmets sa réponse : Thérèse ne veut être la maîtresse de personne, Thérèse ne veut et ne doit aimer que l'homme qu'elle aura accepté pour mari.

Mais ce que vous me dites-là, Mademoiselle, est impossible, inhumain ! voulez-vous donc me réduire au désespoir et me faire mourir de chagrin ?

— Un homme comme vous, jeune et riche, mourir

de chagrin pour une simple et pauvre ouvrière, qu'on appelle vulgairement une grisette, c'est être par trop généreux. Allons, Monsieur, je vois que vous êtes un habile comédien.

— Comédien, dites-vous ? comédien, lorsque, dans la sincérité de mon amour, la pureté de mes sentiments, je vous offre le partage de ma fortune.

— Me prenez-vous, Monsieur, pour une de ces honteuses créatures que l'or seul peut émouvoir ? dit la jeune fille avec dignité.

— Non, Thérèse, je ne vous fais pas une pareille injure.

— C'est heureux ! sachez, Monsieur, qu'une femme de mon caractère n'engage jamais sa destinée que sous l'impulsion de l'élan sympathique de son âme et sur la foi d'un dévouement réciproque.

— En vérité, ce langage me surprend, Mademoiselle, en vous entendant exprimer avec un tel choix d'expressions, avec autant de noblesse d'âme que de dignité, j'ai peine à me convaincre que je suis en présence d'une simple ouvrière.

— Monsieur, je suis la fille d'un honnête artisan, dont la confiance a causé la ruine, qui est mort dans les bras de sa fille bien aimée dont il avait commencé l'éducation, et en ne lui laissant que sa bénédiction pour unique fortune.

— Pauvre enfant ! et votre mère, mademoiselle Thérèse.

— Je ne l'ai jamais connue, car elle est morte en me donnant le jour, répondit tristement Thérèse.

— Ainsi vous êtes orpheline, et condamnée à gagner votre pain quotidien par un travail incessant? Et cependant, si vous vouliez ! belle comme vous l'êtes.

— Oh ! je vous comprends, Monsieur, mais je crois sincèrement que vous n'aurez pas la petite satisfaction d'enregistrer le nom de Thérèse Bernard dans le martyrologe de vos conquêtes ; j'ai juré à mon père mourant, de vivre en fille honnête comme lui-même avait vécu en honnête homme, et jamais je ne trahirai ce serment fait en un moment aussi solennel. Ainsi donc, Monsieur, Monsieur...

— Octave Boudinier, s'empressa de répondre le jeune homme.

— Ainsi donc, monsieur Octave, reprit Thérèse en souriant, croyez-moi, ne venez pas ici perdre un temps que vous pouvez employer d'une manière plus agréable, renoncez à vos projets de séduction envers moi, et si le hasard veut que nous nous rencontrions jamais, je vous promets de ma part un salut amical en faveur de votre soumission à mes volontés.

— Mademoiselle Thérèse, reprit Boudinier à qui la jeune fille en imposait, tant il est vrai que la vertu chez une femme exerce même son empire sur les cœurs les plus frivoles ; mademoiselle Thérèse, soyez de grâce plus large dans vos récompenses, en voulant bien m'accepter en qualité d'ami, de frère, si vous aimez mieux, et me permettre de venir vous visiter quelquefois, pourvu des intentions les plus sages, lesquelles seront les sûrs garants de mes bonnes pensées à votre égard ?

— Hé ! mais vous demandez beaucoup, Monsieur ! cependant, comme je suis maintenant plus que certaine que cette violente passion dont vous m'entreteniez tout à l'heure n'était autre qu'une plaisanterie, en vertu des mots d'ami et de frère que vous venez de me faire entendre, je vous autorise, si bon vous semble, à venir passer une heure auprès de moi le dimanche, mais à la condition expresse que vous ne me parlerez jamais d'amour.

— Merci, cent fois merci, ma chère Thérèse. Ah ! vous me rendez le plus heureux des hommes, s'écria Boudinier en essayant de s'emparer de la main de la jolie fille, en l'intention de la porter à ses lèvres ; petite liberté à laquelle sut se soustraire Thérèse en la retirant vivement. En vérité, si en ce moment Octave était sincèrement amoureux de Thérèse, il y avait certes de quoi, car rien au monde n'était plus adorable que cette jeune fille dont tous les traits du visage, d'une pureté, d'une régularité remarquable, ressortaient finement déliés sous une peau lisse et mince comme une fleur de camélia ; dont une forêt de cheveux d'un noir lustré couronnaient le front pur et blanc en encadrant ses tempes d'épais et gracieux bandeaux, ajoutant à tous ces avantages, ceux d'une taille fine, souple, gracieuse, et un pied d'enfant ; je crois que toutes ces perfections réunies suffisaient au-delà pour enflammer l'imagination d'un jeune homme du caractère de Boudinier.

— Mon nouvel ami, je ne m'ennuie pas en votre aimable compagnie, mais je dîne en ville aujourd'hui, il me faut faire un peu de toilette, et voilà la journée qui s'avance, dit gaiement Thérèse en indiquant du doigt la modeste pendule qui se trouvait placée sur une petite cheminée entre deux vases de porcelaine blanche, dans lesquels trempaient la tige de deux branches de lilas dont la suave émanation parfumait la chambrette blanche et propette.

— Vous l'exigez, Thérèse, je me retire. Ah ! vous dînez en ville ?.. chez des dames, des demoiselles, sans doute ?

— Oui, Monsieur, chez des dames en compagnie de plusieurs messieurs fort aimables.

— Comment, Mademoiselle, vous si rigide, si jalouse de votre réputation, vous dînez avec des hommes, vos amis ou vos parents, sans doute ?

— Vous êtes curieux, Monsieur.

— Non, mais jaloux du bonheur de ceux qui vous connaissent et que vous aimez ; je voudrais tant être du nombre.

— Cela viendra peut-être, répondit Thérèse occupée à retirer son pinson de la fenêtre pour lui présenter ses lèvres que l'oiseau vint becqueter en battant des ailes.

— Quel doux privilège, et qu'il est heureux ce petit coquin-là.

— C'est mon meilleur et plus sincère ami, Monsieur, car voilà cinq ans que nous vivons ensemble sans nous séparer ; c'est moi qui l'ai élevé, et il m'en récompense par ses caresses et ses joyeûses chansons. Mais Dieu me pardonne, vous vous êtes rassis en dépit de mon invitation.

— Pardonnez-moi, Thérèse, mais il m'en coûte tant de m'éloigner de vous.

— Partez, Monsieur, je le veux, je vous en prie.

— Adieu, Mademoiselle, à dimanche. Ah ! que le temps va me paraître long, six grands et mortels jours sans vous voir, si encore vous me permettiez de me trouver par hasard un jour de cette semaine sur votre passage.

— Ne vous en avisez pas, Monsieur, si mieux vous ne préférez que je ne vous revoie jamais.

— J'obéirai, Mademoiselle... Adieu donc, et à dimanche, fit Boudinier en se retirant à reculons.

Restée seule, Thérèse fut s'asseoir à sa petite table et reprit son ouvrage, y fit quelques points puis s'arrêta. Thérèse, sans y penser, s'était enfoncée dans ses réflexions.

— Folle que je suis, de laisser là mes manchettes pour penser à ce jeune homme, un attrapeur comme ils sont tous, qui, en venant ici, espérait sans doute y trouver une dupe... C'est fâcheux, car il est assez spirituel et surtout de bon ton, ce M. Octave Boudinier... Quatre heures, et l'on m'attend à cinq chez Armande. Je n'ai point un instant à perdre ; vite à ma toilette !

— En vérité, je ne me reconnais pas, et me demande ce que je fais dans cette voiture de place, où je me suis blotti depuis une heure... Hélas ! ce que j'y fais, je dois me l'avouer au risque d'en rougir de honte... J'attends que Thérèse sorte de sa maison, afin de la suivre, de savoir où et chez qui elle va, et cela, parce que je suis jaloux, inquiet... Jaloux de

qui ? D'une petite fille, d'une ouvrière, d'une grisette !
D'honneur ! cela fait honte et pitié... Mais, patience !
Aujourd'hui, jolie Thérèse, j'ai consenti à ne rien
brusquer ; je vous ai ménagée ; mais, gare à vous, lorsque sera venu l'instant de notre seconde entrevue, car
je serai, ce jour-là, sans pitié ni merci... C'est elle que
j'aperçois qui sort de sa demeure... Cocher, vite en
route ! il s'agit de suivre cette jeune fille coiffée d'un
chapeau de paille et en robe de mousseline grise, que
vous voyez, trottant là-bas.

La voiture roula, mais très lentement, de façon à
laisser entre elle et Thérèse, la distance d'une cinquantaine de pas.

— Fichtre ! quelle tournure gracieuse et modeste
tout à la fois. Comme son pied est mignon, léger ; à
peine effleure-t-il la terre ; il glisse, mais ne pose pas.

Ce fut dans la rue de Crussol que s'arrêta le vol de
notre jeune fille, où elle pénétra dans une maison à
porte cochère.

— Cocher ! entrez dans cette maison et apportez-m'en le concierge, dit Boudinier.

Deux minutes passées, et l'automédon revenait,
accompagné du pipelet, qui aborda la voiture la casquette à la main.

— Mon cher, je désire obtenir de votre extrême
complaisance un petit renseignement ; veuillez monter près de moi, afin de pouvoir causer ensemble plus
à notre aise.

En disant ainsi, Octave plaçait un napoléon de vingt
francs dans la main du portier, lequel, enchanté d'une
pareille aubaine, s'empressa de grimper dans le véhicule.

— Mon ami, il vient d'entrer, il y a un instant,
dans votre maison, une jeune fille en chapeau de
paille et en robe de mousseline grise ?

— Oui, Monsieur.

— La connaissez-vous ?

— Beaucoup

— Chez qui allait-elle ?

— Chez un de nos locataires, un jeune peintre, un vrai farceur intitulé Piquoiseau, qui n'est autre que son amant.

— Portier ! dites-vous la vérité, rien que la vérité en parlant ainsi ? s'écria Boudinier hors de lui, tout en serrant la main du portier de façon à la lui disloquer.

— Rien que la vérité, Monsieur, foi de Potin qui est mon nom.

— Ainsi, vous persistez à dire que Mlle Thérèse a un amant intitulé Piquoiseau, et qu'elle est chez lui en ce moment ?

— Monsieur, j'ignore si la demoiselle que vous m'avez dépeinte se nomme Thérèse ou Javotte, mais j'affirme que le chapeau de paille et la robe grise qui sont entrés tout à l'heure dans la maison, appartiennent à une noceuse de première classe, laquelle, trois fois par semaine, ne manque pas de venir tenir compagnie, la nuit entière, à ce farceur de Piquoiseau, un bon vivant, comme on n'en trouve pas quatorze à la douzaine.

— Je vous crois, honnête concierge, vous remercie, et vous rend la liberté en vous adressant mes excuses de vous avoir dérangé, arraché peut-être aux joies de la famille.

— Oh ! il n'y a pas de mal, Monsieur, et me mets tout à votre service, si l'occasion se représentait de vous être utile, répliqua Potin, tout en descendant de la voiture.

— Un amant ! elle a un amant ! Moi qui, la prenant pour une vertu de premier ordre, pour ce qu'elle prétend se faire passer, moi qui m'attendrissais bêtement, me laissais prendre à ses gluaux, et lui votais intérieurement un prix Monthyon. Ah ! belle Thérèse, vous vous êtes joué de moi, vous m'avez fait la dupe de votre hypocrisie ; mais j'aurai ma revanche, et pas plus tard que demain.

Ainsi disait Boudinier, avec dépit et colère, en roulant vers sa demeure, où, étant arrivé, il s'empressa de prendre la plume pour tracer ces mots :

« Madame la baronne de Ferengac, rue Saint-Geor-
« ges, à qui mademoiselle Thérèse Bernard a été vi-
« vement recommandée en qualité d'excellente repri-
« seuse, prie cette demoiselle de venir demain chez
« elle sur les dix heures du matin, madame la baronne
« de Ferengac ayant de l'ouvrage à lui donner. »

— Bastien, hâte-toi de porter cette lettre à son adresse, et surtout, recommande bien à la portière de ne pas oublier de la remettre le soir même à Mlle Thérèse, en ajoutant que c'est pour un ouvrage très pressé... A propos, si l'on te demande de quelle part, réponds : De celle de madame la baronne de Ferengac.

— Il suffit, Monsieur, répliqua le domestique en prenant la lettre.

— Qu'elle vienne, et nous ferons en sorte de bien fêter Mme Piquoiseau, murmura Boudinier, en se frottant les mains. Mais c'est assez m'occuper de cette drôlesse pour aujourd'hui, et courons consoler ma belle Paméla, en réparant la perte qui, en la chagrinant, altérerait sans doute les traits de son charmant visage. Au moins, avec celle-là, pas de tricherie ; elle m'aime pour de bon. Seulement, il est fâcheux qu'elle soit trop grande dame, ce qui me contraint à mettre un prix fou aux fréquents cadeaux dont il me faut indemniser son amour et ses caresses.

V

Le lendemain, comme la dixième heure de la matinée sonnait à la pendule de sa chambre à coucher, et Boudinier étant sous les armes, son domestique entra pour le prévenir, en souriant, que la jeune demoiselle à la lettre venait d'arriver, et qu'elle attendait dans le salon que Mme de Ferengac voulût bien la recevoir.

— Fais-la vite entrer, et, lorsqu'elle sera dans cette chambre, fermes-en la porte à double tour.

— Il suffit, Monsieur.

— Deux secondes s'étaient à peine écoulées, que Thérèse, d'un air timide, se présentait, puis, poussait un cri de surprise et de frayeur en apercevant Boudinier sortir du rideau d'alcôve derrière lequel il s'était caché :

— Vous, Monsieur ! Comment vous trouvez-vous ici ? Ne suis-je donc pas chez Mme la baronne de Ferengac ? disait la jeune fille en reculant vers la porte.

— Non, belle Thérèse, vous êtes ici chez moi, chez l'homme qui, épris de vos charmes et désirant vous entretenir de son amour, vous a tendu un piège dans lequel vous êtes tombée.

— Monsieur, ce que vous avez fait est une infamie que je ne vous pardonnerai jamais ! répondit Thérèse d'une voix ferme tout en essayant d'ouvrir la porte.

— Chère belle, vous essayez vainement de m'échapper, vous n'y parviendrez pas ; cette porte, par mon ordre, a été fermée.

— Monsieur ! je vous ordonne de la faire ouvrir à l'instant même.

— Plus tard, chère belle, après que nous aurons déjeuné en tête-à-tête comme deux bons amis, et parlé d'amour tout à notre aise.

— En vérité, Monsieur, j'ai peine à comprendre le changement qui, depuis hier, s'est opéré dans votre manière d'agir à mon égard.

— Ah ! vous trouvez, chère belle ? Cela vient sans doute qu'hier j'étais en présence de Mlle Thérèse Bernard, la laborieuse et sage jeune fille, qui m'inspirait l'estime et le respect, mais aujourd'hui, que j'ai l'avantage de posséder chez moi ? Mlle Thérèse Piquoiseau, arrivant ce matin en droite ligne de la rue de Crussol.

En disant ainsi, Boudinier fixait attentivement le visage de Thérèse, qu'il s'attendait à voir pâlir ou rougir de surprise et de dépit ; mais, contre son attente, aucun changement, aucun nuage ne vinrent altérer la sérénité de cette adorable figure.

— Je ne sais ce que vous voulez dire, Monsieur ; je suis toujours celle que vous estimiez hier, et le nom bizarre qu'il vous plaît d'ajouter au mien, par dérision, sans doute, m'est inconnu... Allons, Monsieur, faites-moi ouvrir cette porte, car j'ai hâte de sortir d'ici, et, par un nouveau refus, en vous permettant de me retenir chez vous contre ma volonté, prenez garde d'augmenter encore plus votre faute.

— Hier, lorsque je vous dépeignais ma flamme, vous me gratifiâtes généreusement de l'épithète de comédien ; aujourd'hui belle Thérèse, vous me permettrez de vous renvoyer la balle, en ajoutant que vous excellez en l'art de jouer les ingénues.

— Encore une fois, je ne vous comprends pas, Monsieur.

— Quoi ! perfide beauté, vous osez nier qu'hier, aussitôt ma sortie de chez vous, vous ne vous êtes pas empressée de vous rendre rue de Crussol, chez un peintre nommé Piquoiseau, lequel est votre amant, chez lequel vous passez trois nuits par semaine.

— Vous êtes fou, Monsieur ; et, quoique je ne vous reconnaisse aucun droit sur ma personne, ni celui d'épier, de contrôler mes actions ni mes démarches, je consens à vous dire que les gens qui vous ont renseigné se sont moqués de vous. Hier, je ne suis point allée rue de Crussol, je n'y suis même jamais allée. Une amie, qui demeure rue Saint-Louis, au Marais, a seule reçu ma visite ; j'ai dîné chez elle en famille et à dix heures j'étais rentrée chez moi. Et maintenant que votre curiosité est satisfaite, laissez-moi partir.

— Thérèse, de quoi se composait votre toilette ? s'empressa de demander Boudinier, qui déjà tremblait de s'être mépris.

— Encore des questions ! fit la jeune fille avec humeur et surprise.

— Au nom du ciel ! Thérèse, répondez : Comment étiez-vous mise, hier, lorsque vous fûtes dîner en ville ?

— En robe rose et chapeau de paille à rubans verts. Êtes-vous satisfait ?...

— Quoi ! vous n'aviez pas une robe de mousseline grise ?

— Non, Monsieur ; la personne qui, dans la maison que j'habite, porte une robe de cette étoffe et de cette couleur, est une ouvrière frangeuse qui demeure sur mon carré.

— Thérèse, je suis un grand coupable, et vous me voyez à vos pieds repentant et implorant mon pardon, reprit Boudinier en tombant à genoux.

— Monsieur, je vous pardonne, à la condition que vous ferez ouvrir cette porte à l'instant même.

Boudinier s'empressa de se relever pour courir tirer le cordon d'une sonnette, au bruit de laquelle son domestique vint ouvrir.

— Vous êtes libre, Mademoiselle.

Et comme Thérèse se dirigeait vers la porte, le jeune homme, d'une voix suppliante, la conjura de vouloir bien lui accorder quelques instants de plus pour l'entendre.

— Ma place n'étant point ici, Monsieur, je ne puis y demeurer davantage, répondit Thérèse, pour ensuite, et d'un pas pressé, quitter la chambre et l'appartement.

— Elle me fuit! Elle est perdue pour moi, car jamais une fille aussi sage et de ce caractère ne me pardonnera de l'avoir prise pour une dévergondée. Imbécile que je suis! de m'être trompé de la sorte! Mais n'est-ce pas elle qui me trompe? Les femmes sont si rusées!... Je veux m'en assurer; je veux aller voir ce Piquoiseau, faire connaissance avec lui, ainsi qu'avec la robe grise, sa maîtresse... Je veux... Parbleu! revoir Thérèse, m'en faire aimer à force d'amour et de bienfaits... C'est cela! allons commander un tableau à ce Piquoiseau... un intérieur de chambre; celle de Thérèse, avec sa fenêtre de verdure, son petit pinson. Oh! je lui détaillerai tout cela si exactement, qu'il attrapera la ressemblance.

Boudinier se mit aussitôt en route pour les boulevards.

— En vérité, je ne me reconnnais plus ; m'agiter, me tourmenter, et trotter ainsi pour une petite fille, une grisette, moi, le favori des femmes à la mode. D'accord : mais ces belles dames ne sont pas fraîches et roses comme Thérèse ; elles n'ont pas, comme elle, cette rigidité de mœurs, cette fleur d'innocence que je suis friand de cueillir... Ah! que cette fille-là fera une gracieuse maîtresse, lorsque j'aurai couvert sa belle chevelure d'un gracieux chapeau, ses épaules d'un tissu indien, renfermé ses formes divines dans le velours ou la soie, lorsque entourée de tout le confortable du luxe, elle me recevra dans son boudoir parfumé... Thérèse, ange de beauté sur la terre, petit démon rebelle à mes désirs, combien tu me seras chère et précieuse. Ah ! j'en fais le serment, tu seras ma dernière, ma seule et unique maîtresse.

Ce fut en pensant ainsi que Boudinier atteignit la rue de Crussol et la maison du peintre, où le père Potin, le concierge, après l'avoir reconnu et salué de l'air le plus respectueux, s'empressa de le conduire jusqu'à la porte de la mansarde de l'artiste, et, comme toute peine mérite un salaire, Boudinier récompensa l'obligeance intéressée du cerbère du don d'une pièce de cinq francs.

— Décidément, cet homme-là ne peut être que M. Rotschild en personne, murmura Potin tout en descendant l'escalier après avoir introduit le visiteur chez Piquoiseau.

Une chambre de dix mètres carrés, tapissée de papier perse en lambeaux et ondé de taches de suif, un lit de sangle, composé d'une paillasse et d'un maigre matelas, le tout en désordre et laissant voir des draps à jour et d'une entière saleté. Deux chaises dont une dépaillée, une malle dans un coin, une table en bois blanc encombrée d'une foule de biblots, entre autres d'une bouteille dans le goulot de laquelle était plantée une chandelle, des tasses, deux verres de cabaret et un papier gras sur lequel gisaient des débris de charcuterie. Un chevalet, quelques toiles et tableaux, puis des plâtres d'étude accrochés de droite et de gauche, telle se composait la demeure de l'artiste, lequel vêtu d'une blouse et les cheveux en désordre, jeune et beau garçon du reste, à la mine joyeuse, qui s'empressa de quitter le pinceau pour recevoir le visiteur.

— C'est à monsieur Piquoiseau que j'ai l'avantage de parler ?

— Alcibiade Piquoiseau en personne, Monsieur. Que puis-je pour votre service ? commandez. Faites-vous servir, répondit gaiement le peintre.

— Mon cher artiste, j'ai entendu parler de votre talent, et c'est plein de croyance en lui que je viens lui confier l'exécution d'un petit tableau que je veux placer parmi ceux qui ornent mon salon ; en peu de mots voilà ce que je désire : un intérieur de chambre, espèce de mansarde servant d'asile à une jolie et proprette ouvrière, laquelle chambre est éclairée par une croisée ornée d'une caisse de fleurs, encadrée de guirlandes de gobéas, au milieu desquelles chante et sautille un pinson, dans sa cage.

— Facile ! rien de plus rococo ! fit Piquoiseau.

— D'autant mieux que je me charge de vous esquisser le dessein dudit tableau, dessin, mon cher artiste, que vous aurez la complaisance de prendre demain en venant déjeuner avec moi.

— Le déjeuner me charme à ravir, mon cher monsieur, surtout lorsqu'il est arrosé de bons vins.

— Rien n'y manquera et vous serez content... Ah ! ça ! mais pour un homme de talent, il me semble que vous êtes étroitement logé.

— Vous voulez dire pauvrement, n'est-ce pas ? Oh ! ne vous gênez pas. Cela vient, voyez-vous, de ce que je suis un brin flâneur, puis bambocheur et que Fifine ma maîtresse, est coquette et gourmande en diable.

— Ah ! votre maîtresse se nomme Fifine ? Ne serait-ce pas par hasard une jolie et gracieuse jeune fille en chapeau de paille et en robe de mousseline grise que j'ai vue h'er entrer dans cette maison comme je parlais au portier.

— C'est elle-même, Monsieur, hier dimanche, et comme ma tendre frangeuse savait que j'avais touché dans la matinée le prix d'un tableau qu'une sage-femme m'avait commandé pour le placer dans la rue entre ses deux fenêtres, ma gourmande est accourue bien vite pour que je la menasse manger une friture à Asnières, où nous nous en sommes donné de tout cœur ; aussi les vingt-cinq francs du tableau y ont-ils passés du coup.

— Ah ! Mlle Fifine est frangeuse ? reprit Boudinier.

— Frangeuse honoraire, vu qu'elle ne travaille jamais entre ses repas, mais c'est une bonne et joyeuse fille qui m'aime de tout cœur, quoique assez légère en fait de constance.

— Elle vous serait infidèle peut-être ?...

— Une petite fois par semaine, je le pense, sans qu'elle en convienne.

— Mais c'est fort mal à elle.

— Que voulez-vous ? elle a bon appétit, elle aime la toilette et je suis si raffalé, soupira ironiquement Piquoiseau.

— Je vois que vous êtes un philosophe, mon cher, et vous avez raison :

> Souvent femme varie,
> Bien fol celui qui s'y fie !

a écrit François I*er* sur une vitre de son palais de Fontainebleau.

— Connu ! fit Piquoiseau en riant.

— Çà, mon cher, comme la friture d'hier a mis votre bourse à sec, vous me permettez, n'est-ce pas, de vous donner un petit à-compte sur le prix du tableau que je vous commande ?

— Certes ! deux même si cela vous va.

Boudinier tira de sa bourse trois napoléons qu'il posa sur un coin de la table.

— Fichtre ! vous agissez en grand seigneur... tant que cela pour un à-compte ! s'écria Piquoiseau tout joyeux.

— Voulez-vous davantage ?

— Non, certes ! Il faut garder une poire pour la soif, car Fifine est très altérée.

Comme Piquoiseau terminait ces mots, le refrain d'une polka, chanté d'une voix fraîche, se fit entendre, la porte s'ouvrit et Fifine avec sa toilette de la veille se présenta aux regards de Boudinier.

— Chérie, tu vois en Monsieur un amateur qui

vient de me commander un tableau d'intérieur, fit le peintre.

— Monsieur, soyez le bienvenu... Tiens ! tu as de l'or aujourd'hui, mon ange, dit Fifine en fixant un gracieux regard sur les trois pièces d'or.

— Soixante francs d'arrhes que Monsieur me donne.

— Ma foi ! cela tombe comme mars en carême, car nous étions aujourd'hui, on ne peut plus, greffés sur le martin-sec, le temps menace et mes bottines commencent à boire au ruisseau, dit la frangeuse, assez jolie brunette, aux dents petites et blanches, tout en lançant un regard des plus provoquant à Boudinier.

— Alors, je me félicite, Mademoiselle, d'être venu assez à temps pour pouvoir vous éviter le rhume de cerveau dont vous menace la soif de votre chaussure, et comme je sais que l'acquisition d'une paire de bottines est chose indispensable, je prie M. Piquoiseau de vouloir bien fixer le prix qu'il met au tableau que je lui commande afin de l'acquitter entièrement, étant plein de confiance en son talent comme en sa probité.

— Parbleu ! vous êtes un bon enfant, envers lequel je veux être généreux à mon tour. Or, je trouve que vous m'avez assez payé, nous sommes quittes, n'en parlons plus, demain nous déjeunerons ensemble, après demain je me mets à l'œuvre et dans quinze jours j'accroche ladite peinture dans votre salon.

— Mon cher ami, j'estime trop les arts et les artistes pour accepter votre offre ; or, permettez-moi de fixer le prix de votre travail à cinq cents francs et de m'acquitter avec vous.

Cela disant, Boudinier sortait un billet de banque de son portefeuille pour le déposer sur la table et reprendre les trois pièces d'or, à la grande stupéfaction de l'artiste et de sa maîtresse.

Piquoiseau, désireux de ne pas revenir sur ce qu'il avait dit, fit quelque façon pour accepter le billet, mais Boudinier refusa de le reprendre et le peintre céda.

— Mais c'est donc une chose bien grandiose qu'il s'agit de représenter sur ce tableau ? demanda Fifine.

— Non, bien-aimée, il s'agit tout simplement d'une petite chambre sous les toits, garnie d'un modeste mobilier, avec une fenêtre, des fleurs, des gobéas tout autour, et, au milieu de cette verdure, un petit pinson qui chante dans sa cage.

— Voilà tout ? Eh bien ! je connais une chambre, une fenêtre et un oiseau tout semblables sur mon carré, pas plus loin. Si tu veux, Alcibiade, je demanderai à ma petite voisine, Thérèse, à laquelle appartient tout cela, de me laisser sa clé quand elle sortira afin que tu puisses croquer sa chambre et son oiseau, proposa Fifine.

— Voilà qui est à ravir, et je vous conseille d'accepter, mon cher Piquoiseau, d'autant mieux que cela m'évitera la peine de faire le dessin que je vous ai promis, sans pour cela nuire à votre déjeuner de demain.

— Accepté et convenu ! fit Piquoiseau.

— Qu'est-ce que cette demoiselle Thérèse ? une de vos amies, sans doute, Mademoiselle ?

— Une de mes voisines, une jeune fille aussi sage, aussi modeste qu'elle est bonne et belle, répondit vivement Fifine.

— Combien a-t-elle d'amoureux, cette perfection ? dit Piquoiseau.

— Des amoureux ! Thérèse, des amoureux ! je t'en fiche ! ils seraient bien venus, ma foi, ceux qui croiraient pouvoir lui en conter ; la preuve est que, pas plus tard qu'hier, à ce que m'a conté ce matin ma portière, un beau jeune homme immensément riche s'est faufilé chez Thérèse sous le prétexte de lui procurer de l'ouvrage, et que le cher gandin, qui n'était autre qu'un amoureux, a été vivement congédié en dépit des belles promesses qu'il faisait à la sage fille en l'espoir de la séduire... Quoi, vous riez, vous doutez sans doute de la vérité de ce que je vous raconte, dit Fifine à Boudinier, qui souriait en l'écoutant.

— Je n'ai garde de douter, Mademoiselle, car le gandin en question, c'est moi; la chambre que je veux faire peindre est celle de Thérèse, de cette fille adorable que j'aime, dont j'espérais me faire aimer, et envers laquelle j'ai commis la maladresse de me brouiller ce matin.

— Par exemple ! que lui avez-vous donc fait, à cette âme sans fiel, pour mériter qu'elle se fâchât après vous ?

En réponse à cette demande de Fifine, faite de l'expression du reproche, Boudinier raconta aux deux jeunes gens comment il avait fait la rencontre de Thérèse, sa visite chez elle en dépit du refus qu'elle avait fait de le recevoir, la méprise qu'elle avait commise en prenant Fifine pour elle, et la ruse employée pour l'attirer chez lui.

— Compris ! l'ayant prise pour moi, Monsieur a pensé que, pour attraper une fille d'aussi piètre mérite que le mien, il n'y avait pas tant de mitaines à prendre, et qu'il pouvait agir à la mousquetaire, reprit Fifine d'un ton moitié riant et moitié fâché.

— Ma belle demoiselle, tout homme à ma place en eût fait autant après avoir appris que celle dont le mérite et la beauté l'avait séduit, n'était autre qu'une trompeuse qui, lors des visites qu'elle faisait le soir à son amant, n'en sortait plus que le lendemain matin ; ensuite, n'ai-je pas pour excuser mon sans-façon le dépit qui m'animait alors en me croyant la dupe d'une hypocrite ?

— Assez d'excuses, car je suis bonne fille et pas du tout rancunière... Oui, aimez Thérèse ; faites son bonheur si elle y consent, et tout le monde sera content, moi la première.

— Merci de ces bons souhaits, ma belle demoiselle ; surtout, que Thérèse ignore que je vous ai parlé d'elle.

— Soyez sans crainte ; je ne vous connais pas, répliqua la jeune fille.

VI

Le même jour, et vers la dixième heure du soir, Boudinier, chez lui, et en grande tenue, attendait l'arrivée de Gabriel Dupuis qui devait venir le prendre, pour aller ensemble à un bal que donnait un capitaliste, le baron Dervac dans son riche hôtel de la Chaussée-d'Antin. Afin d'abréger l'ennui de l'attente, Boudinier pensait à Thérèse, cherchant dans sa tête quel moyen il pourrait employer pour se réconcilier avec elle et amener cette beauté sauvage à ses désirs amoureux.

— Parbleu, si je lui écrivais, si je lui adressais quelques-unes de mes phrases brûlantes comme j'en écris si souvent, dans lesquelles je lui exprimerais tout mon repentir de l'avoir offensée, et l'excès de l'amour que ses charmes m'ont inspiré. Essayons ! Je suis certain que cette chère Thérèse, vaincue par l'éloquence de mon style, ne pourra plus longtemps me garder rancune.

Tout en disant ainsi, Boudinier avait pris la plume.

« Adorable Thérèse, c'est un amant au désespoir,
« c'est un coupable repentant qui ose vous adresser
« ces lignes pour vous dépeindre le douloureux mar-

« tyre qu'il endure en se sachant privé peut-être
« pour toujours de votre divine présence, depuis
« qu'il sait que l'indifférence, la haine peut-être, ont
« étouffé dans votre cœur l'estime qu'il s'était efforcé
« d'y faire germer. Thérèse, je vous aime et ne puis
« plus vivre sans vous ; oui, je vous aime, non d'un
« amour qu'enfante le caprice et que la fantaisie em-
« porte le lendemain, mais d'un amour sérieux qui ne
« s'éteindra qu'avec ma vie. Thérèse, pitié pour moi !
« rendez-moi au bonheur, à l'existence, en oubliant,
« en pardonnant la fatale méprise qui, en m'attirant
« votre courroux, m'a banni de votre présence et a
« détruit le divin espoir de mériter un jour le titre
« fortuné de votre amant. Thérèse, à vous mon âme,
« mon adoration, ma constance, ma fortune, en
« échange d'un de vos sourires, d'un mot amical
« échappé en ma faveur de vos lèvres divines. Thé-
« rèse, je souffre, j'attends ! Répondez si je dois vivre
« ou s'il me faut mourir d'amour, de regret et de
« douleur. »

— En voilà assez ; c'est court, mais c'est chaud et bien tapé ; la petite ne pourra résister à ce style brûlant ; elle me reviendra, et alors, à moi son cœur, sa possession. Cela m'aura donné plus de peine que la conquête d'une grisette n'en mérite, il est vrai, mais mon amour-propre sera satisfait, et je pourrai m'écrier avec orgueil, qu'il n'est point de vertu capable de résister à mes séductions.

Comme Boudinier terminait ainsi, tout en pliant sa lettre, Gabriel entra.

— Fidèle au rendez-vous, c'est bien ; je reconnais là ton exactitude. Permets, cher, que je cachète ce billet doux, et je suis à toi C'est à Thérèse, ma grisette, tu sais, que j'adresse ces quelques mots pour la prévenir que je ne puis aller la voir ce soir, et que demain j'irai la récompenser de cette nuit d'absence.

— Comment, cette fille qui prônait si haut sa vertu

et que tu prenais pour une sainte, s'est déjà rendue? demanda Gabriel en souriant?

— En doutais-tu, cher? Est-ce qu'il est au monde une fille ou femme capable de me résister?

— Oh! je suis loin d'en douter, surtout lorsqu'il s'agit des dames du quartier Bréda et des filles qui font le boulevard, répliqua Gabriel.

— Cher, tu railles? tu doutes de mes capacités, c'est mal! je te prie de croire que je choisis mes maîtresses en meilleur lieu, et ne suis point tout à fait indigne des faveurs de nos grandes dames, répliqua Boudinier d'un ton sec et en pinçant les lèvres; seulement, je déteste filer le parfait amour, cela m'assomme, me fait bouillir, me donne sur les nerfs. Tu sais que nous ne nous ressemblons pas. Maintenant, allons souper, car j'ai grand appétit, ce soir, ayant oublié de dîner, et, ensuite, rendons-nous au bal que nous donne ce cher baron Dervac, car on assure qu'il sera magnifique, et que les plus jolies et les plus élégantes dames de la société parisienne s'y sont donné rendez-vous.

Le somptueux hôtel du baron Dervac était resplendissant de lumières. Ses larges portes s'étaient ouvertes devant une foule de brillants équipages, et ses salons, embaumés par l'arome des fleurs, étaient étincelants d'or; sous l'éclat de mille bougies, se trouvait rassemblée l'élite de la haute aristocratie du monde élégant. Minuit sonnait lorsque Gabriel et Boudinier, après avoir longuement soupé à la Maison-Dorée, faisaient leur entrée dans ce bal brillant, où les flots d'harmonie que prodiguait un orchestre nombreux, invitaient à la danse ainsi qu'au plaisir.

— Vous plairait-il, Madame, d'accepter ma main pour ce quadrille, disait Gabriel à une jeune et jolie femme avec laquelle il venait d'échanger quelques gracieuses paroles après s'être assis près d'elle, à la suite d'une polka où il avait été son cavalier.

— Volontiers, Monsieur, répondit la dame du ton

le plus gracieux, en plaçant, dans celle que lui présentait le jeune homme, une petite main supérieurement gantée et parfumée.

— Comment, Madame, vous, si jeune, si fraîche et si belle, vous êtes mariée ? disait en souriant Gabriel à sa danseuse, pendant le quadrille.

— Oui, Monsieur, et, qui, plus est, je suis la mère d'une très jolie fille de dix-sept ans.

— Quelle plaisanterie ! vous en avez vingt-deux à peine.

— Dites vingt-six, et vous serez dans le vrai, répondit en riant la dame.

— D'honneur, Madame, on ne vous donnerait pas cet âge, quoiqu'il soit encore celui de la jeunesse ; mais, ce confiant aveu que vous venez de me faire ne m'explique pas comment, à vingt-six ans, Madame, vous êtes déjà avantagée d'une demoiselle de dix-sept ans.

— Rien de plus naturel, Monsieur ; cette jeune personne est la fille de mon mari lequel m'a épousée en secondes noces.

— Alors je ne suis plus surpris, Madame, et je félicite cette jeune personne de posséder une aussi charmante belle-mère.

— Vous êtes galant, Monsieur.

— Je suis sincère, Madame. Mademoiselle votre belle-fille serait-elle ici ?

— Non, Monsieur, l'état de santé et la faible constitution de cette enfant exigent infiniment de précautions et de ménagements ; aussi est-elle à la campagne, où nous désirons qu'elle passe la belle saison toute entière.

Le quadrille venait de se terminer.

— Monsieur, reprit la dame, veuillez être assez bienveillant pour me prêter votre bras afin de m'aider à retrouver mon mari, que j'ai perdu il y a plus d'une heure et auquel il me serait agréable de vous présenter en qualité de protecteur de sa femme qu'il abandonne pour courir faire le Céladon auprès des dames, et cela en dépit de ses cinquante-huit ans.

— Ah! Madame, vous vous faites injure en taxant monsieur votre mari d'inconstance; est-ce que l'homme qui est assez heureux pour posséder une compagne telle que vous peut devenir infidèle et trouver une autre femme digne de son cœur et de ses hommages?

— Taisez-vous, Monsieur, avec ces aimables flatteries dont votre indulgence m'accable, vous finirez par me faire croire que je suis véritablement une jolie femme.

— Hé! Madame, pour vous convaincre que vous êtes belle et gracieuse est-il donc besoin qu'on vous le dise, lorsqu'en daignant jeter vous-même un coup d'œil dans les glaces devant lesquelles nous passons il est si facile de vous en convaincre.

Permettez-moi donc à mon tour, Monsieur, de vous dire que vous êtes un cavalier aussi galant que spirituel.

— Ah! Madame, qui près de vous ne ferait preuve de ces deux qualités que vous inspirez si bien?

— Allons! je vois que je suis une petite perfection et franchement je ne m'en doutais guère; il faut venir au bal pour apprendre de ces choses-là... Vous habitez Paris, Monsieur?

— Oui, Madame, la rue de la Paix, et l'été une villa des champs, située au-dessus de Meudon.

— Nous possédons de même une maison de campagne dans ce canton, mais nous y allons fort rarement.

— C'est fâcheux, Madame.

— Pourquoi cela, Monsieur?

— Parce que si vous l'habitiez, Madame, en qualité de voisin, j'aurais sans doute le plaisir de vous rencontrer lors de vos promenades.

— Cette occasion pourra peut-être se présenter, Monsieur, car l'intention de mon mari est de passer cet été quelques mois à la campagne... Vous êtes garçon ?

— Oui, Madame.

Comme Gabriel répondait ainsi, deux messieurs se présentèrent souriant devant eux ; l'un était Boudinier et l'autre un gros personnage d'un âge mûr, très coquettement attifé et se dandinant sur ses hanches à l'instar des incroyables.

— Il est heureux que je vous retrouve, Monsieur, depuis deux heures que je vous cherche ; allons, remerciez Monsieur qui, daignant prendre mon isolement en pitié, a été assez bienveillant pour me faire société et me servir de protecteur au milieu de cette foule, dit la jeune dame à son mari en lui présentant Gabriel.

— Combien je vous suis reconnaissant, Monsieur, fit le mari.

— A mon tour, mon cher Gabriel, permets-moi de te présenter un Monsieur dont je viens de faire la connaissance au buffet, M. Desjardins, propriétaire de la superbe villa dont souvent à Meudon, tout en nous promenant, nous nous sommes plu à admirer les superbes jardins, s'empressa de dire Boudinier.

A ce nom et se sachant en présence du père d'Angelette, Gabriel fut saisi d'un léger tremblement et ne trouvant plus de voix pour répondre tant était forte son émotion, il se contenta d'adresser au mari un salut respectueux tout en se félicitant tout bas de cette heureuse rencontre et de sa galanterie envers la belle-mère, dont il espérait par sa conduite avoir conquis les bonnes grâces.

— Dites-moi, Monsieur, reprit Victorine, avez-vous fini par rencontrer au milieu de tout ce monde la personne que vous désiriez ?

— Ce bon Davenay, oui, ma chère ; après une heure de recherche j'ai fini par mettre la main dessus dans le petit salon bleu au moment où, en guise de punch, le pauvre garçon se disposait à prendre un tasse de tisane gommée.

— Avez vous causé avec lui ? vous a-t-il reparlé de la proposition qu'il nous a faite hier ?

— Il m'en a touché quelques mots et compte venir nous voir demain pour en causer plus longuement avec nous, répondit Desjardins.

— Madame, soyez assez bienveillante pour me permettre de faire avec vous cette mazurk dont j'entends d'ici l'orchestre donner l'heureux signal, tandis que mon ami Gabriel Dupuis aura l'avantage de lier connaissance avec votre estimable mari ? s'empressa de demander Boudinier à Victorine, qui consentante retira lentement son bras de dessous celui de Gabriel, duquel elle ne s'était encore détachée pour placer sa main dans celle de l'autre jeune homme.

— N'est-ce pas, Madame, que mon ami Gabriel Dupuis est un aimable cavalier ? dit Boudinier à Mme Desjardins, étant désireux de mettre son ami dans les bonnes grâces de la belle-mère d'Angelette.

— En effet, Monsieur, votre ami paraît être un homme poli et galant... Il y a longtemps que vous êtes liés ensemble ?

— Depuis l'enfance, Madame, aussi, puis-je sans craindre de me tromper, vous citer Gabriel comme le modèle des hommes, un garçon charmant, spirituel, de mœurs irréprochables et un cœur doux. En voilà un qui fera un bon et fidèle mari, heureuse, cent fois heureuse, celle à qui il tombera en partage !

— A-t-il une maîtresse ?

— Il n'y a pas de danger ! et les mœurs donc ! Ah! si, je lui en connais une ; la belle nature dont il est l'amant passionné.

— Cette maîtresse-là, au moins, ne lui fera pas faire de sottises, fit Victorine en riant ; puis reprenant : A-t-il des parents, une famille ?

— Il n'a rien du tout ; Gabriel est orphelin, riche de vingt mille livres de rente, et maître absolu de son cœur et de ses actions. Oh ! c'est un parti des plus avantageux, un véritabe trésor pour une famille qui aurait une fille à marier.

— Et vous, Monsieur, qui me paraissez être un bon et serviable ami, qui êtes-vous ? demanda Victorine.

— Octave Boud nier, vingt-quatre ans, célibataire par goût, enfant de Paris, à qui le caprice du sort a donné assez d'argent pour vivre et faire partie de la classe intitulée : les Oisifs.

— Monsieur Boudinier, vous me paraissez d'un naturel fort gai, et j'aime les gens de ce caractère ; il faudra venir nous voir et devenir de nos amis.

— Certes, Madame, je n'ai garde de refuser une aussi aimable invitation, de laquelle mon ami et moi nous nous empresserons de profiter.

— Et d'être bien accueilli, ajouta la dame.

Tandis que Boudinier et Victorine disaient ainsi tout en mazurquant et en se promenant, Gabriel, sous le bras duquel Desjardins s'était empressé de passer le sien aussitôt après avoir vu sa femme, et Octave s'éloigner, Desjardins donc avait entraîné le jeune homme dans les salons où tout en se promenant il lui faisait remarquer les plus jolies femmes qui ornaient la fête, en s extasiant sur la beauté et la blancheur de leurs épaules, si bien enfin que Gabriel tarda peu à deviner que le père de sa chère Angelette n'était autre, en dépit de son âge, qu'un amateur du beau sexe tant soi peu libertin. N'importe ! il s'agissait de complaire à cet homme, de se mettre bien dans ses papiers, et comme Gabriel accomplissait cette tâche, c'était par des sourires qu'il approuvait, quand même les remarques tant soit peu licencieuses de Desjardins, tout en se demandant tout bas comment il pouvait se faire qu'une fille aussi sage, aussi modeste qu'Angelette, pût appartenir à un père semblable.

Une demi-heure plus tard, nous trouvons Desjardins dans le petit salon bleu assis sur un tête-à-tête, et causant avec un personnage d'une cinquantaine d'années, d'une taille ordinaire, porteur d'une figure noble, mais d'une extrême pâleur.

— Oui, mon cher Desjardins, tel est le vœu qu'a formé mon cœur, dont la réalisation dépend de ta volonté, de ton consentement, disait cet homme à l'époux de Victorine.

— Et aussi de la part d'Angelette, si vous voulez bien le permettre, mon cher Davenay, car enfin tel empire qu'on ait sur elle, on ne peut marier une fille de force, à moins de vouloir la rendre malheureuse. Ainsi vous aimez ma fille, et vous la voulez pour femme ? Mais entre nous Davenay, n'êtes-vous pas un peu âgé pour une fille aussi jeune que la mienne ?

— J'ai cinquante ans, mon ami, mais mon cœur n'en a que vingt.

— Vous n'êtes pas d'une santé des plus robustes ?

— Beaucoup s'en faut, mais avec du repos, des soins, mon médecin m'assure que j'ai encore trente ans à vivre.

— Ainsi, c'est après que vous aurez épousé un tendron de dix-sept ans que vous espérez trouver le repos nécessaire au rétablissement de votre santé ? dit en riant Desjardins.

— Oui, mon ami, la douce présence de ma femme me fixera au logis, m'évitera la fatigue et l'ennui d'aller dans le monde ; et ses aimables prévenances, les soins dont elle m'entourera rétabliront ma santé ; car enfin, je ne suis pas mortellement malade. Dieu merci ! Desjardins, je possède une fortune de quinze cent mille francs, que je donne à votre Angelette le jour qu'elle deviendra ma femme.

— Cela est magnifique, j'en conviens, mon cher, et devant un cadeau de noce aussi magnifique, je ne crois pas qu'il existe au monde un cœur capable de résister. Davenay, je ne puis encore rien vous promettre, il faut que je consulte ma femme, mais je pense que vous pouvez espérer ; venez dîner avec nous demain, et nous causerons de tout cela en petit comité.

— Volontiers, votre charmante fille sera-t-elle des nôtres ?

— Non, mon ami, Angelette, vous le savez, est à Meudon avec sa tante.

— Alors, que n'allons-nous dîner avec elle à Meudon ?

— Y pensez-vous, courir à la campagne après une nuit passée au bal ; Victorine n'y consentirait pas.

— Je ne puis comprendre, mon cher Desjardins, la raison qui vous engage à tenir ainsi votre fille éloignée de vous.

— Sa santé, mon ami, rien que sa santé, Angelette est une enfant dont la constitution s'est développée avec une telle rapidité, que ma femme et moi en avons été effrayés, et c'est d'après l'avis d'un célèbre médecin que nous avons consulté, que nous nous sommes résignés à faire vivre Angelette aux champs, en la plaçant sous la garde et protection de l'excellente dame Ravelet, la sœur de ma défunte femme. Bien m'en prit d'agir ainsi, car, d'un faible roseau, l'air pur et bienfaisant de la campagne, nous a fait une belle et forte fille pleine de santé et de vigueur.

— Alors, Desjardins, je vous demanderai pourquoi votre fille bien portante, jeune et sans doute amie du plaisir, n'est point à ce bal avec vous et sa belle-mère ?

— Ma foi, je n'en sais trop rien ; au fait, nous eussions bien pu l'emmener, mais cela ne nous est pas venu à l'idée, répondit Desjardins avec insouciance.

— Voulez-vous que je vous dise pourquoi la mère est au bal et la fille à la maison ? reprit Davenay.

— Pourquoi, je viens de vous l'expliquer.

— Vous le croyez, mais vous même n'en connaissez pas le motif.

— Lequel supposez-vous donc, Davenay ! demanda Desjardins en fixant Davenay ! d'un air surpris.

— C'est que votre femme encore jeune et coquette, est jalouse de la beauté d'Angelette, et que Mme Desjardins craint la concurrence.

— Vous êtes en erreur, mon cher, Victorine est une femme trop raisonnable pour avoir une pareille faiblesse. Elle aime beaucoup Angelette, et pour qu'elle consente à l'éloigner, il n'a rien moins fallu que le grand intérêt qu'elle porte à l'enfant auprès de laquelle elle consent à se fixer cet été à Meudon... Victorine, jalouse d'Angelette ! quelle singulière idée vous avez là, mon cher Davenay ! répéta Desjardins en riant.

— Alors je me trompais et j'en demande pardon à qui de droit, reprit Davenay en souriant.

— Ainsi donc, à demain six heures.

— C'est-à-dire, à aujourd'hui six heures du soir, mon cher Desjardins, car cette pendule, qui marque la troisième heure de la nuit, nous indique que votre demain est arrivé.

— C'est juste ; alors, à ce soir six heures.

— Je n'y manquerai pas.

Desjardins quitta Davenay pour entrer dans les salons où la danse se continuait avec plus d'entrain que jamais, où son regard aperçut de loin sa femme qui dansait, riait et causait avec Gabriel.

VII

— Eh bien ! chère amie, vous êtes-vous amusée cette nuit à ce bal ? demandait à midi Desjardins en entrant chez sa femme.

— Beaucoup, Monsieur, grâce à l'amabilité, à l'extrême galanterie de ces deux jeunes gens que vous m'avez présenté, messieurs Gabriel Dupuis et Octave Boudinier, qui la nuit entière ne m'ont pas quittée et ont été auprès de moi d'une prévenance sans égale, surtout le plus jeune des deux, M. Gabriel.

— Est-ce que ce petit drôle-là se serait permis de vous faire la cour ?

— Il se pourrait, Monsieur, si l'on peut taxer ainsi les paroles flatteuses et l'empressement qu'il a prodigué à ma personne, qu'il trouve aimable et fort gracieuse, répondit en riant Victorine.

— Ainsi, ma chère, vous avez fait une conquête à ce bal ; or c'est à moi de me tenir sur mes gardes.

— Dites deux conquêtes, mon ami, car ce M. Boudinier n'a pas moins été empressé que son ami à me courtiser et à me débiter une foule de gracieusetés plus spirituelles les unes que les autres.

— Diable ! diable ! confiez donc votre femme à des jeunes gens.

— Cela vous apprendra à négliger la vôtre pour courir faire le papillon, le séducteur auprès des dames, et des plus jeunes encore ; à votre âge, fi ? vous devriez rougir.

— Chère amie, je suis aimable, prenez-vous-en à la nature qui a mis dans mon cœur des trésors de tendresse en faveur du beau sexe.

— Vous êtes un vieux fat, et pour me venger de votre inconstance, je me suis permise d'inviter mes deux amoureux à venir dîner aujourd'hui avec nous, cela nous égayera un peu ; un lendemain de bal on est si maussade !

— Ma chère Victorine, vous avez eu tort d'inviter ces deux gens pour aujourd'hui.

— La cause, Monsieur ? demanda la jeune femme avec humeur et surprise.

— Parce que moi-même j'ai invité Davenay à dîner pour ce soir, afin que nous puissions causer tous les trois en petit comité de ses intentions matrimoniales.

— Ce M. Davenay est un vieux fou ! est-ce qu'à son âge on doit épouser une fille de dix-sept ans ?

— Mais, moi, Victorine, qui suis plus âgé que lui je vous ai bien épousé ; est-ce que je m'en trouve plus mal pour cela ? est-ce que vous vous trouvez malheureuse parce que votre mari n'est pas de la première jeunesse ?

— Non, mon ami, mais quelle différence, vous vous portez à ravir, vous, tandis que ce Davenay est d'une santé déplorable .. Le beau cadeau, ma foi, que vous feriez là à votre fille en lui donnant cet endolori pour époux.

— Savez vous, ma chère, que Davenay est riche à quinze cent mille francs et qu'il les reconnaît à Angelette en l épousant ?

— C'est généreux de sa part, j'en conviens, mais je doute que ce magnifique cadeau séduise notre fille. A l'âge d'Angelette le cœur demande plus d'amour que d'argent ..

— Mais quinze cent mille francs ! réfléchissez donc, ma chère !...

— Monsieur, ce mariage serait une monstruosité ; il ne se fera pas, d'autant mieux que je crois avoir trouvé en monsieur Boudinier le mari qui convient à Angelette.

— Pourquoi celui-là plutôt que son ami Gabriel ? s'informa Desjardins.

— Parce que M. Boudinier m'a fait entendre qu'il ne serait pas éloigné de prendre femme, tandis que M. Gabriel m'a manifesté beaucoup de répugnance pour le mariage.

— Quelle est la position de ce monsieur Boudinier ?

— Celle d'un charmant jeune homme d'une gaieté charmante, d'une humeur égale, fort ami des dames et avantagé d'une fortune de vingt-cinq mille livres de rentes en biens fonds.

— C'est joli ! mais ce pauvre Davenay ?...

— Il faut le refuser, lui dire..., qu'Angelette aime quelqu'un.

— Ma foi, ma chère, chargez-vous de le congédier, de lui faire entendre raison, surtout faites en sorte qu'il ne cesse d'être de nos amis tout en ne devenant pas notre gendre.

Après ces paroles, Desjardins embrassa la main de sa femme et s'éloigna sous le prétexte de se rendre à la Bourse, où ce jour devait s'opérer une baisse dont il voulait profiter pour acheter.

Victorine, restée seule, s'accouda sur son siége, appuya son front sur sa main, puis laissa errer sa pensée qu'elle reportait sur le bal de la nuit dernière, sur Gabriel, sur les soins dont il l'avait entourée, puis elle se plut à repasser dans sa mémoire toutes les douces flatteries que le jeune homme avait laissé tomber dans son oreille.

— Comme il est bien ! quel charmant cavalier ; quand il me parlait que son regard exprimait de tendresse, de désir, d'amour même ! m'aimerait-il ?... si cela était ce serait malheureux pour lui car je ne suis plus libre de disposer de mon cœur. Quel dommage ! ce jeune homme me plaît excessivement... Un vieux mari, c'est si triste pour une femme de mon âge... Enfin ! soupira Victorine.

La cinquième heure du soir sonnait, lorsque se rendant à l'invitation de la dame, Gabriel se présenta le premier chez Desjardins, et en l'absence du mari fut introduit dans un coquet boudoir où il trouva Victorine seule, coquettement parée et à demi-couchée sur un soyeux tête-à-tête.

— Vous êtes exact dans vos amicales promesses, Monsieur Dupuis, cela est bien de votre part... Mon mari ne peut tarder à rentrer, et en attendant son retour asseyez-vous près de moi et achevons de faire entière connaissance, fit Victorine de l'air le plus gracieux, en présentant au jeune homme une petite main parfumée sur laquelle il osa porter ses lèvres.

— Je vois avec plaisir, Madame, que votre charmant et gracieux visage ne conserve aujourd'hui nulle trace de la fatigue de cette nuit, dit le jeune homme en s'asseyant.

— Comme vous voyez, Monsieur, je suis entièrement remise.

— Ah ! Madame, combien je rends grâce à l'heureuse invitation qui m'a conduit à ce brillant bal où j'ai eu le bonheur de vous rencontrer et d'être assez heureux pour mériter l'honneur de danser avec vous.

— Ce matin, Monsieur, mon mari et moi nous nous félicitions de même d'y avoir rencontré en vous et votre ami deux aimables cavaliers qui, nous l'espérons, daigneront nous continuer l'estime et l'intérêt qu'ils nous ont témoigné en daignant quelquefois venir égayer de leur présence notre demeure par trop paisible, surtout pour moi, qu'un mari très affairé laisse souvent dans la solitude.

— Disposez de nous, de tous nos instants, que nous serons mille fois trop heureux de vous consacrer, Madame.

— Vous êtes des jeunes gens charmants... Ainsi, en rencontrant souvent ici une pauvre femme délaissée, cela n'effraiera ni votre amitié ni votre heureuse gaieté ? dit Victorine en fixant son regard souriant sur Gabriel.

— Gardez-vous de le penser, Madame ! Est-ce qu'auprès d'une dame jeune, belle et spirituelle, on s'ennuie jamais ?

— Ce n'est pourtant pas ainsi que pense M. Desjardins.

— J'aime à croire, Madame, que, loin de fuir votre société, Monsieur votre mari doit souvent maudire tout bas les sérieuses occupations qui l'entraînent loin d'une épouse charmante.

— Hélas ! vous qui faites en ce moment le bon apôtre, qui m'assure que, pour venir me murmurer toutes les jolies choses qui s'échappent de vos lèvres, vous ne laissez pas une maîtresse jeune et jolie dans l'ennui et l'attente !

— Madame, je n'ai pas de maîtresse, s'empressa de répondre Gabriel.

— En vérité ! J'ai peine à croire cela.

— Croyez-le, Madame, car je ne mens jamais.

— Allons, je vois que vous êtes un petit Caton.

— Non, Madame, pas positivement, car mon cœur ne demande pas mieux que d'aimer ; pour être invaincu il n'est point invincible.

— C'est-à-dire qu'il ne demande pas mieux que de se laisser prendre, fit Victorine en riant.

— Oui ; mais pour s'en rendre maître il faudrait qu'une femme joignît à la beauté les qualités du cœur et de l'esprit.

— Qu'elle fût enfin une perfection !... cela se rencontre difficilement.

— Moins que vous ne le pensez, Madame, car j'ai rencontré cette femme, moi.

— Et vous vous êtes empressé de vous en emparer, fit vivement Victorine qui, dans les paroles de Gabriel, dans la femme accomplie dont il parlait, faisait allusion à sa propre personne.

— Non pas, Madame ; tel cependant est mon plus brûlant désir, celui de mon cœur ; mais avant de posséder, il faut mériter et conquérir.

— C'est moi qu'il aime ! se dit mentalement Victorine ; et, comme elle ouvrait la bouche pour parler de nouveau, un valet entra, au grand déplaisir de la dame, pour annoncer M. Octave Boudinier, lequel se présenta, gracieux et souriant, pour venir saluer la dame et recevoir d'elle le plus amical accueil.

— Madame, vous voyez en moi votre plus zélé admirateur, fit Boudinier.

— Soyez le bienvenu, Monsieur.

— Bonjour, mon cher Gabriel. Ah ! j'étais bien certain que tu me devancerais, tant ton impatience était grande de revoir et de saluer en Madame la personne la plus aimable comme la plus jolie des femmes passées, présentes et futures.

— De grâce, Monsieur, cessez de m'accabler ainsi de vos gracieusetés, sous peine de me rendre vaniteuse. En vérité, vous finiriez par me faire accroire que je suis un phénix de grâce, d'esprit et de beauté.

— Je vous défie, Madame, de nous prouver le contraire, reprit Boudinier... Or, répondez : Êtes-vous une personne disgracieuse ?...

— Je ne le pense pas, répondit Victorine.

— Vous croyez-vous sans esprit ?

— On m'a souvent fait l'honneur de m'en accorder quelque peu.

— Enfin, votre miroir, lorsque vous fixez sur lui un de vos doux regards, ne vous reflète-t-il pas un charmant ovale encadré d'une luxurieuse chevelure d'un blond adorable, un front pur et blanc, des yeux, un nez charmant, une bouche divine, ornée des plus belles dents du monde ? Oui, cent fois oui ! Or, Madame, vous voyez bien qu'en rendant hommage à toutes ces perfections, que nous sommes dans le vrai ! s'écria Boudinier.

Encore un valet : cette fois, c'est M. Davenay qu'il vient annoncer.

Ce visiteur se présente ; son regard est doux et souffreteux ; son visage, dans lequel se peint une expression de bonté et de noblesse, est d'une extrême pâleur. Davenay s'avance vers Victorine, à laquelle il présente une main amicale, puis il salue les deux amis, sur lesquels son regard s'est fixé avec une expression de surprise et de méfiance.

— Vous ne me ramenez pas mon mari, Monsieur ? demanda Victorine après avoir pressé la main que lui avait présentée Davenay.

— Il me suit, Madame.

A peine Davenay avait-il dit, que la voix de

Desjardins se fit entendre dans la pièce qui précédait le boudoir.

— Ah ! ah ! tous nos aimables invités ! c'est charmant !... Eh bien ! mes jeunes messieurs, quoi de nouveau ? dit Desjardins.

— Que la vie a parfois d'heureux instants. Exemple : ceux que nous venons de passer en causerie avec votre aimable dame, mon cher Monsieur, répliqua vivement Boudinier.

— A lui faire votre cour, n'est-ce pas, jeune séducteur ? Mais je vous préviens que ma femme est une vertu numéro un, qui n'aime et n'aimera jamais que son cher petit mari ; n'est-ce pas, Victorine.

— Moins audacieuse, je ne puis répondre de l'avenir, Monsieur ; c'est donc à vous de faire en sorte qu'il vous soit toujours couleur de rose, répliqua la jeune femme en riant.

Un valet vint annoncer le dîner. Gabriel s'empressa d'offrir sa main à Mme Desjardins, puis on se dirigea vers la salle à manger, où l'on prit place au couvert, Victorine entre les deux jeunes gens.

Un excellent dîner, puis le café, qu'on passa prendre au salon, où Mme Desjardins, sur l'invitation de ses hôtes, se plaça au piano pour roucouler une romance amoureuse et plaintive dite avec autant d'âme que de goût, quoique d'une voix peu étendue.

— Monsieur Boudinier, s'il me prenait la fantaisie de vous marier, daigneriez-vous accepter une femme de mon choix ? disait Victorine en aparté, après avoir fait venir le jeune homme se placer à côté d'elle, sur un tête-à-tête, cela, tandis que Gabriel était en train de faire une partie de whist à laquelle l'avait convié Desjardins.

— Si cette femme était vous, Madame, certes que je n'hésiterais pas.

— Ce n'est pas là répondre. Vous sentez-vous des dispositions pour le mariage, surtout avec une jeune fille jolie, bien élevée, et qui apporterait à son mari quelque chose comme trois cent mille francs de dot.

— Certes, Madame, voilà qui serait capable d'ébranler la résolution de l'homme le moins disposé à s'enlacer dans les liens de l'hyménée... Est-ce que cette belle et riche jeune fille existerait quelque part?

— Elle existe en la personne de demoiselle Angelette Desjardins, ma belle-fille.

A ce nom, Boudinier ne put se rendre maître du mouvement d'impatience et de contrariété qui lui fit faire un bond sur son siège.

— Qu'avez-vous? demanda Victorine.

— Rien, ne faites pas attention ; un mouvement nerveux dont je n'ai point été le maître.

— Allons, répondez...

— Votre belle-fille, Madame ! mais ce doit être un ange?

— De beauté, de bonté et d'innocence, en effet, répondit la dame.

— J'en suis désolé alors, Madame, car une créature aussi parfaite ne peut convenir à un homme comme moi.

— Pourquoi donc?

— Mon Dieu ! Madame, parce que j'ai trop de défauts pour faire son bonheur, et qu'un pareil trésor convient beaucoup mieux à Gabriel, qui s'empresserait, j'en suis certain, de l'accepter de votre main.

— M. Gabriel ne pense peut-être pas à se marier, reprit Victorine.

— Je vous en demande pardon, Madame, le cher garçon a un goût très prononcé pour le conjungo.

— Ah ! vous croyez ? fit la dame en pinçant les lèvres.

— J'en suis plus que certain... oh ! essayez de lui proposer votre charmante belle-fille, et vous verrez aussitôt ce petit salpêtre prendre feu.

— Quoi ! même sans la connaître, sans l'avoir jamais vue? fit Victorine avec ironie.

— Erreur, Madame ; Gabriel connaît votre charmante belle-fille ; je vous dirai plus, il l'aime.

— Il l'aime ! fit Victorine en pâlissant.

— Et il en est aimé, ajouta Boudinier, persuadé, en parlant ainsi, travailler au bonheur de son ami.

— Il en est aimé ! aimé d'Angelette ! murmura Victorine consternée.

— Oui, Madame, voir la charmante Angelette a suffi pour enflammer le cœur de Gabriel qui, pour vous faire la demande de sa main, n'attendait que l'instant où après s'être entièrement fait connaître, il pourrait espérer obtenir une réponse favorable à l'accomplissement de ses plus chers désirs... Mais qu'avez-vous, Madame ? seriez-vous indisposée ? s'empressa de s'informer Boudinier.

— Ce n'est rien, un étourdissement, voilà tout... achevez !

— Quoi, Madame ?

— De m'apprendre comment ils se sont vus, quel moyen votre ami a dû employer pour s'approcher d'Angelette, et lui parler et s'en faire aimer, interrogea la dame avec impatience ; demandes que Boudinier s'empressa de satisfaire en racontant les choses telles qu'elles s'étaient passées.

— Confiez donc une jeune fille à la garde d'une vieille femme ! s'écria Victorine.

— Soyez sans inquiétude aucune, Madame, Gabriel estime trop la jeune personne dont il désire faire sa compagne, pour s'être jamais écarté du respect qu'il doit à la vertu et à l'innocence ; et maintenant Madame, que la vérité s'est échappée de mes lèvres, que vous êtes instruite des honorables intentions de mon ami, dites ce qu'il doit espérer de votre bienveillance en faveur de son sincère et respectueux amour.

— Monsieur, c'est à mon mari de répondre à M. Gabriel Dupuis, le jour où il fera la demande de la main de sa fille.

— Mais au moins, Madame, Gabriel peut-il espérer

de rencontrer en vous un auxiliaire favorable à ses intentions ?

— Pourquoi pas ? seulement conseillez-lui de ma part de ne point trop se hâter de faire cette demande, et cela dans ses intérêts.

— Je le lui dirai, Madame, répondit Boudinier, tout en fixant sur Victorine un regard scrutateur.

La onzième heure sonnait comme Gabriel et son ami prenaient congé de M. Desjardins et de sa femme, qu'ils laissaient en compagnie de M. Davenay.

A peine les jeunes gens avaient-ils quitté le salon, que Victorine, de l'air le plus souriant comme le plus amical, fut s'asseoir à côté de Davenay, tout en lui disant :

— Combien la présence prolongée de ces deux Messieurs devait vous contrarier, mon bon monsieur Davenay, vous qui veniez pour causer avec nous de choses très sérieuses, d'affaires de famille enfin !

— Contrarié, non Madame, car chacun est libre de garder et de recevoir ses amis quand bon lui semble : ensuite ces deux jeunes gens sont fort agréables, répondit Davenay avec douceur.

— Sambleu ! il est toujours temps d'apprendre une mauvaise nouvelle et le plus tard est le meilleur, fit Desjardins avec humeur tout en se promenant de long en large de la pièce.

— De quelle mauvaise nouvelle voulez-vous donc parler, Monsieur ? fit Victorine en fixant son mari.

— Corbleu, Madame, ne vous rappelez-vous ce que vous m'avez dit ce matin ?

— Oui, je me le rappelle; mais j'ai changé d'avis, tel est le résultat des mûres et sages réflexions auxquelles je me suis livrée dans le cours de cette journée ; or, Monsieur, ma décision est que je verrais avec plaisir M. Davenay devenir votre gendre.

— A la bonne heure, voilà qui est bien dit, fit Desjardins en se frottant les mains de joie.

— Merci, cent fois merci, Madame, de votre extrême bienveillance pour un homme qui, dans une union avec votre belle et chère enfant, n'a d'autre désir que celui de s'assurer une aimable et vertueuse compagne, dont la présence et les soins charmeraient les quelques années qui lui restent à vivre.

— Alors, puisque personne ne s'y oppose, devenez mon gendre, mon cher Davenay, et surtout rendez Angelette bien heureuse.

— Monsieur Davenay, je mets une condition à ce mariage.

— Parlez, Madame, quelle est-elle, car persuadé d'avance que vous ne pouvez rien demander que de juste et de sage, croyez que je souscris à tout ce que vous exigerez de moi.

— Eh bien, Monsieur Davenay, il s'agit de nous emmener tous, pas plus tard que demain, à votre château de Royaumont, où en notre présence et loin des importuns vous pourrez tranquillement faire la cour à Angelette et l'épouser sans bruit, dit Victorine.

— Madame, vos désirs étant des ordres pour moi, demain, à l'heure qu'il vous conviendra, nous quitterons Paris pour nous rendre à Royaumont.

— Par exemple, voilà un singulier caprice de vouloir nous exiler à vingt-huit kilomètres de Paris dans une triste campagne, comme si ce cher Davenay ne pouvait aussi bien faire ici sa cour à notre fille ? s'écria Desjardins.

— Mon cher ami, tel est mon désir, et vous êtes trop galant pour vous refuser à le contenter. Ainsi, c'est convenu, demain matin, j'envoie chercher Angelette, et à midi très précis nous partons pour votre château.

— C'est convenu, Madame, à midi ma berline viendra vous prendre ; quant à moi, je réclame de votre extrême bienveillance la permission de vous précéder de quelques heures, afin de pouvoir donner des ordres et de tout faire préparer pour vous recevoir le plus convenablement possible.

— Accordé, mon bon monsieur Davenay ; vraiment, vous ne sauriez croire tout le plaisir que je vais éprouver à passer quelques semaines dans votre superbe propriété.

— Sambleu ! ma chère amie, voilà une passion pour la villégiature qui vous a prise bien subitement, vous que je n'ai jamais pu décider à passer une semaine entière à notre maison de campagne de Meudon.

— Fi ! une maison située aux portes de Paris, entourée de cabarets, de marchands de friture ; est-ce là de la campagne ? répliqua Victorine avec dédain.

— Cependant, Madame, lorsque vous me conseilliez d'y envoyer ma fille, vous ne cessiez de me vanter Meudon, la position de notre maison et la pureté de l'air qu'on y respire.

— Ah ça ! Monsieur, allez-vous bientôt cesser vos ennuyeuses observations, et de me contrarier sur un rien.

— Je me tais, Madame, tout en persévérant à vous trouver aussi capricieuse que ridicule, termina Desjardins avec humeur.

VIII

Le lendemain de ce jour, Gabriel, de grand matin, quittait Paris pour courir à Meudon, où l'appelait sa chère Angelette dont il était séparé depuis les quarante-huit heures qu'il avait passées dans la capitale, et la onzième heure sonnait comme il descendait de voiture devant la grille de la demeure de sa bien-aimée.

— Ces dames sont-elles visibles ? s'empressa de demander Gabriel.

— Mme Ravelet est au jardin, Monsieur, répondit le jardinier tout en ouvrant la grille au visiteur.

Gabriel parcourut le jardin et finit par trouver la tante d'Angelette qui, assise sous un couvert de verdure, lisait attentivement.

— Ah ! c'est vous, monsieur Dupuis, qui venez faire votre visite à la pauvre solitaire.

— A vous, Madame, ainsi qu'à votre charmante nièce, et vous raconter combien je suis heureux, vous apprendre que, depuis que je ne vous ai vu, j'ai lié connaissance avec M. et madame Desjardins chez lesquels j'ai eu l'avantage de dîner hier, après en avoir reçu l'aimable invitation.

— Allons, rien de tel qu'un amoureux pour aller vite en besogne... Ah çà ! leur avez-vous fait part de vos sentiments et de vos honnêtes intentions à l'égard de leur fille ? demanda la dame.

— Pas encore, j'étais pour eux une connaissance de trop fraîche date pour risquer un pareil aveu ; mais, d'après l'amitié qu'ils me témoignent, je crois pouvoir risquer ma demande sous peu de jours... Mais où donc est votre nièce à laquelle je brûle d'impatience d'apprendre ces bonnes nouvelles ?

— Comment ! le jardinier ne vous a rien dit ?

— Rien, fit Gabriel.

— Mais Angelette est partie ce matin à sept heures pour Paris, avec un domestique envoyé tout exprès pour la chercher.

— Angelette à Paris ! fit le jeune homme avec surprise.

— Mon cher monsieur Dupuis, cela est de bon augure pour vous ; mon frère et sa femme auront deviné en vous un amoureux et ils ont rappelé Angelette, afin de manigancer quelque chose à votre avantage, un mariage enfin.

— Vous augurez ainsi, bonne dame ?

— Et je ne crois pas me tromper, répliqua la tante.

— Mais alors je retourne à Paris.

— Je vous le conseille, mon ami.

Gabriel, malgré son empressement de revoir Angelette, consacra une heure à la vieille dame qui, devinant son impatience et qu'il ne restait auprès d'elle que par pure politesse, l'engagea à la quitter pour regagner la ville et rejoindre ses amours, Gabriel ne se fit pas répéter deux fois l'invitation, il prit congé de Mme Ravelet, pour se diriger d'abord à sa villa où l'appelaient quelques ordres à donner et où, à sa grande surprise, il trouva Boudinier déjeunant seul.

— Toi, ici, déjà? s'écria Gabriel.

— En train de courir à ta recherche, cher ami, et cela après m'être présenté chez toi ce matin et t'avoir manqué de dix minutes.

— Ça! quoi t'amenait d'aussi matin et te faisait désirer de me voir?

— Tes intérêts, Gabriel, et le désir de causer avec toi ; ce que je n'ai pu faire hier soir, à notre sortie de chez les Desjardins, à cause de la rencontre de l'ami Blanchet, de ce diable de maniaque qui s'est emparé de nous et nous a reconduit chacun à notre domicile respectif... Maintenant assieds-toi et causons tout en déjeunant.

— Soit, mais hâtons-nous, car il me faut courir à Paris rejoindre Angelette que ses parents ont envoyé chercher ce matin.

— Ah bah! bon signe, fit Boudinier en riant.

— Comment! toi aussi tu augures bien de cette démarche?

— Certainement, et tu penseras de même après m'avoir écouté.

— Je suis tout oreilles, mon bon Boudinier.

— Apprends donc que pas plus tard qu'hier soir, tandis que tu faisais ta partie de whist, Mme Desjardins, qui ignore tes sentiments pour Angelette, m'a offert sa main.

— O ciel ! fit Gabriel effrayé autant que surpris en pâlissant et bondissant sur sa chaise.

— Oh ! sois calme ! j'ai refusé ce suprême honneur, cher ami, et, après avoir nettement manifesté à la dame mon antipathie prononcée pour le mariage, je me suis empressé de t'offrir à ma place.

— Alors, qu'a-t-elle répondu ? demanda vivement Gabriel.

— Elle n'a dit ni oui ni non, mais on s'est empressé d'envoyer quérir la jolie fille, ce matin, afin de vous mettre en présence et de te faciliter l'occasion d'adresser toi-même ta demande.

— Cela me paraît assez probable et pourtant je ne suis pas sans éprouver une certaine inquiétude dont je ne peux me rendre compte.

— Ah ! que les amoureux sont bêtes et faciles à s'alarmer... Que diable, mon cher, raisonnons : où veux-tu que ces bonnes gens rencontrent un meilleur parti que le tien pour leur chère fille ? Tu es jeune, spirituel, joli garçon, riche et amoureux ; ne sont-ce pas là toutes les conditions désirables. J'ajouterai de plus qu'il y a en tout cela une belle-mère jeune, jolie et coquette, qui ne demande pas mieux que de se débarrasser d'une belle-fille qui lui fait concurrence. Or, calme tes craintes, ami, et à toi Angelette, ses dix-sept printemps et ses charmes immenses. Ah ! tu es un heureux coquin dont j'envie le sort.

— Ce qui ne t'a pas empêché, mon cher Boudinier, de refuser l'offre que t'a fait la belle-mère.

— Pour deux raisons, mon bon, deux raisons capitales : la première, parce que je suis trop délicat pour m'emparer de la maîtresse d'un ami ; secondement, parce que je suis à mon tour fortement amoureux de cette petite Thérèse dont à tout prix il me faut la possession.

— Penserais-tu à épouser cette fille ?

— Cher ami, voilà la deuxième fois, si je compte bien, que tu m'adresses cette question saugrenue. Est-ce qu'un homme comme moi est un gibier de grisette? Fi donc! Ce que j'offre à la belle ce sont des caresses, des plaisirs, de la parure.

— Fort bien, mais tu as déjà offert tout cela et tu as été repoussé, observa Gabriel.

— J'en conviens, mais avec de la persévérance on parvient à tout! L'eau n'amollit-elle pas le roc qu'elle frappe incessamment?

— Bonne chance, affreux séducteur. Maintenant en route pour Paris.

— Un moment donc! Laisse au moins à ce café le temps de refroidir. Veux-tu donc entrer chez les Desjardins sur les talons de leur fille? « En tout ce que tu fais, hâte-toi lentement, » a dit un sage. Crois-moi, suis ce précepte en ne te jetant pas à la tête de ces gens, en laissant venir les choses et non en voulant tout emporter d'assaut.

— Boudinier, mon ami, vous raisonnez comme un cœur froid, on voit bien à vous entendre que vous n'êtes pas amoureux, et pourtant vous en tenez pour une grisette dont les rigueurs vous mèneront beaucoup plus loin que vous ne le pensez.

— C'est ce que l'on verra, répondit Boudinier en se levant de table.

Quelques minutes plus tard, les deux amis en cabriolet roulaient vers Paris, où ils se séparèrent, Gabriel pour se rendre chez les Desjardins, et Boudinier chez Paméla Robinet.

— Monsieur et Madame, ainsi que Mlle Angelette, viennent de partir pour la campagne, répondait le concierge de l'hôtel à Gabriel.

— Partis pour Meudon, sans doute?...

— Ma foi, Monsieur, mes maîtres ne m'ont pas dit où ils allaient.

— Voilà qui est singulier; faire venir Angelette ce matin pour la remmener aussitôt... Allons, retournons à Meudon, se disait le jeune homme tout en s'éloignant.

Laissons notre amoureux reprendre le chemin de Meudon, et courons après la berline qui entraîne en ce moment les Desjardins et leur charmante fille de toute la vitesse de deux vigoureux chevaux, pour la rattraper à Champlâtreux, distance de six lieues de Paris, puis jetons un regard dans l'intérieur de la riche voiture, et prêtons l'oreille, afin de nous assurer de ce qui s'y passe et entendre ce qui se dit.

— Qu'avez-vous donc, Angelette ? Pourquoi avez-vous ainsi la mine triste, maussade, et ne nous avez-vous adressé la parole depuis que nous avons quitté Paris ? demandait Victorine à la jeune fille qui, blottie dans un coin de la berline, gardait un morne silence.

— Je n'ai rien, ma mère, absolument rien ; seulement je voudrais bien savoir où nous allons ainsi, répondit Angelette.

— Passer un mois au château de M. Davenay, notre ami ; cela te convient-il, mon enfant ? dit Desjardins.

— Pourquoi aller chercher la campagne aussi loin, quand on est si bien dans notre maison de Meudon ? reprit Angelette.

— Parce qu'il a plu, ma chère enfant, à votre père ainsi qu'à moi, de ne pas faire une impolitesse à M. Davenay, en refusant l'invitation qu'il nous a adressée, de vouloir bien lui tenir compagnie à la campagne, dont le séjour est nécessaire à l'entier rétablissement de sa santé, répondit Victorine.

— Un château superbe, un luxe princier, tu vas voir, chère fille. Ce Davenay est si riche ! Je suis certain d'avance qu'il va nous faire une réception magnifique, dit Desjardins.

— Oui, mais ma pauvre bonne tante, comme elle va s'ennuyer toute seule, à Meudon, observa la jeune fille.

— Mme Ravelet viendra nous rejoindre dans quelques jours, vous n'aurez donc point à vous occuper d'elle, répondit sèchement Mme Desjardins.

Pendant ce dialogue, la berline, qui n'avait cessé de rouler, avait atteint Royaumont, charmant et agreste village, situé non loin de l'Oise, rivière qui arrose la Picardie. Le château de Davenay, situé à un kilomètre du village, était une merveilleuse propriété, s'élevant majestueusement au milieu d'une vaste cour d'honneur, à la grille de laquelle on parvenait après avoir franchi une longue avenue d'arbres. Derrière le château était un riant parterre, entourant une vaste nappe d'eau, sur la surface de laquelle se jouaient des cygnes au blanc plumage ; puis, un parc d'une immense étendue terminait cette propriété, dont un saut-de-loup interdisait l'entrée.

Ce fut au perron du château que fut s'arrêter la berline, où Davenay, le sourire sur les lèvres, accourut pour recevoir les voyageurs et offrir sa main aux dames, qu'il conduisit dans un riche salon, dont quatre fenêtres-portes donnaient vue et entrée sur les jardins.

Depuis trois jours les Desjardins habitaient la demeure de Davenay, demeure dont la magnificence et les soins dont elle était l'objet, n'avaient pu ramener le sourire sur les lèvres de la pauvre Angelette, ni chasser de son cœur, de sa pensée, l'amant dont elle était séparée, lorsqu'un matin notre jeune fille, qui était encore au lit, vit entrer sa belle-mère dans sa chambre, laquelle, le sourire à la bouche, vint s'asseoir à son chevet après l'avoir embrassée.

— Angelette; mon enfant, je viens vous apporter une belle et bonne nouvelle, dont vous me voyez toute joyeuse, dit Victorine.

— Qu'est-ce donc, Madame? demanda Angelette.

— Un grand bonheur pour vous, ma chérie, un bonheur inattendu, des millions qui vous tombent du ciel.

— Mais encore, Madame ! fit Angelette impatiente.

— Mon enfant, M. Davenay le millionnaire, l'homme bon par excellence, vient de nous demander votre main.

— O ciel ! vous l'avez refusée, n'est-ce pas, Madame ? demanda vivement la jeune fille alarmée.

— Refusée ! ah ! par exemple ! Non, ma mignonne, tout le contraire, car votre père et moi nous nous sommes empressés d'accéder à cette honorable demande. Un bon mari, un beau nom, une grande fortune, est-ce que ces choses-là se refusent jamais ?

— Mais je n'aime pas M. Davenay, Madame, il est vieux, il serait mon père. Au nom du ciel ne me mariez pas à cet homme, je n'en veux pas ! Je n'en veux pas ! s'écriait Angelette de l'accent du désespoir.

— Refuser un parti pareil, si cela s'est jamais vu ! Vous êtes folle, mon enfant... Vous n'aimez pas M. Davenay, je le conçois, mais vous finirez par l'aimer. Il est vieux, dites-vous, mais moi, jeune femme, j'ai bien épousé votre père, en suis-je plus malheureuse pour cela ? Angelette, votre futur, en vous épousant, vous reconnaît une dot princière, quinze cent mille francs, mon enfant ? Comprenez-vous, un million et demi, sans compter qu'à sa mort, vous hériterez de tous ses biens.

— Que m'importe cette fortune, je ne l'aime pas, Madame. Ah ! prenez pitié de moi, ne me contraignez pas à une alliance qui ferait le malheur de toute ma vie, disait Angelette les yeux noyés de larmes et les mains jointes.

— En vérité, il est fort heureux que votre père et moi soyons des gens aussi fermes que prudents, car si l'on se laissait fléchir par les caprices d'une tête aussi folle que la vôtre, comment iraient les choses, mon Dieu ! Angelette, ne pleurez pas ainsi, enfant, vous me fendez le cœur !

— Merci, Madame, de l'amitié que vous daignez me témoigner, mais soyez assez généreuse pour y mettre le comble, en suppliant pour moi mon père de ne pas me contraindre à une union que je ne puis accepter.

— Angelette, je ne ferai pas cela, et vous épouserez M. Davenay, telle est la volonté de votre père, la mienne et cela en vos intérêts ; ensuite, nous avons accepté l'offre de notre ami, nous lui avons donné notre parole et nous ne sommes pas gens à nous dédire. Ainsi, soumettez-vous, et disposez-vous à devenir Mme Davenay sous quinze jours au plus tard... Vous avez entendu, que cela soit dit une fois pour toutes.

Après ces derniers mots prononcés d'une voix impérieuse, Victorine se leva vivement et quitta la chambre où elle laissa la pauvre Angelette en proie au plus violent désespoir.

— Eh bien ! qu'a dit l'enfant ? s'empressa de demander Desjardins en voyant revenir sa femme.

— Qu'elle ne veut pas d'un vieux mari, puis elle pleure, se lamente, nous supplie de ne pas la contraindre à ce mariage, enfin une foule de choses plus déraisonnables les unes que les autres, desquelles nous ne devons tenir aucun compte, dans l'intérêt de son bonheur, répondit Victorine.

— Diable ! diable ! mais je ne voudrais pourtant pas rendre ma fille malheureuse, et si ce mariage lui répugne par trop...

— Qu'est-ce à dire, Monsieur ? Comment, pour satisfaire le caprice d'une enfant, vous céderiez à ses jérémiades, vous laisseriez échapper ce brillant mariage, une fortune colossale... Allons donc ! quant à moi, qui, grâce au ciel, ai plus de raison et de force que vous, je veux que ce mariage s'accomplisse, que votre fille soit heureuse, riche et brillante. Je veux enfin prouver que les belles-mères, dont on se plaît à dire tant de mal, ne sont pas toutes des marâtres... Mon Dieu ! je sais fort bien, que tout en agissant dans ses intérêts, qu'Angelette va me maudire tout bas, qu'elle va m'accuser de tyrannie, de faire son malheur ; mais le mariage une fois conclu et trouvant en Davenay un époux aussi tendre que bienveillant, elle reviendra de son erreur et s'empressera de me remercier.

— Telle est ma pensée, ma chère amie ; c'est pourquoi en cette circonstance je vous remets tous mes droits sur ma fille ; agissez donc comme vous l'entendrez.

— Merci de cette bonne confiance, mon ami. Convenez que si Angelette daignait s'apercevoir combien vous me rendez heureuse, que l'idée de prendre un mari d'un âge mûr lui semblerait moins pénible.

— J'en suis convaincu, ma chère Victorine.

— Ainsi vous me jurez de ne pas fléchir, de résister aux prières que votre fille ne va pas manquer de vous adresser et, toujours en ses intérêts, de rester insensible en présence de ses larmes.

— Je le jure ! fit Desjardins en levant la main.

— Alors, mon chéri, en faveur de cette soumission, je vous permets de venir ce soir dans ma chambre me souhaiter la bonne nuit, dit Victorine d'un air câlin à son époux.

IX

— Madame, c'est votre ouvrière en cachemires, disait une femme de chambre à Mlle Paméla Robinet, après être entrée dans le boudoir où trônait la lorette sur un siège moelleux.

— Fais-la entrer, Maria.

— C'est vous, petite Thérèse ? pourquoi venez-vous si tard, juste aux heures où j'ai l'habitude de recevoir du monde ? ne vous ai-je pas recommandé de venir le matin ?

— C'est vrai, Mademoiselle ; mais vous m'avez fait dire qu'il vous fallait absolument votre châle aujourd'hui, et, n'ayant pu le terminer entièrement ce matin après avoir passé la nuit à y travailler, j'ai cru bien faire en vous le rapportant quand même.

— Comment, chère petite, vous avez passé la nuit, au risque de vous fatiguer, d'altérer les roses de votre joli visage ? Oh ! vous avez plus de courage que moi qui n'ai jamais pu me décider à travailler... Voyons comment vous m'avez arrangé ce cachemire... Très bien ! vous travaillez comme une petite fée.

— Mademoiselle est trop bonne, fit Thérèse en rougissant.

— Combien vous dois-je pour cette réparation, ma chère petite ?

— Soixante francs, Mademoiselle.

— Cela vaut mieux que cela, mon enfant, et je veux vous en faire donner le double par un Monsieur, mon banquier, que j'attends, et duquel vous allez attendre l'arrivée, ce qui ne peut tarder.

— Accepter plus qu'un ouvrage ne vaut serait une chose indélicate, Mademoiselle ; veuillez donc me permettre de m'en tenir au prix que je vous ai demandé.

— Thérèse, vous êtes d'une délicatesse ridicule, et je prédis que si vous continuez, vous ne ferez jamais fortune ; moi qui m'intéresse à vous, je veux que vous acceptiez les cent vingt francs que je vais vous faire donner, et cela sans plus de résistance, sous peine de me fâcher avec vous.

— Mais, Mademoiselle...

— Asseyez-vous près de moi et causons un peu en attendant la venue du cher banquier.

La jeune fille se rendit à l'invitation.

— Thérèse, jolie comme vous êtes, vous devez avoir bien des adorateurs ?

— Beaucoup, Mademoiselle, mais je n'en écoute aucun.

— Quoi ! il n'y a pas parmi eux un préféré, un amant ?

— Je n'ai pas d'amant, Mademoiselle.

— C'est beau d'être sage ainsi quand on possède comme vous une figure, une taille à faire tourner les têtes masculines. Je suis certaine, Thérèse, que si vous le vouliez, vous trouveriez facilement un riche mari.

— Les hommes riches, Mademoiselle, ne sont pas faits pour les ouvrières.

— Bah ! il y en a pourtant qui épousent des comédiennes, des danseuses.

— Vous me citez là des artistes, des femmes qui brillent par leurs talents ; mais une ouvrière, quelle différence ! Cependant il n'a tenu qu'à moi de m'enrichir, car il y a peu de jours qu'un jeune homme fort bien et très riche m'a offert de déposer, comme il disait, sa fortune à mes pieds.

— Et vous avez refusé ?

— Oui, Mademoiselle, parce qu'avec sa fortune il ne m'offrait pas d'être sa femme.

— Vous avez bien fait, Thérèse ; oui, restez sage, chère enfant, et le bon Dieu vous récompensera, fit Paméla en soupirant.

— Merci de vos excellents conseils, Mademoiselle ; mais telle est ma volonté quand bien même la misère devrait être mon lot dans la vieillesse.

— Ce serait dur et injuste cependant, observa Paméla.

— Oui, bien dur en effet, et pourtant inévitable ; une pauvre ouvrière, tout en travaillant du soir au matin, quelquefois la nuit, gagne si peu, surtout depuis que les hommes se sont mis à leur place, qu'ils se sont faits chemisiers, corsetiers, puis à mesurer de la dentelle et du calicot.

— En effet, cela est un contre-sens auquel on est

redevable de la perdition, de la prostitution des jeunes filles, du crime d'infanticide et de la dégénération de l'espèce humaine, vu qu'une pauvre fille mère ne peut gagner assez pour nourrir elle et le fruit de sa faiblesse, et ce qu'il y a de pire, c'est que, si l'on n'y porte remède, si l'on n'augmente le salaire des pauvres ouvrières, le mal ne fera que croître et enlaidir.

Paméla disait ainsi lorsqu'un coup de sonnette donné d'une façon particulière lui annonça l'arrivée du banquier en question.

— Ne me quittez pas, Thérèse, mais passez dans ce cabinet où je tarderai peu à vous porter votre argent, fit Paméla en indiquant à la jeune fille une petite porte située dans un des coins du boudoir et cachée par un rideau de soie.

— Bonjour, ma gracieuse, mon adorée! permettez, chérie, à l'amant le plus tendre comme le plus fidèle, de prendre un doux baiser sur vos lèvres de roses en échange de cette bague de brillants dont hier soir, en flanant ensemble avant la vitrine d'un bijoutier, vous avez manifesté le désir d'orner un de vos jolis doigts.

— Mon cher Boudinier, vous êtes la galanterie et la générosité en personne ; il s'agit tout simplement de manifester un désir pour qu'aussitôt vous vous empressiez de le satisfaire, disait Paméla, tout en passant la bague à son doigt.

— Ma divine, ne m'en voulez pas si ma galanterie est de l'ancienne roche, de ce temps de courtoisie où un homme bien élevé n'aurait jamais osé aborder une dame sans lui offrir une fleur ou un présent.

— Alors, Boudinier, vous voyez en moi une femme désespérée de ne pas avoir vécu dans ce temps-là... A propos, avez-vous sur vous la monnaie d'un billet de mille?

— Non, mon astre ; je n'ai garde de bourrer mes poches à ce point.

— Alors, donnez-moi deux cents francs, j'ai à payer

à l'instant même la réparation de ce cachemire, qu'on vient de me rapporter.

— Je crois avoir cette somme sur moi, chérie de mon cœur, reprit Boudinier, tout en fouillant dans son porte-monnaie pour en sortir deux billets de banque de cent francs, qu'il remit à Paméla.

— Merci, amour. Maintenant, allez-vous-en.

— Comment ! vous me renvoyez, ma divine ? fit le jeune homme avec surprise et humeur.

— Certes ! J'ai des ouvrières dans ce cabinet ; partez et revenez ce soir, nous souperons ensemble, ajouta Paméla à voix basse.

— Compris ! A ce soir, reine de mon cœur, à ce soir, fit Boudinier en se retirant, après avoir envoyé de la main un baiser à Paméla.

— Le sot animal, comme ils sont tous, lorsqu'il s'agit de leurs plaisirs ou de leur vanité ; cela repousse un malheureux qui leur demande du pain, et prodigue son or à des femmes de mon espèce, qui les méprisent et se moquent d'eux. Et l'on dit que nous sommes des impures, des coquines, parce que nous ruinons ces êtres assez vils pour payer les feintes caresses que nous leur donnons avec dégoût, comme si eux et nous valions mieux l'un que l'autre ; comme si un libertin n'était pas l'égal de la prostituée qu'il salarie !

Ainsi pensait Paméla, tout en allant ouvrir la porte du cabinet où était renfermée Thérèse.

— Venez, chère !... Qu'avez-vous à rire ainsi ?

— D'une rencontre assez singulière, Mademoiselle, à moins que mes oreilles aient mal entendu.

— Expliquez-vous.

— Ce monsieur qui sort d'ici ne se nomme-t-il pas Boudinier ? demanda Thérèse.

— Oui, c'est ainsi qu'il s'appelle, répondit la lorette.

— Eh bien, Mademoiselle, ce Monsieur est le riche amoureux dont je vous parlais tout à l'heure, celui qui demandait mon cœur en échange de sa fortune.

— Ah ! la bonne aventure ! fit Paméla en éclatant de rire. Alors, chère amie, avec vos sages principes, vous avez parfaitement bien fait de congédier ce garçon, qui n'est autre qu'un coureur de femmes, un libertin, dont les principes vicieux ne respectent pas plus l'honneur de la grande dame, qui devrait être défendu par les convenances sociales, que la jeune fille modeste et pure qu'il lui prendra la fantaisie de séduire et de corrompre.

— Oh ! le vilain homme ! Qu'il s'avise encore de m'écrire, et je lui renvoie ses lettres.

— Est-ce qu'il aurait osé vous écrire, chère petite ?

— Certainement ; et d'un style tellement tendre et délicat, que tout autre que moi s'y serait laissée prendre.

— Voilà, pauvre enfant, ce qui vous donne un échantillon de la sincérité des hommes et la juste mesure de confiance que les femmes doivent ajouter à leurs discours comme à leurs serments d'amour.

— Oui, bonne leçon, dont une fille prudente doit faire son profit, répondit Thérèse.

— Tenez, Thérèse, voilà ce qui vous appartient, reprit Paméla, en présentant les deux billets de cent francs à l'ouvrière.

— Non, Mademoiselle, une pareille somme ne m'est pas due, et, sans vous offenser, permettez-moi de n'accepter que celle de soixante francs, à laquelle j'estime l'ouvrage que je vous ai fait, dit Thérèse en repoussant les billets.

Ce fut en vain que Paméla s'efforça de faire accepter la somme entière à la jeune fille ; cette dernière s'obstina dans son refus, et prit congé de la lorette en n'emportant que la modique somme qu'elle avait méritée par son laborieux travail.

En rentrant chez elle, Thérèse reçut une lettre que lui remit sa portière, tout en souriant d'une façon malicieuse.

— Encore une lettre de ce jeune homme ! Mais, Madame, je vous avais priée de les refuser, dit l'ouvrière avec humeur, après avoir reconnu l'écriture de Boudinier sur la suscription.

— C'est vrai, ma petite, mais celle-ci est arrivée par la poste, et, comme j'étais en haut à balayer mes escaliers, le facteur l'a jetée dans ma loge. Après cela, où qu'est le mal, quand vous recevriez les lettres de ce beau petit Monsieur ? Du moment que vous n'y répondez pas, cela ne vous engage à rien.

— N'importe. Si à l'avenir son domestique s'avisait d'en apporter encore, faites-moi le plaisir de les refuser.

— C'est bon, on les refusera ; et pourtant, c'est dommage, car je suis bien sûre que ces lettres sont joliment gentilles, et tournées aux petits oignons, comme on dit cheux nous. Vrai, ma petite Thérèse, je ne sais pas pourquoi vous êtes si sévère envers ce jeune homme, dont les intentions sont sans doute très honnêtes, qui vous épouserait peut-être un beau jour et ferait de vous une belle dame... Tenez, moi, à votre place, je le recevrais, l'écouterais ; et, si ses propositions me semblaient acceptables, eh bien ! je me laisserais épouser, enrichir, ce qui est bien préférable à l'ennui de piocher du matin au soir, pour gagner un pauvre morceau de pain. Telle que vous me voyez, Thérèse, vieille et déjetée, vous aurez peine à croire que j'ai été, dans mon temps, une petite brunette jolie à croquer, fraîche, accorte comme vous, enfin, une des nymphes les plus séduisantes du Grand-Opéra, où j'ai été danseuse l'espace de dix années, durant lesquelles les amoureux me pleuvaient de toutes parts. Mais, en ce temps-là, je croyais que la jeunesse était chose éternelle ; je faisais ma bégueule, je riais au nez des soupirants qui me parlaient de mariage, et parmi, il y en avait certes de fièrement calés. Or, qu'est-il résulté de toutes ces minauderies ? que les années se sont accumulées, que les amants se sont éloignés, que la direction m'a flanquée à la porte, et qu'abandonnée de toute part, sans le sou, j'ai été trop heureuse d'épouser un frotteur qui, devenu portier, m'a laissé en mourant son cordon pour tout bien. Que cet exemple vous serve, ma chère petite.

— Je comprends, madame Tricot, que vous avez eu tort de ne point accepter un mari parmi ceux qui voulaient vous épouser, mais moi, je n'ai pas eu, jusqu'ici, la peine de refuser, car personne ne m'a encore offert de devenir mon mari, pas même votre protégé, M. Boudinier.

— Cela se comprend, ma chère enfant. Quand un homme devient amoureux d'une fillette, sa première idée est d'abord de l'attraper, et ensuite de la planter là, en lui conseillant de se consoler avec un autre. Mais une fille adroite et qui sait s'y prendre, commence par écouter l'enjôleur tout en le tenant à une distance respectueuse... elle lui interdit toute espèce de familiarité, et, par cette façon d'agir, augmente de plus en plus les désirs de l'amoureux; puis, lorsqu'elle s'aperçoit que le pauvre soupirant s'est englué, qu'il n'y a plus moyen pour lui de se dépêtrer tant il en tient, c'est alors que l'adroite fillette lui pose la condition solennelle du matrimonio ; s'il refuse, elle le flanque à la porte ; s'il accepte, elle lui accorde un mois pour tout délai, et voilà !

— Je ne vois rien de mal dans tout ce que vous me dites-là, madame Tricot ; mais pour agir de la sorte, il faut beaucoup de fermeté et que l'homme vous plaise assez pour le vouloir en qualité de mari.

— Eh bien ! est-ce que par hasard vous seriez assez difficile pour ne pas trouver ce M. Boudinier de votre goût ? demanda la portière d'un ton révolté.

— Sous le rapport physique, je ne dis pas non ; mais sous celui du moral, c'est différent ! répondit Thérèse en hochant la tête.

— Quoi ! auriez-vous pris des renseignements et appris que c'est un farceur ?

— Je ne me suis informée de rien, madame Tricot ! les preuves que ce M. Boudinier est un coureur de femmes, un menteur, un inconstant, me sont venues d'elles-mêmes.

— Ah bah ! Alors, un garçon de ce calibre-là ne peut être aimé d'une femme honnête ; ce qu'elle a de mieux à faire, c'est de le plumer et de se moquer de lui, comme j'ai fait jadis avec certain petit marquis.

— Plumer ! Qu'entendez-vous par ce mot, madame Tricot.

— Pauvre innocente, va ! Ça veut dire, chère amie, qu'on profite de ce que le quidam en tient pour se faire donner des cadeaux, comme je le faisais, dans le temps, avec mes adorateurs.

— Fi donc ! profiter de la faiblesse d'une personne pour exciter sa générosité, le dépouiller ! oh ! jamais jamais !

— Thérèse, je suis désolée de vous le dire, ma mie, mais vous avez des scrupules qui sont horriblement rococos, et qui vous réduiront, comme moi, à tirer un jour le cordon et à nettoyer la gargouille.

— Peut-être, Madame, le bon Dieu daignera-t-il prendre en pitié la pauvre fille qui, dans la crainte de l'offenser, se sera toujours conduit honnêtement.

Ces paroles dites, Thérèse remonta chez elle, où elle se mit aussitôt à l'ouvrage, après avoir jeté sur la table placée devant elle la lettre de Boudinier.

— Quel dommage que ce jeune homme soit un libertin et non un sage et laborieux ouvrier, je l'aimerais peut-être, alors, car il est bien, il est aimable... Oh ! oui ; aimable au point que tout autre fille que moi se serait bien sûr laissée prendre à ses doux propos, à ses serments d'un amour sincère, d'une constance éternelle. Que peut-il m'écrire encore, cette fois ? Sans doute les mêmes phrases menteuses que contiennent les trois lettres qu'il m'a déjà écrites... Lisons... Oh ! non. Je crois que, cette fois, je ferai beaucoup mieux de lui renvoyer ce papier sans l'ouvrir... Si, cependant, il me parlait de mariage ?... Il n'y a pas de danger. D'ailleurs, n'est-il pas l'amant de Mlle Paméla, une fille belle et spirituelle qui, certes, vaut mieux dans son petit doigt que moi dans toute ma personne... Oui, je veux lire cette lettre ; je le puis sans danger, maintenant que j'ai la preuve qu'il en aime une autre, et que tout ce qu'il m'écrit n'est absolument que pour se moquer de moi.

Thérèse prit la lettre et l'ouvrit.

« Avez-vous donc juré, adorable Thérèse, de me
« réduire au désespoir ? Quoi ! jamais une réponse,
« jamais un mot qui vienne me consoler, me donner
« le faible espoir qu'un jour vous prendrez mon mar-
« tyre en pitié. Hélas ! j'ai commis une fatale mé-
« prise, je le sais ; mais, cruelle, ne vous ai-je pas,
« depuis, assez donné de preuves de mon repentir, et
« qu'une erreur, que je regrette, en était la seule
« cause ? Thérèse, si vous saviez combien je vous
« aime ! combien je souffre d'être privé de votre ado-
« rable présence, vous me pardonneriez. Thérèse,
« depuis que j'ai perdu votre estime, je me meurs
« de chagrin, d'ennui, tout m'est devenu odieux ; je
« reste enfermé chez moi et ne me nourris que de
« ma douleur et de mes larmes. Thérèse, lorsque nous
« serions si heureux ensemble ! lorsque nos deux
« cœurs n'en feraient plus qu'un ! lorsque, peines et
« plaisirs seraient communs entre nous, pourquoi re-
« fuser ? La nature, en vous créant si belle, aurait-
« elle oublié de vous donner un cœur ? Ah ! ne me
« contraignez pas de le croire en demeurant plus
« longtemps insensible à mes prières ! Ce que je vous
« demande, Thérèse, c'est la permission de venir me
« justifier à vos genoux, et vous ne pouvez inhumai-
« nement me refuser cette faveur que j'implore. Un
« mot, un seul mot de votre main, et j'accours à vos
« pieds plein d'amour et d'espérance ! »

Thérèse a lu, et c'est avec dépit qu'elle jette la lettre loin d'elle.

— Est-il possible d'être plus menteur, plus faux, plus indigne ! Il ne sort pas de chez lui, il se meurt, il ne se nourrit que de ses larmes, dit-il, et aujourd'hui je le rencontre joyeux, aimable et pimpant, chez une maîtresse de laquelle il implore un baiser en échange du riche bijou dont il la pare. Oh ! les hommes ! les hommes ! combien ils sont hypocrites et dangereux !

Comme Thérèse murmurait ainsi contre le sexe masculin, en général, sa porte s'ouvrit, et Fifine, la passementière, se présenta, souriante, en tenue du matin, les cheveux en désordre, c'est-à-dire en camisole blanche et en jupon court.

— Ma belle petite voisine, seriez-vous assez bonne pour me prêter quelques aiguillées de fil gris, pour raccommoder l'affreux accroc que M. Piquoiseau, mon prétendu, a fait hier à ma robe, en marchant dessus.

— Certainement, Mademoiselle ; voici la bobine, prenez-en autant que vous le jugerez nécessaire.

— Quelle jolie chambre vous avez ; comme elle est propre et bien rangée ; en vérité, vous avez fait un petit paradis de cette mansarde, disait Fifine, tout en examinant la chambre.

— Il faut bien embellir le mieux possible sa prison, répondit Thérèse.

— Il est de fait que vous sortez rarement.

— Pour reporter mon ouvrage, voilà tout.

— Moi, il me serait impossible de me claquemurer ainsi ; il faut que j'aille, que je vienne, grâce au vif argent qui circule dans mes veines.

— Cela se comprend, Mademoiselle, chacune naissant avec des goûts et des besoins différents. Quant à moi, je suis d'une nature calme et très sédentaire.

— Oh ! vous, vous êtes un ange de bonté et de sagesse ; aussi tout le quartier vous estime et se plaît à vous rendre justice. Hélas ! quelle différence de vous à moi, si mondaine, si gourmande et si paresseuse ! soupira Fifine.

— Au moins, vous avez un mérite, celui de ne pas vous vanter, répliqua Thérèse en riant.

— A quoi cela me servirait-il de me faire passer pour une vertu, lorsqu'il n'en est rien et que tout le monde est là pour affirmer le contraire ? Ah ! le passé, le passé ! Si ma vie était à recommencer, Mademoiselle, c'est vous que je prendrais pour modèle.

— Vous me flattez trop, ma voisine ; je ne suis peut-être pas aussi parfaite qu'il vous plaît de le croire, chacun en ce monde n'a-t-il pas son côté faible ?

— Excepté vous, ma petite voisine... Tenez, j'ai envie de me faire meilleure que je ne suis, et pour cela je crois qu'il me faudrait un bon exemple, le vôtre, Thérèse ; et si vous vouliez me permettre de venir quelquefois écouter vos bons conseils tout en travaillant auprès de vous, je pense que cette conversion serait facile vu que je suis plus étourdie que méchante.

— Mes conseils, dites-vous ? mais moi-même j'aurais souvent besoin d'en recevoir, fit Thérèse.

— C'est impossible, car vous êtes innocente autant que votre petit oiseau.

— Peut-être un peu meilleure que lui, soit dit sans me flatter, car le méchant me remercie souvent de mes soins en me pinçant fortement.

— Et vous ne feriez pas du mal à une mouche, j'en suis certaine... Allons, bonne âme, répondez ; voulez-vous entreprendre la tâche de me rendre meilleure ?

— Venez, et vous serez toujours la bienvenue, répondit Thérèse.

— Oh ! merci, merci ! s'écria Fifine joyeuse en sautant au cou de Thérèse pour l'embrasser.

— Assoyez-vous, Mademoiselle, et dites-moi si votre prétendu vous aime bien, reprit Thérèse.

— Beaucoup, à ce qu'il dit.

— Et quand vous mariez-vous ?

— Hélas ! le sais-je, mon petit Piquoiseau est si pauvre, tout artiste qu'il est, que je suis encore à me demander si je ferais bien de l'épouser. D'après cela, je dois lui rendre justice, jamais il ne m'en a fait la proposition, depuis six mois que j'ai fait sa connaissance au bal de l'Elisée de Ménilmontant.

— Mais il faut le forcer de s'expliquer, à vous dire franchement ses intentions à votre égard ; votre sagesse et votre réputation l'exigent.

— Hélas ! il y a longtemps que je lui ai fait le sacrifice de l'une et de l'autre, et lorsqu'un homme n'a plus rien à désirer il est fort difficile de l'amener à bien.

— Imprudente ! soupira Thérèse.

— Bien sotte en effet ! Ah ! que n'ai-je fait comme vous...

— Que voulez-vous dire ? fit Thérèse avec surprise.

— Croyez-vous donc, ma chère petite voisine, que j'ignore combien vous avez été sage et prudente avec certain jeune homme intitulé Boudinier?

— Ah ! vous le savez !...

— Que vous lui avez fermé votre porte le jour même où vous ayant confondue avec moi, il employa la ruse pour vous attirer chez lui.

— Mais qui donc vous a si bien instruite d'une chose dont je n'ai parlé à personne, en la crainte qu'on ne se moque de moi ? demanda vivement Thérèse.

— Piquoiseau, à qui M. Boudinier est venu commander le petit tableau qui représente votre gentille personne et votre chambrette, que Piquoiseau a croqué à travers le trou de votre serrure un jour que vous étiez tranquillement à travailler à la place que vous occupez en ce moment.

— Faire mon portrait sans ma permission, mais cela est fort mal, dit Thérèse d'un ton fâché.

— Pardonnez à ce pauvre jeune homme qui, en cette circonstance, est le seul coupable. Il vous aime tant. Si vous voyiez quel joli effet produit ce charmant tableau dans la chambre à coucher de M. Boudinier, comme il a couvert avec amour vos traits charmants de baisers lorsque Piquoiseau lui a livré ce portrait. Ah! cet homme-là vous aime sérieusement!

— Il m'aime, dites-vous? Quelle erreur est la vôtre, ma chère! Est-ce que, lorsqu'un homme aime une femme, il doit avoir une maîtresse?

— Non, certes, dit Fifine.

— Eh bien! apprenez que ce M. Boudinier est l'amant d'une belle dame pour qui je travaille et chez laquelle je l'ai vu et entendu ce matin.

— Est-il possible! s'écria la frangeuse.

— Ensuite, que me veut cet homme? que je sois sa maîtresse, voilà tout ; et comme cette qualité n'entre nullement dans mes goûts, comme il me faut un mari et non un amant, je ne vois pas pourquoi je lui ouvrirais ma porte.

— Ce que vous dites là est sans réplique, reprit Fifine qui mourait d'envie de combattre ce raisonnement ; mais qui s'en abstint et pour cause. Ma bonne Thérèse, reprit-elle, vous devriez bien me rendre un grand service, vous qui êtes si sage, celui de moraliser un peu mon Piquoiseau et de le décider à m'épouser.

— Mais je ne le connais pas, ce Monsieur, fit Thérèse en riant.

— C'est vrai, mais je vous le ferai connaître ; ah ! c'est un bon et honnête garçon qui vous estime supérieurement, rien que sur votre réputation et duquel vous n'aurez qu'à vous louer... Voulez-vous que je vous l'amène ?

— C'est que je n'ai pas pour habitude de recevoir

des messieurs, répondit Thérèse d'un air assez embarrassé.

— Consentez, chère amie, en faveur de moi et de mes intérêts, reprit Fifine d'un ton suppliant.

— Eh bien, soit ! puisque vous m'assurez qu'il est honnête.

— Ah ! combien vous êtes bonne, ma chère Thérèse, fit la passementière en embrassant de nouveau sa voisine.

X

Le lendemain, Fifine quittait son domicile pour se rendre rue de la Paix, et se présenter chez Boudinier.

— Soyez la bienvenue, ma belle. Çà quelle heureuse nouvelle m'apportez-vous ? Avez-vous enfin réussi à vous faire admettre chez votre petite sauvage de voisine, ainsi que vous l'espériez, s'empressa de demander Boudinier tout en entourant la taille de la visiteuse d'un bras amoureux pour lui voler un baiser.

— Commencez d'abord par être sage, je vous préviens que je n'accorde aucune licence aux hommes qui sont amoureux d'une autre femme que moi et qu'il ne plait pas à mon petit amour-propre de servir de pis-aller.

— Ce baiser, charmante Fifine, est celui d'un ami et non d'un amant.

— Je l'accepte comme tel alors. D'abord vous saurez, bel amoureux des onze mille vierges que je suis en train de me convertir et ne veux plus aimer que mon Piquoiseau.

— Cela est beau de votre part, chère amie ; mais abordons l'affaire principale.

— Apprenez que pas plus tard qu'hier je me suis introduite et patronisée chez votre Thérèse qui est bien la meilleure pâte de fille qui existe au monde comme elle en est la plus sage.

— Je ne le sais que trop, sacrebleu ! interrompit Boudinier.

— Mon cher, vous jouez de malheur.

— Comment cela ?

— Hier n'avez-vous pas été faire une visite à une nommée Paméla, votre maîtresse ?

— Oui.

— Ne lui avez-vous pas prodigué les mots et les baisers les plus tendres, tout en lui passant une bague au doigt ?

— Oui, après ?

— N'existe-t-il pas dans le boudoir où vous vous permettiez ces tendres ébats, un certain petit cabinet ?

— Il existe en effet.

— Eh bien ! mon cher ami, votre Thérèse était cachée dans ce cabinet d'où elle vous a vu et entendu.

— Quelle plaisanterie ! Comment se pourrait-il ?...

— Rien de plus naturel ; Thérèse raccommode les cachemires de Mlle Paméla; elle venait de lui en rapporter un, lorsque vous êtes arrivé, et comme il s'agissait de solder le mémoire de l'ouvrière, votre maîtresse ayant trouvé tout simple de vous charger de ce soin et, pour être mieux à même de tirer la somme nécessaire de votre gousset, elle a fait cacher Thérèse en attendant qu'elle puisse payer sa note à vos dépens et voilà !

— Fatalité ! Mais alors tout est perdu et je ne dois plus rien espérer de Thérèse ?

— Dame ! vous devez bien penser que cette aventure ne vous a pas remis dans ses papiers ; voilà ce que c'est que de mener trente-six intrigues à la fois.

— Enfin que vous a dit Thérèse ?

— Que vous étiez un coureur de femmes, un trompeur, un homme sans délicatesse et qu'elle se félicitait de ne point vous avoir écouté.

— Allons, partie, perdue et pourtant j'aime sincèrement cette jeune fille, dont la sagesse double les attraits à mes yeux. Je vous avouerai, ma chère Fifine, que ce n'est pas sans en éprouver un vif chagrin, que je me vois forcé de renoncer à sa possession.

— Bah ! pourquoi perdre ainsi courage ? Ne suis-je pas là moi, pour repapilloter tout cela ?

— Vous seriez assez adroite, je dirai même assez amicale pour me réconcilier avec Thérèse ?

— Du moins j'y emploierai toute mon adresse féminine.

— Alors, vous réussirez, car ce que femme veut Dieu le veut. Ah çà ! quel jour espérez-vous accomplir cette heureuse réconciliation ?

— Après que j'aurais décidé votre cruelle à prendre sa part d'une partie de campagne que Piquoiseau et moi avons l'intention de faire, et dans laquelle nous aurons l'avantage de vous rencontrer par hazard.

— Je comprends et trouve le moyen des plus heureux, s'écria Boudinier. Ça, quand la partie ?

— Aussitôt que Piquoiseau aura reçu le prix du tableau qu'il fait en ce moment, lequel est destiné à servir d'enseigne à un magasin de nouveautés.

— Pourquoi attendre la livraison de ce tableau ?

— Parce qu'on ne fait pas une partie de campagne sans argent dans sa poche.

— Si ce n'est que cela qui vous arrête, que ne le disiez-vous tout de suite ? Ne suis-je pas là ? Tenez, ma chère belle, voilà un billet de banque de deux cents francs ; si cette somme ne suffit pas j'ajouterai ce qu'il faudra.

— On voit que vous êtes un crésus, car vous traitez les choses en grand seigneur. Fichtre ! deux cents francs pour une partie de plaisir, excusez !

— Fifine ! où irons-nous ?

— Dame ! au bois de Boulogne ou de Vincennes, si mieux vous préférez.

— C'est trop près, nous irons à Dieppe voir la mer et nous y resterons un mois, deux, six...

— Pourquoi pas toute la vie ? interrompit Fifine en riant. Certes que ça serait pour moi un grand plaisir que de connaître la mer que je n'ai jamais vue qu'au théâtre ou en peinture, mais je ne pense pas pouvoir jamais décider Thérèse à venir aussi loin, elle est si timide, si sauvage, la chère fille, que je suis certaine qu'elle se croirait perdue dès l'instant où elle perdrait de vue les tours de Notre-Dame.

— En ce cas, il faudrait la tromper, lui faire croire à un voyage de quelques lieues seulement, que ce sont des parents que vous allez voir et une fois en chemin de fer l'emporter jusqu'à Dieppe sans qu'elle s'en doute.

— Pas mal imaginé. Maintenant, laissez-moi le temps d'agir, de préparer Thérèse et tout ira bien, à une condition, cependant, ajouta Fifine.

— Laquelle, chère belle ?

— Que si notre ruse réussit, vous vous conduirez en honnête homme envers Thérèse ; que vous vous contenterez de lui faire votre cour et que, si elle résiste à vos hommages, à vos propositions, vous n'emploierez nulle violence à son égard et cesserez de l'importuner, car je veux bien consentir à vous aider dans vos amours, mais non à imposer la violence à cette chère innocente.

— Je vous le promets, Fifine ; or, allez sans crainte et comptez sur ma délicatesse, répondit Boudinier.

Deux jours après cette visite de Fifine au jeune homme et dans la matinée, ce dernier se mettait en route pour Verrières, afin de se rendre chez Gabriel qu'il savait inquiet, chagrin ; et qu'il n'avait pas revu depuis trois jours.

En arrivant à la villa, Boudinier trouva son ami dans sa chambre à coucher, seul, les traits altérés et soucieux, lequel, en le voyant paraitre, lui tendit la main avec tristesse et en poussant un profond soupir.

— Sambleu ! serais-tu malade, mon bon ? Que signifie cette mine de papier mâché, ces yeux morts et ternes ? s'écria Boudinier.

— Octave, tu vois un homme au désespoir ; elle n'est revenue ni à Paris ni à Meudon ; sa tante même, sa bonne tante n'y comprend rien et ne peut même deviner où ses parents ont pu la conduire, ni la cause de cette absence dont on n'a pas même daigné la prévenir.

— En effet, cette disparition est assez originale et doit cacher quelque mystère, fit Boudinier.

— Cher, quelque chose me dit qu'Angelette est perdue pour moi, que je ne la reverrai plus... Octave, si ces gens étaient partis pour la marier loin de de Paris ?

— Allons, tu extravagues ! On ne marie pas ainsi une fille à la vapeur, et la preuve la plus convainquante que ce que tu supposes ne peut exister, c'est que, il y a six jours, à la suite du dîner que nous ont donné les Desjardins, la belle-mère m'a offert la main de sa belle-fille, ce que la dame ne se serait pas avisé de faire s'il y avait eu un mariage sous jeu pour Angelette,

— Tu as raison, Octave ; mais alors, pourquoi ce départ secret et précipité ? Où sont-ils allés ?

— Voilà ! aux eaux peut-être, en l'intérêt de la santé de la jeune fille, que la dame Desjardins s'entête à croire d'une santé délicate.

— Tu as déviné, Boudinier ; oui, ce n'est qu'aux eaux qu'ils peuvent être allés... Si nous courions les y rejoindre.

Libre à toi d'entreprendre cette corvée, quant à moi il me serait impossible pour l'instant de t'accompagner dans cette pérégrination, mon cœur se trouvant pour le quart d'heure enchaîné à Paris ; quant aux eaux, il y en a une centaine et plus peut-être ; le charlatanisme est chose si répandue... Tiens ! il me pousse à propos de cela, une idée, une spéculation, une industrie à devenir millionnaire. Tu possèdes dans ton jardin un puits dont l'eau est détestable, m'as-tu dis souvent. Cher, faisons-en une eau ferrugineuse à l'instar de celle de Passy, ou croupie telle que celle d'Enghien, de Barrège, de Vichy et autres, entourons ledit égout de splendides bâtiments ; écrivons au-dessus de la porte : Eau minérale ferrugineuse, soufrée de Verrières-les-Bains ; donnons quelques sous à ceux qu'on intitule les princes de la science médicale, lesquels s'empresseront alors de reconnaître et de crier bien haut que les eaux de Verrières-les-Bains sont la panacée universelle, un trésor de santé, celle de la fontaine de Jouvence ; qu'elles guérissent la goutte, la paralysie, l'obstruction, l'anévrisme, la névralgie, rajeunissent les vieilles femmes, forment les jeunes filles et font pousser les dents aux marmots ; que les grands journaux, moyennant une rétribution d'un franc la ligne, publient à grand son de trompe le dire incontestable et salarié des hommes de l'art et nous verrons accourir à notre piscine tous les jobards des quatre parties du monde... Qu'en dis-tu ? Dieu me pardonne, tu ne m'écoutes pas et pourtant je te soumets là une grande idée productive et humanitaire.

— Mon ami, c'est à Bagnère qu'elle doit être, fit subitement Gabriel en se levant de son siége pour parcourir la chambre à grands pas.

— Certes ! ou à Bagnère, ou à Spa, ou à Bad-Baden, ou autres lieux ; mais ce qu'il y a de certain, c'est qu'elle est quelque part ; cherche, devine et prononce, si tu oses.

— Boudinier, tu plaisantes lorsque tu me vois au désespoir, c'est mal de la part d'un ami, reprit Gabriel avec humeur.

— Afin de te consoler, ne faudrait-il pas faire avec toi un petit duo de lamentations? Allons! envoie promener les soucis, l'inquiétude, attends et espère, ta belle te reviendra. Corbleu! je ne vois rien de si extraordinaire et d'alarmant dans une absence de quelques jours, dans la démarche d'un père qui, sans daigner en prévenir les gens que cela ne regarde pas, se permet d'emmener sa fille faire un petit voyage d'agrément, afin sans doute de visiter des parents ou des amis dont ils vivent éloignés. Allons! mon cher Gabriel, du courage, bon espoir, et surtout fais-nous meilleure mine, car depuis qu'il t'a plu de devenir amoureux, tu es pâle, triste, ennuyé, je devrais même dire ennuyeux, et si tu m'en crois, tu vas t'arracher à cette villa, dont la solitude entretient ta douleur, pour me suivre à Paris où je veux te distraire en te conduisant ce soir à un joyeux souper de garçons dans lesquels tu rencontreras nos amis les plus aimables comme les plus spirirituels... Est-ce dit et convenu?

— Fais de moi tout ce qu'il te plaira, mon cher, répliqua Gabriel avec découragement et tristesse.

— Ah! c'est fort heureux que tu consentes. Sambleu! mon cher, regarde-moi; est-ce que j'ai ainsi que toi une figure à porter le diable en terre? et pourtant, moi aussi, je suis furieusement amoureux, et ce qu'il y a de plus fatal, d'une fille qui me résiste, me chasse de sa présence et a de ma personne la plus mauvaise opinion.

— Toi, amoureux sérieusement, allons donc!

— Fais l'incrédule autant qu'il te plaira, mais la chose malheureusement n'est que trop certaine, reprit Boudinier.

— Et quelle est la beauté qui a su dompter le dompteur des femmes? demanda en souriant Gabriel.

— Un être raphaélique, un dragon de vertu, au total un ange descendu du ciel pour convertir mon cœur, un petit démon de l'enfer pour me tourmenter, en un mot une grisette du boulevard, la séduisante Thérèse, ouvrière en cachemires, domiciliée rue Fontaine-au-Roi, cinquième étage, deuxième porte à droite.

— Quoi ! cette fille aurait eu le pouvoir de t'inspirer une passion sérieuse ?

— Dis un sérieux caprice, des désirs irrésistibles, auxquels elle oppose la plus excessive rigueur. Mon ami, il n'est rien de plus inhumain, de désespérant et d'entêté qu'une fille ou femme vertueuse, c'est à y renoncer !

— Peut-être envers cette Thérèse ne t'es-tu pas servi assez largement de ton argument irrésistible ?

— Cher, à l'instar de Jupiter, je voulais me métamorphoser en pluie d'or, croyant avoir affaire à une nouvelle Danaé ; mais, bah ! on m'a ri au nez et la cruelle Thérèse a préféré aux richesses que j'offrais de déposer à ses pieds mignons, son honneur, son indigence et son petit oiseau pinson auquel la cruelle prodigue gratis les caresses qu'elle me refuse en échange des dons de ma générosité.

— Mon cher Boudinier, si mon cœur n'appartenait pour la vie à mon Angelette, je le donnerais à Thérèse dont je m'estimerais heureux de faire ma femme, dit Gabriel d'un ton sérieux.

— De la part d'un cœur romanesque tel que celui dont t'a doué dame nature, cela ne me surprendrait pas, répliqua Octave en riant.

— Oui, si j'étais toi, Boudinier, je voudrais payer un tribu à la sagesse en enrichissant du don de ma main et de ma fortune cette sage et jeune belle fille, afin de devenir l'heureux possesseur d'un cœur aimant, loyal et reconnaissant.

— Mon ami, je ne me sens pas dans l'âme un pareil excès d'abnégation et de dévouement. Thérèse sera ma maîtresse, je la veux, cela sera ! je la rendrai la plus heureuse des femmes par mon amour et mes soins ; mais, quant à en faire ma femme, jamais !

— Jamais est un grand mot, c'est l'éternité, et l'éternité n'a rien de commun avec notre fragile espèce... Boudinier, je désire que tu me fasses connaître cette Thérèse.

— Volontiers, en faveur de l'amour que tu portes à Angelette, ce qui m'est un sûr garant que tu ne marcheras pas sur mes brisées.

— Drôle ! me crois-tu donc capable de trahir l'amitié ?

— Cher, j'ai toute confiance en toi ; mais Thérèse est bien belle et l'humanité est bien faible.

— Agis sans crainte, peureux, car j'aime Angelette d'un amour qui remplit trop mon cœur pour qu'une autre femme puisse y trouver place.

— Attends, et sous peu tu connaîtras et admireras le soleil de mon âme.

Quelques heures plus tard, après avoir déjeuné à la villa, les deux amis se rendirent à Paris.

XI

Ce même jour et comme sonnait la onzième heure du soir, Gabriel et Boudinier quittaient le Grand-Opéra où ils venaient de s'ennuyer et de bâiller l'espace d'une grande heure pour se diriger vers le restaurant Vachette, où devait avoir lieu le souper auquel, dans la matinée, l'amant de Thérèse avait convié celui d'Angelette.

— Boudinier, je t'assure que je ne me rends qu'avec répugnance à ce souper ; car l'invitation que tu m'a faites d'y assister en me cachant, qu'il y aurait des femmes, est un véritable guet-à-pens, disait Gabriel tout en marchant au bras de Boudinier.

— En vérité, Gabriel, il est fort ridicule à un jeune homme comme toi d'ignorer ce que sont ces joyeux soupers de femmes dont l'esprit, la belle gaieté, l'amour, la bombance et l'ivresse du champagne font tous les frais. En tout cas, si ton humeur susceptible venait à s'effaroucher de celui trop excentrique des convives mâles et femelles, libre à toi, cher, de t'éclipser en silence sans que j'y trouve à redire ; car, en ce monde, chacun ses goûts. Toi, tu aimes la vie calme, le monde sérieux, la villégiature, les fleurs, et, en fait de femmes, l'innocence jointe à la beauté, un cœur romanesque sous des cheveux timides ; moi, c'est l'existence bruyante qu'il me faut, ce sont les joies mondaines de la vie, les femmes et leurs caresses, la bombance et les vins généreux.

— Enfin tous les goûts d'un mauvais sujet, interrompit Gabriel.

— C'est toi qui l'a dit ! prononça Boudinier d'un ton tragique.

— Ainsi je te préviens, Boudinier, que n'étant nullement partisan de l'orgie, je ne consens d'assister à ce souper où tu me conduis qu'en qualité d'observateur et non en l'intention de m'y griser ou de provoquer les caresses insolites de ces dames, et quelles dames, grand Dieu !

— C'est convenu... liberté tout entière ! répondit Boudinier.

— Tout notre monde est-il là-haut ? s'informa Octave à un garçon du restaurant.

— Ces dames, Monsieur, ne sont pas encore arrivées, mais tous ces Messieurs sont ici.

Les deux amis montèrent au premier et pénétrèrent dans un salon particulier du restaurant où était dressée une table de douze couverts, où ils furent accueillis à leur entrée par des cris de joie poussés par quatre jeunes gens qui s'empressèrent de venir au-devant d'eux pour leur presser la main.

— D'honneur, mon cher Gabriel, j'aurais parié vingt napoléons avec qui l'eût voulu que Boudinier n'aurait pas réussi à t'amener ici, toi l'unique et vertueux jeune homme que possède la France et la Navarre.

— Tu aurais perdu, mon cher Max ; je dois avouer, pour ma justification, que ce n'est pas sans peine que Boudinier a obtenu de moi le consentement d'assister à la saturnale que vous vous disposez à faire, répondit Gabriel en souriant.

— Saturnale tant qu'il te plaira, mais à laquelle nous avons invité en qualité de prêtresses la fine fleur des impures les plus jolies comme les plus spirituelles de cette ville chaste et pudique intitulée Paris, fit un des jeunes gens.

— Messieurs, j'entends une voiture... ce sont nos femmes qu'amène une somptueuse calèche, fit Boudidinier après s'être mis à la fenêtre.

— Salut, mes princes !...

— Salut, mes fiers gentilshommes !

— Salut, nos adorés ! firent ces dames en entrant bruyamment dans le salon.

— Qui de vous a choisi ce restaurant pour souper ? s'informa une des lorettes, celle des six qui paraissait la plus délurée.

— Moi ma divine Rosa !

— Eh bien ? mon petit Anthénor, vous avez fait une sottise, car j'ai pris cette maison en grippe depuis que l'agent de change, avec lequel j'y venais souper, m'a plantée là sous le fallacieux prétexte que je le ruinais.

Dis donc, Rosa, est-ce que cet agent de change n'est pas celui qui te disait un jour que tu étais une mauvaise brochure dont la couverture le ruinait ?

— Mon Dieu ! que tu es oie, ma pauvre Laure ; chaque fois que tu ouvres la bouche, c'est toujours pour lâcher une bêtise ou une insolence, fit Rosa avec dépit.

— Bah ! ne fais donc pas attention à ce que dit cette grue, elle a mangé du foin, dit une troisième.

— Allons, mes toutes belles, la paix entre vous et soupons gaiement... A propos, Mesdames, j'oubliais de vous présenter en Monsieur, notre ami Gabriel, riche célibataire, duquel je vous ai souvent parlé, dit Boudinier.

— Je connaissais déjà Monsieur, mais de vue seulement, dit Rosa en s'approchant de Gabriel et lui présentant la main. Enchantée, Monsieur, de faire plus ample connaissance avec vous.

— Tout l'avantage est certes de mon côté, répondit Gabriel en riant.

— Quel quartier habite Monsieur ? demanda Laure à Gabriel.

— L'hiver la Chaussée-d'Antin, et l'été la campagne, répliqua le jeune homme.

— Excusez ! la campagne la belle saison entière ? A quoi donc passez-vous tout ce temps, grand Dieu ? demanda Rosa.

— Je cultive mon jardin, je me promène, je mange des fruits, je me désaltère à l'eau limpide des sources qui murmurent sous l'herbe, parfois je dors sous l'ombrage ; j'écoute encore le chant des oiseaux qui charme mon oreille, je respire le parfum des fleurs, j'admire le ciel, l'onde, la végétation, et je me sens heureux, termina Gabriel gaiement.

— Eh bien ! tout cela m'embêterait joliment, moi qui déteste l'herbe et n'aime la campagne que sur le boulevard des Italiens, fit une des lorettes.

— Assez causer à sec ; à table et soupons, s'écria Boudinier.

Chacun s'empresse de se rendre à cette invitation. On entoure la table ; Laure et Rosa se sont emparées de Gabriel et se placent l'une à sa droite, l'autre à sa gauche. On attaque le souper ; le champagne, le xérès coulent à longs flots, et les têtes se montent.

— C'est drôle, plus je vous regarde, plus je trouve que vous ressemblez à un amant que j'ai eu et que j'adorais, dit Laure à Gabriel.

— Je m'estime heureux de cette ressemblance, ma chère belle, répondit le jeune homme.

— Dites donc, monsieur Gabriel, est-ce que vous n'étiez pas avant-hier à la Gaité ?

— Non, belle Rosa.

— C'est drôle ; j'aurais juré que c'était vous qui m'aviez lorgné tout le temps qu'a duré le spectacle.

— Tu vas donc toujours trôner aux avant-scènes des boulevards, toi, Rosa ? c'est fièrement rococo.

— T'as vu ça, toi, madame Tralala ? répliqua Rosa.

— Certainement ! je dirai plus, ma chère ; tu t'encanailles, car, enfin, qui rencontres-tu là en fait d'hommes? rien que des clercs, des commis de magasins, ou des petits employés à quinze cents francs, qui essayent à jouer du gentilhomme, à singer la fashion, et se gantent en blanc avec des gants d'occasion achetés au Temple. Moi, je ne fréquente que les grands théâtres et l'été le cirque des Champs-Élysées ; là, au moins, on se trouve avec des gens qui ont les mains propres, des fils de famille huppés, des banquiers et autres pigeons dorés sur tranche.

— Comme tu fais ta tête, ma chère, pour une ex-femme de chambre, fit Rosa furieuse.

— Femme de chambre ! Tu en as menti, je ne l'ai jamais été ! répliqua Laure toute rouge.

— Eh bien ! quand tu l'aurais été, où serait le mal ? J'ai bien été blanchisseuse moi, fille de pipelet, je n'en suis pas plus fière pour cela, dit en riant une des lorettes.

— *In vino veritas !* s'écria Boudinier en riant aux éclats.

— Tiens ! le v'là qui nous dit des sottises en anglais maintenant, fit Rosa.

7*

— Eh non ! grosse bête, c'est du latin ; cela veut dire : « Dans le vin la vérité, » fit un des jeunes gens.

— Garçon, mon bonhomme, tous les vins que tu me verses me paraissent fadaces, je ne veux plus me désaltérer qu'avec de l'absinthe ou du rhum ; verse-m'en à plein verre, dit une lorette, petite blonde éveillée dont la raison commençait à déménager.

— Blondine, chante-nous donc quelque chose, toi qu'on intitule la prima dona du mont Bréda, demanda un convive.

— Impossible, mon bon, je suis enrouée ce soir.

— Chante toujours, petite impure, à l'exemple des régisseurs de théâtre, je vais solliciter en faveur de ton enrouement l'indulgence de l'auditoire.

— Oui, pas de manières, ma Blondine, chante-nous surtout, de grâce, quelque farce d'actualité, dit Boudinier qui, en ce moment, faisait danser sur ses genoux une grosse fille aux appas rebondis.

— Je vais vous narrer du Faust, c'est assez drôlichon, dit Blondine.

— Va pour du Faust, s'écria-t-on en chœur.

> Ah ! qu'il fait bon quand le ciel tonne
> Rester près d'un bol enflammé.
> Et se remplir comme une tonne
> Dans un cabaret enfumé !
> J'aime le vin et cette eau blonde
> Qui fait oublier le chagrin.
> Quand ma mère me mit au monde,
> J'eus un ivrogne pour parrain.
> La vie est un trop court passage
> Pour ne pas la passer gaîment :
> Le fou rit quand pleure le sage :
> A quoi bons soucis et tourments !

Ainsi entonna, Blondine, d'une voix avinée, tenant son verre plein et en le balançant au-dessus de sa tête, à l'instar des baccantes.

— Bravo la belle ! Ravissant ! s'écria l'auditoire, pour ensuite répéter en chœur :

> Ah ! qu'il fait bon quand le ciel tonne
> Rester près d'un bol enflammé, etc.

— A qui le tour de chanter ? s'écria un convive.

— A toi, Rosa, en qualité d'ex-ingénue du théâtre des Délassements-Comiques. Allons, déverse-nous de ces flots de poésies tels qu'on en entend dans ce gai sanctuaire des flonflons.

— Ma foi, j'ai oublié tout ce que je savais... ah si ! je me souviens encore de deux couplets.

— Chante-nous lesdits couplets, ma diva.

— Rosa vida d'un trait un verre de champagne, toussa, se moucha et commença les couplets suivants :

> Une puce gentille
> Chez un prince logeait ;
> Comme sa propre fille
> Le brave homme l'aimait
> Et l'histoire l'assure.
> Par son tailleur un jour,
> Lui fit prendre mesure
> Pour un habit de cour.
>
> Mais ce qui fut bien pire.
> C'est que les gens de cour,
> Sans oser en rien dire,
> Se grattaient tout le jour.
> Cruelle politique !
> Ah ! plaignons leur destin,
> Et dès qu'une nous pique,
> Écrasons-la soudain.

— Superbe la morale, et buvons ! répliqua Boudinier entièrement ivre en roulant sous la table.

— C'est cela, à nous les femmes, le vin... Vive la joie ! fit un jeune convive la tête appuyée sur la table succombant à l'excès de l'ivresse, et dans le cou duquel une de nos lorettes versa une carafe d'eau glacée.

La septième heure de la matinée était sonnée et le soleil brillait dans tout son éclat, lorsque les garçons du restaurant, après avoir ramassé nos soupeurs, sur l'ordre de Gabriel qui seul avait conservé sa raison, les empilaient dans des voitures, à la vue et au bruit des éclats de rires et quolibets des passants, pour les faire reconduire à leur demeure respective. Gabriel donc qui assistait sur le seuil du restaurant à cet emballage, s'aperçut qu'une jeune et jolie fille au moment où deux garçons étaient en train de fourrer Boudinier dans un fiacre, s'arrêta l'espace d'une seconde afin d'examiner attentivement les traits du viveur, pour ensuite s'éloigner avec le sourire de la pitié sur les lèvres.

— Sambleu ! ce pauvre Boudinier joue de malheur, car je parierais que cette charmante et gracieuse fille s'appelle Thérèse, pensa Gabriel tout en suivant des yeux la jeune ouvrière.

— Oui, cher, de la façon dont tu me dépeins cette fille, je ne puis douter un seul instant que ce ne soit elle !... Avoue que mon guignon est atroce de ne pouvoir faire le moindre écart sans que cette petite auprès de laquelle je voudrais passer pour un petit saint, ne tombât juste à point pour me surprendre en flagrant délit, disait Boudinier dégrisé, sur l'heure de midi, étant alors étendu dans son lit, près duquel se tenait Gabriel qui ne l'avait pas quitté de la matinée.

— A toi la faute, mon pauvre Boudinier, toi qui follement escompte ta jeunesse, ta santé et ta fortune en orgies, avec des femmes éhontées, méprisables, des êtres d'une espèce triviable, ignorante, et qui n'ont pas même une idée des premières bienséances de la vie ; l'art de feindre l'amour et de rendre l'homme assez sot ou malheureux pour se laisser prendre dans leurs filets. Réponds, quel charme goûtes-tu auprès de ces honteuses créatures, de ces sangsues impitoyables ! Quel genre de bonheur peuvent-elles te procurer ?... où sont leurs sentiments ? où est leur âme à ces filles de marbre ?

— Corbleu ! mon cher Caton, je sais aussi bien que toi que pas une de ces coquines ne vaut les miettes tombées de repas qu'on lui paie, que toutes sont infâmes, filles nées de la paresse, de la coquetterie et de la gourmandise, on ne peut rien espérer ni attendre de bon d'une semblable espèce ; et cependant elles sont nécessaires les jours de joyeuse humeur ; car enfin, quelle est la femme ou la maîtresse qui, se respectant, consentirait à venir égayer nos folles nuits d'orgies par sa présence ? répliqua Boudinier.

— Aucune, j'en conviens, fit Gabriel.

— Alors, tu vois que la lorette est un animal nécessaire quoique nuisible.

— Nécessaire pour les libertins, les êtres sans respect pour leur propre personne ni leur dignité, pour des hommes de ton caractère par exemple, pour qui une femme n'est qu'un être créé pour satisfaire les passions brutales, les caprices luxurieux, qui ne s'inquiète nullement si la femme dont les formes aiguillonnent ses sens, et de laquelle il veut la possession, possède un cœur, une âme, quelque sentiment humain ; mais le cœur de l'honnête homme qui se respecte est plus exigeant. Si la beauté d'une femme fait d'abord germer dans sa tête le sentiment de l'amour, ce ne sont que les qualités réelles, sérieuses qu'il rencontre en elle, qui fécondent les racines de ce même amour et les font descendre dans son cœur.

— Permets, cher ; ce que tu m'exposes ici, est l'exigence du parfait amour, de l'amour sérieux, les qualités que nous voulons rencontrer dans la femme ou dans la fille que nous acceptons en qualité d'épouse ; mais chez une maîtresse, à quoi bon ? qu'elle soit jolie, caressante, cela doit nous suffire.

— Boudinier, le véritable amour, l'honnête j'entends, anoblit l'homme en bonifiant son cœur, mais le tien ne peut que le corrompre... Je te plains, mon pauvre ami !

— Ah ça ! pourquoi me prendre pour un être corrompu et sans cœur? lorsque tu me vois rendre hommage à la vertu en la personne de demoiselle Thérèse Bernard.

— Mon bon ami, si tu éprouvais en faveur des qualités de cette jeune fille une sincère admiration, si tu aimais véritablement Thérèse, tu ne chercherais pas à la corrompre, tu travaillerais à te faire aimer de ce cœur honnête, par une bonne conduite, des soins empressés ; enfin, bien imbu d'une passion sincère et délicate, ton cœur oublierait tout pour elle et n'irait pas chaque nuit se vautrer dans l'orgie en compagnie de filles publiques auxquelles tu prodigues ton or en échange des baisers trompeurs qu'elles te rendent avec dégout.

— Gabriel, que Thérèse devienne ma maîtresse et je me convertis, je renonce à Satan, à ses prêtresses impures pour devenir un amant modèle.

— Eh bien, fais en sorte de reconquérir l'estime que tu avais su inspirer d'abord à cette jolie fille, puis comme il est dit qu'entre sexe différent, un seul pas sépare l'amitié de l'amour, il te sera facile de le faire franchir à ta belle.

— Que Cupidon me vienne en aide, qu'il daigne rayer de la mémoire de Thérèse, le souvenir de la méprise qui m'a poussé à lui manquer de respect, ma rencontre avec elle chez Paméla, mon ivresse de cette nuit, et j'obtiens mon pardon, mes grandes entrées chez ma jolie grisette dont je gagne le cœur, j'obtiens la possession et le droit de la rendre heureuse et coquette.

— Amen, fit Gabriel en riant.

— S'il te plaît, cher ami, laissons pour un instant de côté mes erreurs, mes vices, et si tu préfères, causons un peu de toi, des malheurs de l'amant heureux que je salue en ta personne.

— Je n'ai rien à t'apprendre que tu ne saches déjà ; Mme Ravelet ignore encore en quel lieu sont allés se réfugier les Desjardins et Angelette. Cette dame trouve même aussi étrange qu'impoli qu'on lui ai fait un mystère de cette absence et ne sait à quoi en attribuer la raison. Demain je compte me rendre à Meudon, peut-être aura-t-elle du nouveau à m'apprendre, un peu de baume à répandre sur mon cœur désolé, soupira Gabriel en se levant pour prendre congé de Boudinier, après lui avoir promis de venir le revoir dans la soirée.

XII

— Bonjour, Thérèse, disait Fifine en entrant chez la jeune fille.

— Bonjour, Fifine, soyez la bienvenue et asseyez-vous près de moi, puis causons, tandis que je vais terminer ce châle que je suis allée chercher ce matin rue de la Chaussée-d'Antin et qu'il me faut rapporter tantôt.

— Ah ! vous êtes sortie ce matin ? dit la frangeuse.

— A six heures, à propos, devinez quel est le personnage ivre-mort que des garçons de restaurant transportaient dans une voiture, et qui a passé devant moi sur le boulevard, reprit Thérèse en riant.

— Que sais-je ? notre voisin du premier qu'on dit être un ivrogne.

— Non, mais ce jeune homme, M. Boudinier qui venait, disait-on dans la foule assemblée, de passer la nuit à boire avec des filles de mauvaise vie.

— C'est impossible, ma chère Thérèse.

— Oh ! c'était lui, je l'ai fort bien reconnu, malgré sa pâleur et le désordre qui régnaient dans toute sa personne. Décidément ce monsieur est un bien mauvais sujet et je plains de tout mon cœur les pauvrettes qui se laissent prendre à son ramage trompeur ; un coureur de femmes, un ivrogne, fi !

— Mais ma chère Thérèse, ce sont souvent ces mauvais sujets-là qui font les meilleurs amants ou maris une fois qu'une femme a su s'emparer de leur esprit ; la preuve, ce cher Piquoiseau qui possédait tous ces défauts au superlatif et que j'ai corrigé, rendu sage comme un petit chérubin.

— C'est possible, mais moi en la crainte de n'opérer la conversion, je n'accepterais pour tout au monde un pareil sujet en qualité de mari, répliqua Thérèse.

— Chère amie, si vous voulez la perfection en fait d'homme ; alors je vous préviens que c'est à l'impossible que vous courez.

— Alors, je me passerai du bonheur d'en prendre un pour mon compte, fit gaiement Thérèse.

— Laissons là le chapitre de ces bipèdes dangereux et veuillez entendre, Thérèse ce que je viens vous dire.

— J'écoute, de quoi s'agit-il ?...

— Chère amie, avez-vous déjà vu la mer ?

— Jamais, et ce n'est pas faute d'envie ; ah ! si le voyage ne coûtait pas si cher, comme je me donnerais vite ce plaisir, répondit Thérèse avec envie et regret.

— Eh bien ! Piquoiseau et moi, si vous y consentez, nous pouvons vous procurer cet agrément en vous emmenant à Dieppe sans qu'il vous en coûte un sou.

— En vérité ! comment cela ?...

— Un gros employé du chemin de fer dont Piquoiseau a fait le portrait, lui a procuré trois places d'aller et retour pour Dieppe, et comme nous voulons faire ce charmant voyage cette semaine, je venais vous demander si vous consentiriez à être des nôtres ?

— Très volontiers et avec un grand plaisir, ma bonne Fifine, mais à la condition que nous ne ferons pas de grandes dépenses et que nous ne resterons pas longtemps absents à cause de mes pratiques.

— Nous serons très économes et pour cause ; puis nous ne resterons à Dieppe que deux ou trois jours tout au plus, cela vous va-t-il ?

— Parfaitement ! quand nous mettrons-nous en route ?

— Après-demain, dit Fifine en voyant Thérèse mordre au piège qu'elle lui tendait.

Cette dernière, après s'être bien assurée du consentement de la jeune fille, tarda peu à prendre congé d'elle sous le prétexte d'aller chercher de l'ouvrage à son magasin, mais en réalité pour se rendre chez Boudinier où elle arriva comme Gabriel venait d'en sortir. Boudinier s'empressa de se jeter en bas du lit et de s'habiller pour recevoir la passementière qui, après avoir été introduite en présence du jeune homme, se jeta dans un fauteuil en s'écriant :

— Dieu ! que cette longue course m'a donc donné de l'appétit.

— Alors, ma chère belle, nous allons déjeûner ensemble, car moi-même, j'éprouve le besoin de réconforter mon estomac, dit Boudinier tout en sonnant son domestique pour lui donner l'ordre de mettre deux couverts.

— Çà, mon cher, il paraîtrait que le souper de cette nuit est tout à fait digéré ?

— Quel souper, belle Fifine ?

— Allons, ne jouez donc pas la comédie. Croyez-vous que j'ignore la joyeuse orgie que vous avez faite cette nuit, en compagnie de mauvais sujets comme vous et de femmes sensibles ?

— Fifine, c'est Thérèse qui vous a raconté cela ?

— Elle-même, qui, en passant sur le boulevard, a eu l'avantage de vous reconnaître parmi les victimes que la fumée du champagne avait fait glisser ivre-mort sous la table du festin.

— J'avoue, ma chère ; il s'agissait d'enterrer un ami

qui de vie passe au trépas en épousant une fille millionnaire. Nous avons ri, nous avons bu, et comme je me grise d'un rien, quelques verres de champagne ont suffi pour me mettre hors de raison.

— Mon cher, vous êtes une poule mouillée, et je souhaite en l'intérêt de vos amours que Thérèse prenne la chose aussi bien que moi, qui comprends la vie, ses exigences et ses péripéties ; mais, malheureusement, la chère fille est tant soit peu arriérée, grâce à ses grands principes et à sa sauvagerie.

— Fifine, ne parlez pas en mal de ma chère Thérèse, si vous tenez le moins du monde à mon estime.

— J'y tiens affreusement même, et c'est pour vous en donner la preuve que je viens vous mettre la joie dans l'âme en vous annonçant que Thérèse consent au voyage de Dieppe, et que nous partons après-demain.

— Superbe! exclama Boudinier joyeux. Alors reprit-il, je pars demain, afin de vous retenir un appartement à l'hôtel du Commerce, où vous descendrez en arrivant.

— Fort bien ! Et où vous logerez de même ? s'informa Fifine.

— Certes! Quant à la rencontre imprévue, c'est dans la soirée et sur la jetée où vous aurez conduit Thérèse qu'elle aura lieu.

— Suffit ! Surtout soyez prudent ; gardez-vous, en voulant mener les affaires trop vite, d'effaroucher Thérèse.

— Soyez tranquille, chère belle, je serai adroit autant que respectueux. Allons déjeuner, termina Boudinier en entraînant Fifine dans la salle à manger, où ils se mirent à table et reprirent leur entretien.

Le surlendemain de cette entrevue de Boudinier et de l'ouvrière passementière, ce monstre enflammé, appelé communément locomotive, emportait dans son vol rapide, et tout en poussant son lugubre sifflement, trois personnes de notre connaissance, nommées Piquoiseau, Fifine et Thérèse.

Installés douillettement dans un wagon de première classe, le voyage s'accomplissait joyeusement et sans fatigue. La journée était belle et tiède aussi, Thérèse, heureuse autant que le petit oiseau échappé de sa cage, et qui pour la première fois éprouve le bonheur que procure la liberté, se tenait-elle la tête à la portière, contemplant avec ravissement la riante campagne qui se déroulait sous ses yeux.

Fifine, assise à côté de Thérèse et en face de Piquoiseau, moins enthousiaste de la belle nature, ne cessait de visiter et d'alléger le panier de provisions dont elle avait eu le soin de se munir en l'intérêt de son cher et robuste estomac et de celui de ses compagnons de route. Après avoir roulé l'espace de huit heures, le convoi entra dans la gare de Dieppe, et les voyageurs qu'il amenait mirent pied à terre.

C'est à l'hôtel du Commerce, situé sur le port, que Piquoiseau conduisit les deux jeunes filles, en assurant à Thérèse qu'ils seront au mieux dans cet établissement, dont on lui a vanté le confortable et la modération du prix des consommations. Un joli appartement composé de trois pièces, situé au premier étage et ayant vue sur le port, dans lequel sont installés nos trois voyageurs, où voyant une pendule indiquer la cinquième heure du soir, Fifine s'empresse de commander un copieux et fin dîner qu'on devra servir dans leur appartement. Tandis que sa compagne ordonne, fait la grande dame, Thérèse est allée se placer à une fenêtre de laquelle elle contemple le port, les vaisseaux qui l'encombrent et, de loin, la mer qui déroule à ses regards surpris sa majestueuse immensité.

— Chère amie, maintenant que j'ai ordonné notre dîner, et en attendant l'heure de nous mettre à table, allons voir la mer, proposa Fifine.

— Mes anges, j'ai presque envie d'emporter mon album et mes crayons dit Piquoiseau.

— Fiche-nous donc la paix avec tes crayons ; demain il fera jour, et, si le cœur t'en dit, rien ne t'empêchera d'aller barbouiller de la toile tout à ton aise au bord de la mer.

— Fifine, je le vois et le dis avec douleur, mais vous êtes un profond éteignoir, ma mie, l'ennemie des beaux-arts et des artistes, oh ! Fifine ! Or, décampons les mains vides, puisque tel est votre désir... allons au caprice des flots confier notre barque légère et assister au coucher de l'époux d'Amphitrite.

— Qu'est-ce que c'est que ça, qu'Amphitrite ? demanda Fifine à Piquoiseau.

— C'est la mer, grosse bête, la femme du soleil, près de laquelle il se repose chaque soir, après avoir rempli sa course laborieuse.

— Comment le soleil est le mari de la mer ? Merci ! si j'étais de lui, j'aurais trop peur qu'une pareille femme n'éteignit ma chandelle.

— Oh ! Fifine, vous raisonnez comme une oie ! soupira Piquoiseau.

— Pourquoi aussi me dis-tu un tas de chose plus bêtes les unes que les autres, farceur.

Ainsi causaient les deux amants tout en marchant, tandis que Thérèse, fort occupée de tout ce qu'elle voyait, marchait à côté d'eux sans les entendre.

Ils atteignirent la mer. A la vue de cet élément, Thérèse, saisie d'une sainte admiration, sent ses yeux se mouiller de larmes, Thérèse qui, en contemplant ce sublime tableau, cette œuvre immense du Créateur, s'empresse d'élever son âme à Dieu en lui adressant une humble prière. Après avoir fait quelques pas au pied des falaises et s'être aventurés sur un rocher qui s'avance en mer, nos jeunes gens, que l'appétit talonnait, reprirent le chemin de la ville et rentrèrent à leur hôtel où ils se mirent à table.

— Quelle profusion ! On dirait le dîner d'un prince !

s'écria Thérèse à la vue des mets abondants et délicats qui se succédaient et auxquels Piquoiseau et Fifine faisaient honneur avec une ardeur toute pantagruélique, en mangeant pour quatre et buvant de même.

— Il n'en coûte qu'un franc cinquante par personne, compris le bordeaux, le champagne, le café et le pousse-café, répliqua Piquoiseau tout en mordant à belles-dents dans une aile de chapon.

— Quoi ! tant de plats délicieux, de vins et de gourmandises pour si peu d'argent ! En vérité, c'est ici le pays de cocagne, reprit Thérèse émerveillée.

— Aussi consentirais-je volontiers à y passer ma vie au prix que cela nous coûte aujourd'hui, dit à son tour Fifine, la bouche pleine et sans lever les yeux de dessus son assiette ; surtout, ajouta-t-elle, moi à qui les médecins ont toujours ordonné la bonne nourriture et peu de travail.

— C'est absolument comme moi, à qui ils ont sans cesse recommandé de ne jamais travailler entre les repas, sous peine d'interrompre mes digestions et de m'occasionner une gastrite, fit Piquoiseau.

— Dis donc, mon rapin bien-aimé, si tu voulais, nous viendrions habiter ce pays ?

— Volontiers, ma divine passementière, afin d'y vivre de tes rentes.

— C'est-à-dire de ton travail, mon tourtereau ; tu peindrais des vues maritimes, nous les enverrions vendre à Paris, et avec l'argent que te rapporteraient ces tableaux, nous viverions ici heureux comme des petits rois.

— Pas mal pensé ; seulement reste à savoir s'il se trouverait à Paris assez d'amateurs pour s'accaparer les chefs-d'œuvre enfantés par mon génie et mon pinceau.

Tout en parlant ainsi, Piquoiseau ne cessait de remplir le verre de Fifine et le sien, que tous deux vidaient coup sur coup ; quant à Thérèse, se sentant fatiguée et voyant la nuit close, elle laissa ses deux compagnons à table et se retira dans la chambre qui lui avait été assignée comme étant la sienne, afin de s'y livrer au repos.

— Çà, Fifine de mon cœur, adroite et rusée, friponne, maintenant que nous voilà seuls, ne pourrais-tu me dire où se cache notre ami Boudinier, notre généreux banquier ? demanda Piquoiseau en balbutiant.

— Il est dans la chambre située au-dessus de nous où il se tient coi jusqu'à demain, jour indiqué par lui pour son apparition. C'est le matin, sur la falaise, à dix heures, qu'un hasard merveilleux nous procurera le plaisir de le rencontrer. Le hasard ! ne vas pas l'oublier.

— Compris, ma tourterelle... Çà, puisque Thérèse est allée se coucher et que la chère petite ronfle sans doute en ce moment, quoi nous empêche d'inviter notre intime à descendre ici afin de vider ensemble une fiole de champ... tout en jabotant ? observa Piquoiseau.

— Pas de ça, Lisette ; Thérèse n'aurait qu'à se relever et venir nous surprendre, tout serait perdu alors.

— Sais-tu qu'elle est pas mal susceptible, la petite ? Pas moyen de badiner avec elle sans qu'elle vous lâche un regard à faire aussitôt rentrer la joie dans le ventre.

— Que veux-tu ? c'est sauvage, ça n'a pas vécu ; mais c'est bon comme du bon pain, et j'aime cette fille-là de tout mon cœur.

— Et c'est en faveur de l'amitié que tu lui portes que tu tiens absolument à la faire attraper par notre ami Boudinier ? dit Piquoiseau en riant.

— Attraper n'est pas le mot, car ce jeune homme en tient ferme pour elle, et si Thérèse était adroite, je suis certaine qu'il lui serait facile de s'en faire épouser. Enfin, ce que je veux est de faire de la chère fille une viveuse à ma hauteur, lui éviter un travail incessant en en faisant la maîtresse d'un homme riche dont, avec un peu d'adresse, elle exploiterait la fortune et se ferait faire des rentes.

— Fifine, vos intentions sont délicates autant qu'amicales, et je ne doute pas qu'un jour, enrichie par vos efforts, Thérèse ne vous vote une couronne et ne partage son bien-être avec nous, qui la guiderons de nos conseils en l'art de bien vivre en mangeant son argent. Maintenant, allons nous coucher, termina Piquoiseau en se levant de table pour se diriger vers son lit en trébuchant.

Le lendemain et comme six heures sonnaient, Thérèse, déjà levée et impatiente de se rendre à la mer, carillonnait sur la porte de la chambre de ses deux compagnons, afin de les éveiller; puis, après avoir obtenu une réponse, la jeune fille, afin de leur donner le temps de s'habiller, s'en retourna dans sa chambre, où elle s'accouda à la fenêtre.

Une heure d'attente, et Fifine se présenta la première en camisole du matin, en prétendant qu'ayant toute la journée pour se promener, il n'était pas nécessaire de sortir d'aussi grand matin, surtout avant d'avoir déjeuné.

Thérèse s'accommoda, quoiqu'à regret, de ces raisons; elle patienta. Il était neuf heures lorsque Piquoiseau et Fifine consentirent enfin à sortir de table, après avoir confortablement déjeuné, pour se diriger vers la mer, qu'ils côtoyaient depuis un quart d'heure à peine, lorsque Thérèse, toute tremblante, et à son grand mécontentement, reconnut Boudinier, lequel, feignant la surprise, s'empressa d'aborder nos trois promeneurs en s'écriant :

— Vous à Dieppe ! par quel heureux hasard ! Mademoiselle Thérèse, permettez-moi de vous présenter mes hommages et mes salutations respectueuses.

Thérèse ne répondit à ces paroles que par un simple salut.

— Ah bien ! si nous nous attendions à rencontrer quelqu'un ici de connaissance, je jure que ce n'était pas vous, dit Fifine.

— Pour mon compte, j'en suis enchanté, fit à son tour Piquoiseau.

— Est-ce qu'il y a longtemps que vous êtes ici, reprit Fifine.

— D'hier seulement, mon médecin m'ayant ordonné les bains de mer... Serait-ce le même motif, mademoiselle Thérèse, qui vous aurait amenée à Dieppe ?

— Non, Monsieur, le désir de voir la mer seulement, répondit la jeune fille.

— Mon Dieu ! oui ; un employé du chemin de fer ayant fait cadeau à Piquoiseau de trois billets, nous avons invité Thérèse à venir faire ce voyage avec nous ; et voilà !

— Vous ne sauriez croire combien je me sens heureux d'avoir fait votre rencontre, et je le serais doublement si Mlle Thérèse, daignant oublier et me pardonner certains torts que j'ai eus à son égard, daignait me permettre d'être des vôtres et son respectueux cavalier dans cette ville.

— J'aurais fort mauvaise grâce, Monsieur, de priver par un refus vos amis de votre société ; agissez donc selon votre désir et le leur, auxquels je me conformerai, répondit Thérèse à la satisfaction générale.

— Serais-je trop ambitieux, Mademoiselle, en vous priant de vouloir accepter mon bras, afin de vous aider à marcher sur ces galets roulants ?

— Vous excuserez mon refus, Monsieur, mais, en promenade, je préfère marcher seule.

— Comme il vous plaira, Mademoiselle ; seulement, me permettez-vous de marcher à vos côtés ?

— Certainement, Monsieur.

Et comme Piquoiseau et Fifine s'étaient mis, et pour cause, à prendre les devants, Boudinier, se voyant seul avec Thérèse, continua en ces termes :

— Mademoiselle Thérèse, je juge à la froideur que vous me témoignez que vous me gardez rancune ; cela est cruel de votre part, bien injuste même, car je vous jure que vous n'avez pas en ce monde un ami qui vous aime aussi tendrement, aussi sincèrement que moi, moi qui chaque jour n'ai cessé de penser à vous, de maudire l'exil cruel que m'imposa votre sévérité... Thérèse, répondez... vous me haïssez donc bien ? vous me jugez donc bien indigne de votre estime, si ce n'est de votre cœur ?

— J'ai pesé en fille prudente, Monsieur, la valeur de toutes les paroles que vous avez daigné m'adresser depuis l'instant où le hasard me fit vous rencontrer sur le boulevard, paroles fort séduisantes en effet, auxquelles beaucoup de filles de mon âge se laissent prendre, malheureusement pour elles. Si je m'en souviens bien, lors de la visite que vous me fîtes, vous vantiez fort le respect et la confiance que je vous inspirais, et pourtant, le lendemain, je n'étais plus à vos yeux qu'une fille déshonorée, la maîtresse de M. Piquoiseau, et, vous armant des vices que vous me supposiez, vous osâtes me tendre un piège, m'attirer chez vous, et m'insulter de la façon la plus grossière.

— Mais, après avoir reconnu mon erreur, me suis-je empressé, chère Thérèse, de vous adresser mes excuses et d'implorer mon pardon, interrompit vivement Boudinier.

— Lorsque, pour mieux me séduire, vous me disiez encore chez moi : Je vous aime, Thérèse, et vous jure un amour éternel, une fidélité de toute la vie, et, que deux jours après, je découvrais que toutes ces paroles étaient mensonges, en vous rencontrant chez votre maîtresse, Mlle Paméla Robinet.

— Je n'ai jamais aimé cette femme ! s'écria Boudinier.

— Alors vous la trompez, comme vous cherchez à me tromper, puisque vous lui tenez, lorsque vous êtes près d'elle, le même langage que vous me faisiez entendre.

— Thérèse, si je suis allé chez cette femme, n'en accusez que votre rigueur, qui, en me désespérant, me pousse au mal en l'espoir de m'étourdir et de vous oublier. Thérèse, je n'aime que vous, croyez-moi, et je deviendrai meilleur, je ne vivrai alors que pour vous plaire et vous adorer.

— En amour, Monsieur, il y a toujours une victime et un bourreau ; il y a celui qui commence à aimer le premier et celui qui s'en lasse le premier ; or, comme il est presque certain que, si je cédais à vos désirs, ce serait moi qui serais la victime. Permettez-moi de m'éviter ce martyre.

— Thérèse, un homme de cœur ne trompe pas une femme qui lui a donné son amour et confié son avenir, répondit vivement Boudinier.

— Et pourtant, en ce moment, vous trompez Mlle Paméla en me faisant la cour, dit Thérèse en souriant.

— On peut tromper une pareille femme, mais vous, Thérèse, jamais ! Cessez donc de vous comparer à cette froide créature que l'or seul peut émouvoir, et, moins incrédule, daignez me confier le soin de votre bonheur.

— Ce bonheur dont vous parlez est un thème que mon intelligence est inhabile à traduire ; veuillez me l'expliquer, me dire en quoi consiste ce bonheur que vous m'offrez.

— Thérèse, j'entends par ce mot la vie heureuse et brillante que je veux vous faire, lorsque moi, je vous aime assez pour n'exiger de votre part que la possession de votre cœur.

— Et c'est toujours à titre de maîtresse que vous enviez sa possession ?

— De maîtresse adorée jusqu'à mon dernier soupir.

— Dites donc vrai : Jusqu'à ce que la satiété vous

fasse désirer et choisir une autre maîtresse ; alors, ce jour-là, que deviendrait la pauvre Thérèse ? Déshonorée, flétrie, parce que tout le monde saura qu'elle a été votre maîtresse, il lui faudra gémir, supplier, envier à vos genoux un peu de pitié, si ce n'est de l'amour ; et, comme les pleurs, les prières d'une femme qu'on n'aime plus sont importunes, vous repousserez du pied celle que vous espériez aimer toujours, celle dont, aujourd'hui, vous enviez l'amour, la possession, comme un bien suprême... Monsieur Boudinier, je ne veux pas être cette femme ; cessez donc d'espérer, et ne nous revoyons jamais ! Avant de nous séparer, afin que vous ne me jugiez pas comme une fille sans âme, et que vous n'emportiez pas cette fâcheuse idée de ma personne, je consens à vous ouvrir mon cœur. Non, vous ne m'êtes pas indifférent, et si le hasard, au lieu de vous faire riche et homme du monde, m'avait présenté en vous un honnête et simple ouvrier qui m'eût offert de devenir sa femme, j'aurais été heureuse et fière de l'accepter. Maintenant, Monsieur, comme l'immense distance qui nous sépare ne peut vous permettre d'être mon mari, comme il y aurait même mésalliance de votre part à prendre pour votre femme une fille du peuple, une ouvrière, et que la société tout entière vous blâmerait d'un pareil choix, cessez de prétendre à mon cœur, et, d'amant, devenez ami, alors nous nous comprendrons beaucoup mieux.

— Ce que vous exigez, Thérèse, est impossible, s'écria Boudinier.

— Eh bien ! ne nous revoyons plus ! répliqua Thérèse avec fermeté.

XIII

— Encore une fois, chère Thérèse, vous ne pouvez parler sérieusement, car alors il y aurait cruauté de votre part en condamnant un homme qui vous adore au supplice cruel, de ne plus vous revoir ni de ne plus vous entendre, s'écria Boudinier.

— Il le faut cependant, Monsieur ; telle est ma volonté, ce que me commande le devoir.

— Thérèse, en ce moment, la larme que je vois briller sur votre paupière, semble me dire que votre bouche interprète mal les sentiments de votre cœur, cette larme, enfin, me fait deviner que ce n'est pas sans regret que vous me chassez de votre présence.

— Cette larme, Monsieur, m'est arrachée par le dépit en pensant combien les femmes sont malheureuses de sans cesse rencontrer un amant, souvent un trompeur et jamais un véritable ami dans ceux qui les approchent, répondit Thérèse en essuyant ses yeux.

— Thérèse, serez-vous toujours inhumaine et dois-je perdre jusqu'à l'espérance d'être aimé de vous !

— Je n'aimerai jamais d'amour que celui que mon cœur aura accepté pour époux. Maintenant, Monsieur, cessez de grâce de me tenir un langage auquel je n'ai que trop répondu.

— Oh ! ne l'espérez pas cruelle ! Moi, renoncer à vous, ne plus vous dire : Thérèse je t'aime, mais c'est exiger l'impossible, et autant vaudrait ordonner à cette mer que voilà sous nos yeux d'arrêter ses flots. Thérèse je vous aime, je vous aime et mon amour vous poursuivra en tout lieu. Ah ! malheur à celui qui oserait me disputer votre adorable possession !

Thérèse qui semblait émue, ne répondit rien à ces dernières paroles de Boudinier ; elle se mit à presser le pas afin de rejoindre Fifine et Piquoiseau, puis, les ayant atteints, elle s'empressa de passer son bras sous celui de la passementière, tandis que Piquoiseau s'emparait de celui de Boudinier.

— Qu'avez-vous donc, Thérèse, vous me paraissez toute chose ? demanda Fifine.

— J'ai que je ne suis pas contente de vous, Fifine.

— Bah ! pourquoi donc cela ?

— Parce que vous m'avez tendu un piège et qu'en m'amenant ici vous étiez de connivence avec M. Boudinier.

— Comment ! il vous a dit cela ?

— Non, mais je l'ai deviné et j'en suis certaine.

— Eh bien ! quand cela serait ? Ce jeune homme vous aime comme un fou, il vous veut du bien ; pourquoi le repousseriez-vous éternellement ? Thérèse qui refuse muse, ma chère, on n'est pas toujours jeune, on se fatigue du travail et les hommes généreux comme celui-là, on n'en rencontre pas beaucoup sur le pavé de Paris.

— Ainsi, Fifine, votre avis est, que je ferais bien de l'écouter, d'en faire mon amant, et c'est en cet espoir que vous avez désiré cette nouvelle rencontre entre lui et moi.

— Oui, ma chère Thérèse, telle l'a conçu mon amitié pour vous, parce qu'il me fait peine de vous voir refuser votre bonheur, de jeter à vos pieds ce que vous tenez dans vos mains. Ah ! si c'était à moi que se fût adressé un homme pareil, plus souvent que je l'aurais refusé, dussé-je avoir planté-là Piquoiseau.

— Fifine, je me sens fatiguée ; est-ce qu'il ne vous plairait pas de rentrer pour nous reposer un instant ? demanda Thérèse.

— Très volontiers, d'autant mieux que l'air qu'on respire ici m'a donné un appétit du diable.

Les deux jeunes filles reprirent le chemin de la ville, suivies de Boudinier et de Piquoiseau, lesquels causaient tout en marchant.

— Ah ! elle vous résiste et fait la sucrée ? Corbleu ! ne perdez pas courage, chauffez la ferme et elle finira par se rendre ; tel que vous me voyez, j'en ai apprivoisé dans ma vie de plus sauvages que cette Thérèse ; d'ailleurs, nous la tenons : gardons-la ici le plus longtemps possible et profitez-en pour enlever d'assaut le cœur de la fillette envers laquelle je vous trouve cent fois trop respectueux. Croyez-moi, ce soir brusquez l'indécision de la belle, en profitant de sa solitude ; ne tenez nul compte de ses minauderies ou résistances, car une fois vaincue, ce sera au tour de Thérèse de vous faire la cour et de provoquer vos baisers.

— Piquoiseau, j'aurais grande envie de suivre vos conseils, mais j'ai une peur du diable en agissant trop cavalièrement d'indisposer encore plus Thérèse contre moi, répondit Boudinier.

— N'ayez pas peur ; toutes ces fillettes-là font les importantes, mais quand elles trouvent leur maître elles baissent facilement pavillon et si, aujourd'hui vous n'êtes l'amant de Thérèse, à vous la faute, qui la teniez chez vous entre quatre murs, et l'avez laissée partir lorsque vous en étiez le maître.

— Devais-je employer la force pour vaincre sa résistance ? Non, c'eût été un viol, une infâmie !

— Deux gros péchés qu'elle vous eût pardonnés après. Essayez et je vous réponds que la charmante Thérèse, sera ensuite la plus aimante comme la plus soumise des femmes, ce qu'elles deviennent toutes après la catastrophe.

— Ce soir, Piquoiseau, faites en sorte que je reste seul avec Thérèse, dit Boudinier.

— Ah ! vous vous décidez enfin à suivre mes conseils! Vous avez raison et vous en trouverez bien. Que dit le proverbe : Ose tout et tu réussiras!

Nos quatre personnages de retour à l'hôtel où ils devaient dîner ensemble, s'empressèrent de dresser leur menu. Thérèse, près de laquelle s'était assis Boudinier, sous le prétexte de réparer le désordre que le vent avait occasionné dans sa coiffure, demanda la permission de passer dans sa chambre où elle ne fut pas plutôt entrée qu'elle s'empressa de rassembler les quelques effets qu'elle avait apportés, d'en faire un petit paquet, puis ensuite de s'échapper de l'hôtel pour se diriger vers l'embarcadère du chemin de fer où elle arriva quelques minutes avant le départ d'un convoi pour Paris. Lorsqu'après l'avoir attendu près de deux heures et ne voyant pas reparaître Thérèse. Fifine se fut rendue à la chambre de la jeune fille, laquelle emportée par la vapeur avait déjà mis entre elle et ses compagnons, une distance de près de huit lieues. Fifine, surprise de ne pas trouver Thérèse dans la chambre, s'empressa de l'appeler et ne recevant pas de réponse, elle courut s'informer aux gens de l'hôtel si l'un d'eux ne l'avait pas vu sortir, et sur leur réponse négative, Fifine remonta vivement afin de faire part à Boudinier ainsi qu'à Piquoiseau de cette singulière disparition. A cette nouvelle, Boudinier fit un bond, puis pâlit; Piquoiseau fit une laide grimace en réfléchissant que cette mésaventure allait jeter le trouble dans l'existence épicurienne qu'il menait depuis deux jours et comptait prolonger aux dépens de la bourse de l'amoureux.

— Mes amis, cherchons! il faut que je la retrouve! venez, de grâce! venez vite! Et en disant ainsi d'un ton desespéré, Boudinier s'élançait vers la porte.

Le convoi dont Thérèse faisait partie s'arrêta selon sa coutume à Rouen, où il ramassa une foule de voyageurs, et parmi eux, un Monsieur d'un âge mur, espèce de dandy à cheveux gris, coquet et parfumé, lequel monta dans le wagon où était Thérèse, en face de laquelle il fut s'asseoir tout en lui adressant le sourire le plus gracieux, sans seulement daigner faire attention à deux vieilles femmes de campagne, les seules personnes qui, avec Thérèse, occupassent le wagon. Le convoi se remit en route.

— De grâce, ma belle demoiselle, ne retirez pas ainsi vos jambes, car je serais désespéré que vous vous gênassiez pour moi, dit le ci-devant jeune homme à Thérèse après un quart d'heure de route, en la voyant se blottir le plus possible dans le coin qu'elle occupait.

— Vous ne me gênez en rien, Monsieur, répondit la jeune fille.

— Vous habitez Rouen, Mademoiselle ?

— Non, Monsieur.

— Ni moi, je n'y suis arrivé qu'hier pour prendre les papiers nécessaires au mariage d'un ami qui va devenir mon gendre sous quinze jours, et je m'empresse de regagner la capitale, afin d'échapper à l'ennui que m'inspire la province... Mademoiselle doit habiter Paris, j'en suis certain, cela se devine tout de suite à ses manières ?

— Oui, Monsieur.

— C'est extraordinaire, Mademoiselle, comme vous ressemblez à une dame charmante que j'ai connue, il y a six mois... Mme d'Herbelin... Ne seriez-vous pas parente ?

— Je n'ai pas cet avantage, Monsieur.

— J'connaissons un nommé Dalbain qu'étions donneur d'eau bénite à l'église d'not' village, c'étions p't-être l'y, dit une des deux paysannes.

— Ma chère, je parle à Mademoiselle d'une dame charmante et non d'un ignoble rat d'église, répondit sèchement le Monsieur.

— C'ti dont j'vous parlons n'étions pas un rat, c'étions un homme, répliqua la paysanne d'un ton calme.

— Mademoiselle vient de Dieppe ?

— Oui, Monsieur.

— Et vous retournez à Paris où sans doute un mari bien-aimé attend votre retour avec la plus vive impatience ?

— Personne ne m'attend, Monsieur.

— Vous êtes une demoiselle alors ?

— Oui, Monsieur.

— Moi, je suis veuf, et père d'une jeune fille que je suis entrain de marier ; je me nomme Arthur de Beaujolie et j'habite Paris où mon hôtel est situé dans la Chaussée-d'Antin.

— Vous étions un mosieu huppé alors, fit la même paysanne curieuse de se mêler à la conversation, mais à la réflexion de laquelle ne daigna pas répondre l'Arthur à cheveux gris, dont le véritable nom n'était autre que Desjardins, une de nos connaissances ; lequel, en effet, avait quitté le château de Royaumont pour se rendre à Rouen, afin de s'y procurer les actes nécessaires à la célébration du mariage de Davenay avec Angelette.

— Quel quartier habite Mademoiselle, reprit Desjardins en voyant Thérèse laisser sans réponse, les dernières paroles qu'il avait adressées.

— Le faubourg Saint-Germain, Monsieur, répondit la jolie fille désireuse de dérouter la curiosité du Monsieur.

— Sans doute, le noble faubourg... La rue du Bac, peut-être... ou de l'Université ?...

— Du Bac, Monsieur.

— Quartier charmant et on ne peut mieux habité... J'ai le désir de vendre mon hôtel de la Chaussée-d'Antin pour en acheter un dans votre quartier... Sauriez-vous par hasard s'il s'en trouve à vendre en ce moment ?

— Je l'ignore, Monsieur.

— J'avons Pitois, l'garde champêtre de cheux nous, qu'avons une maison avec un clos à vendre ; si ça pouvions faire tout d'même vot' affaire ?

— Ma brave femme, vous êtes insupportable avec

votre rage d'interrompre sans cesse les gens pour leur éternuer au nez vos sottes naïvetés.

— Quoi donc qu'vous disez? j'navons pas éternué l'moins du monde, répliqua la paysanne avec humeur.

— Alors, faites comme votre compagne, roupillez dans votre coin et laissez-moi tranquille.

— Dame, ce qu' j'en faisions étions pour vous faire plaisir.

— Merci de l'intention, mais c'a ne m'en procure aucun... ni à Mademoiselle, j'en suis certain... Mademoiselle demeure chez ses parents?

— Oui, Monsieur.

— Comme ce pays est beau et fertile, n'est-ce pas, Mademoiselle?

— Très beau, en effet.

— Je devine aux regards attentifs que vous fixez sur ces champs, ces prairies, que vous aimez la campagne.

— Beaucoup, Monsieur.

— Je possède aux portes de Paris, à Fontenay-aux-Roses, une délicieuse petite maison avec un délicieux jardin dans lequel, vous vous plairiez infiniment...

— Aimez-vous Fontenay, Mademoiselle? reprit Desjardins ne recevant pas de réponse.

— Je ne connais pas cet endroit, Monsieur.

— C'est un charmant pays que j'aimerais fort à parcourir avec vous, afin de vous en faire admirer les points de vue... Votre désir serait-il de visiter cette campagne, alors je me mettrais tout à votre disposition.

— Je vous remercie, Monsieur, mais j'ai pour habitude de ne me promener que fort rarement et avec les personnes que je connais.

— En se promenant, Mademoiselle, on fait connaissance, on devient amis.

— Quoique vous disez donc vous là-bas! vous me faisez l'effet d'être un fameux enjôleur, mais j'croyons qu' vous perdez vot' temps car la jeunesse ne paraissons pas mordre à l'hameçon, fit la paysanne d'un air goguenard.

— Que cette buse est insupportable ! s'écria Desjardins avec colère.

A ce moment, le train s'arrêta, les portières s'ouvrirent, et ce fut avec déplaisir, inquiétude même que Thérèse vit les deux paysannes descendre du wagon où elle allait rester seule avec Desjardins.

En effet, notre Thérèse devait craindre, car, existe-t-il rien de plus dangereux et de plus immoral pour la femme honnête, qu'un voyage en chemin de fer, où, enfermée dans une boite, en compagnie de gens de toute espèce, elle se trouve à la merci du premier libertin ou manant auquel il plaira de l'insulter, sans qu'il lui soit possible d'appeler qui que ce soit à son aide, car le fracas occasionné par les roulements des wagons, le mugissement de la locomotive couvriront sa voix, absorberont ses cris ?

Se voyant seul avec Thérèse, Desjardins, pour qui la présence des deux paysannes avait été un sujet de gêne et de contrainte, voulut rattraper le temps perdu, en prenant un langage plus positif, de façon à marcher hardiment au but qu'il se proposait, celui de faire entièrement connaissance avec Thérèse, dont le charmant visage, les formes gracieuses et la modestie lui tournaient la tête.

— Certes, Mademoiselle, commença-t-il, je ne m'attendais pas, en montant dans ce wagon, à y rencontrer une des plus jolies femmes du monde... Combien, Mademoiselle, si vous daignez y consentir, je serais heureux de faire votre connaissance. Je suis libre, aimant, riche, généreux, et persuadé que vous ne vous repentiriez pas d'avoir cédé au désir qui m'anime de vous adorer et de vous rendre heureuse.

— Monsieur, je comprends que la solitude dans laquelle je me trouve, ma jeunesse et la simplicité de ma mise, qui, à vos yeux, n'annonce pas que je suis une personne du grand monde, vous enhardisse à me faire entendre de semblables paroles, dont le sens signifie ceci : Vous me plaisez ; je suis riche, consentez à devenir ma maîtresse. A cela, Monsieur, je vous répondrai que je ne suis pas faite pour être la maîtresse de personne, que je me respecte trop pour cela, et je vous prierai de vouloir bien en faire autant à mon égard.

Ces paroles, prononcées avec sévérité, en imposèrent à Desjardins, qui, voyant qu'il avait affaire à une personne honnête, changea de batterie, pour prendre le ton d'un homme sentimental et victimé, tout en poussant de plaintifs soupirs, manége qui ne réussit qu'à le rendre ridicule aux yeux de Thérèse, laquelle finit par se dire tout bas :

— Cet homme est un sot ; décidément, j'ai eu tort de m'alarmer, car il n'est rien moins que dangereux.

Puis, étant bien convaincue de la justesse de son opinion, notre jeune fille donna à sa figure une expression moins sévère et consentit même à répondre aux paroles convenables que lui adressait son compagnon.

— Ainsi, Mademoiselle, à la condition expresse et à laquelle je me soumettrai, d'être tout simplement un de vos amis, vous m'adressez encore un refus ? disait Desjardins.

— Certainement ; parce que cette proposition, qui n'est autre qu'un piège, cache chez vous une espérance, et que l'ami tarderait peu à se métamorphoser en amant, répondit Thérèse en souriant.

— Si pareille chose arrivait, ma belle demoiselle, ce ne serait toujours que de votre consentement.

— Oh ! alors, vous auriez trop longtemps à attendre. Mais franchement, Monsieur, je vous conseille de renoncer à me connaître, même à titre d'ami ; quelle satisfaction, quel avantage vous procureraient la connaissance et l'amitié d'une simple fille telle que moi, qui est redevable de tout son temps au travail ?

— Si j'étais de vos amis, rien que votre ami, Mademoiselle... Mademoiselle ?...

— Julie, fit Thérèse en souriant malicieusement.

— Si j'étais, dis-je, de vos amis, vous ne travailleriez plus ; je ne voudrais pas qu'un corps aussi charmant, des mains aussi mignonnes se fatiguassent pour gagner de l'argent, lorsque je lui prodiguerais l'or à sa volonté.

— Voilà, ma foi, qui est d'une générosité sans exemple. Voyez un peu combien je suis arriérée ! je croyais, qu'en général, les hommes ne faisaient de ces sortes de sacrifices qu'en faveur de leurs maitresses, mais jamais en faveur des femmes honnêtes.

— Belle Julie, il y a aimer et aimer.

— Oui, je comprends ; mais moi je détesterais être du nombre de celles qui tendent la main ; les amies de ce genre ne sont pas, à mon avis, les plus sincères ni les plus dévouées, car toujours, m'a-t-on dit, elles mesurent la dose de leur affection au poids de l'or qu'on leur donne. Mais, tout en causant, je vois que sans m'en apercevoir nous avons atteint le terme de notre voyage, dit Thérèse en voyant le train entrer dans la gare de Paris.

Les employés ouvrent les portières, et Thérèse s'empresse de sauter à terre après avoir adressé un gracieux salut de tête à Desjardins, qui, moins leste qu'elle, prend des précautions pour descendre, et qui, une fois en terre ferme, a beau tourner ses regards de tous côtés, n'aperçoit plus la jeune fille.

— Maudite femelle ! elle croit m'échapper ; mais je saurai la retrouver, grâce à ses indiscrétions. Julie, rue du Bac, une ouvrière jolie comme un ange, tout le monde m'indiquera ça.

Ainsi disait Desjardins en sortant du débarcadère, lorsque dans la rue Saint-Lazare, il aperçut Thérèse qui montait en omnibus.

— Cocher, suivez cet omnibus, et si dans son parcours vous en voyez descendre une jeune fille en chapeau de paille et ruban rose, vêtue d'une robe grise et d'un mantelet de soie noire, suivez-la jusqu'à l'endroit où elle se rendra, disait Desjardins après s'être jeté dans un remise.

L'automédon obéit, part, et une demi-heure après sa voiture s'arrêtait rue Fontaine-au-Roi, en face la maison de Thérèse.

Desjardins, sans plus tarder, descend du coupé, entre dans la maison de la jeune fille, et sans parler à la portière, monte l'escalier tout en écoutant les pas de Thérèse, qui avait sur lui l'avance d'un étage, Thérèse qui, ayant atteint son carré, ouvre sa porte, et en se retournant pour la fermer, laisse échapper un cri de surprise en se trouvant face à face avec Desjardins, auquel elle s'apprêtait à jeter sa porte au nez, mais qui ne lui en laissa pas le temps et entra dans la chambrette.

— Vous êtes ma foi d'une audace peu commune, Monsieur, de vous être permis de me suivre et en osant pénétrer de force chez moi ! fit Thérèse indignée et en tenant sa porte toute grande ouverte.

— Et vous bien cruelle, Mademoiselle, en m'ayant indiqué votre demeure dans un autre quartier, afin, sans doute, de me priver à jamais du doux bonheur de vous revoir.

— Monsieur, je vous prie de vouloir bien vous retirer, si vous ne préférez que j'appelle mes voisins.

— J'obéis, Mademoiselle ; et pourtant il m'eût été doux de me reposer un instant ici, de causer un peu avec vous.

— Monsieur, je ne vous connais pas, et je cherche à comprendre ce qui vous autorise à en agir envers moi d'une façon aussi sans gêne qu'elle est inconvenante; je pense cependant que ni ma conduite ni mes paroles, durant le peu de temps que nous avons voyagé ensemble, n'ont dû vous donner de ma personne une idée désavantageuse ? C'est donc alors, Monsieur, parce que vous me voyez seule, et que selon votre pensée, on peut impunément se jouer sans crainte ni soucis de la jeunesse et de la faiblesse d'une fille qui n'a pour se défendre que la force que lui donne sa ferme volonté de rester sage et digne de l'estime des honnêtes gens. Si telle est votre pensée, Monsieur, permettez-moi de vous dire qu'elle est indigne d'un homme de cœur et d'un père qui, jaloux de l'honneur de sa fille, devrait respecter celui des autres. Maintenant, Monsieur, s'il vous plaît de me laisser de vous une opinion moins défavorable que celle que je viens de vous exprimer, retirez-vous sans plus attendre, et je vous pardonnerai de bon cœur votre indiscrétion à mon égard.

— Je vais vous obéir, Mademoiselle ; mais faites, au nom du ciel, que je m'éloigne heureux et content en me permettant de venir de loin en loin m'informer de l'état de votre chère santé.

Thérèse, après avoir réfléchi un instant, se mit à sourire, puis répondit :

— J'y consens, mais pas avant quinze jours.

— Merci ! merci, mon cher ange ! fit Desjardins, tout joyeux, en essayant de prendre la main de Thérèse, liberté qu'esquiva la jeune fille tout en réitérant de nouveau et d'une voix ferme, au vieil amoureux, l'invitation de se retirer, invitation à laquelle céda enfin Desjardins, en se retirant à reculons, tout en portant la main à son cœur et en poussant d'énormes soupirs.

— Elle consent à me recevoir ; elle cède à mes vœux ; elle est à moi ! se disait Desjardins, tout en descendant l'escalier.

— Quand vous reviendrez, mon cher Monsieur, les oiseaux auront pris leur volée, murmurait Thérèse de son côté ; Thérèse qui, après avoir changé de toilette, descendit chez sa portière afin de la prévenir que pour être libre de déménager quand bon lui semblerait, elle consentait à payer un terme d'avance.

Remontée chez elle, Thérèse se jeta sur une chaise,

s'accouda sur une table, mit son front dans sa main, et, les yeux humides de larmes, se livra aux tristes pensées qui agitaient son cœur.

— Oui, je veux résister, je veux rester sage. Est-ce que de belles robes, un cahemire, des bijoux me rendraient plus heureuse, lorsque sans cesse mon cœur me reprocherait ma honte, lorsque j'aurais perdu ma propre estime et qu'il me faudrait rougir aux yeux du monde ? Oh ! non ! Dieu me donnera la force de rester honnête fille ; de repousser la séduction, le déshonneur ! Oui, quittons cette demeure, cette chambre où je me plaisais tant, car ce jeune homme y reviendra, malgré la défense que je lui en ai faite. Oui, défions-nous de mon cœur, de ce cœur qui me parle en sa faveur, se plaît à le voir et à l'entendre. Aimer un homme qui ne m'offre jamais que d'être sa maîtresse, qui ne m'estime point assez pour faire de moi sa femme ; oh ! il y aurait lâcheté de ma part. Comme je l'aimerais, pourtant, s'il était mon mari ; combien il me serait doux de l'entourer de mes soins, de mes prévenances, de lui prodiguer mes plus tendres caresses... Mais ce bonheur n'est pas fait pour toi, pauvre fille. Va ! au lieu de te bercer d'une douce illusion, fais taire ton cœur, travaille, pauvre paria ! lutte contre l'insulte que chaque homme se croit en droit de t'adresser, pauvre fille du peuple, sans famille ni fortune ! Étouffe les tendres sentiments de ton cœur, et garde-toi de te plaindre de ton sort, grisette ! toi que le malheur a jetée sur la terre pour souffrir et servir de jouet aux caprices des hommes !

Ainsi pensait Thérèse, et ses larmes se faisaient un passage à travers les doigts dont elle couvrait ses beaux yeux.

XIV

Quittons encore une fois Paris pour nous transporter à Royaumont, dans le château de Davenay, puis dans un des appartements de cette riche villa ; allons surprendre Angelette, que nous retrouvons dans une élégante chambre à coucher, seule, et, de même que notre Thérèse, les yeux noyés de larmes, la plainte sur les lèvres et le cœur douloureusement affecté. Angelette est toujours l'adorable belle fille que nous avons connue, quoique ses traits aient pâli, que son charmant visage se soit amaigri et qu'il porte l'empreinte d'une profonde douleur. Pourquoi cet excès de désespoir ? C'est que le jour fatal, tant redouté de la jeune fille, est arrivé ; que dans quelques heures elle sera forcée d'enchaîner sa jeune destinée à un homme qu'elle n'aime pas ; c'est qu'il lui faut renoncer pour toujours à Gabriel, à cet amant jeune et beau qui, le premier, a su faire battre son cœur, lui faire connaître l'amour. Angelette a longtemps lutté contre la volonté absolue de sa belle-mère ; vainement, à deux genoux et à mains jointes, a-t-elle supplié M*m*ᵉ Desjardins de ne pas la rendre la femme la plus malheureuse du monde en la contraignant de s'unir à un homme qu'elle ne pouvait aimer, dont l'âge et le mauvais état de la santé étaient pour elle un motif de répulsion. Victorine était restée impitoyable ; un : *je le veux!* prononcé d'un ton suprême, impérieux, s'était échappé de ses lèvres en réponse aux larmes et prières d'Angelette, que son père, soumis lui-même aux caprices et exigences de sa femme avait abandonnée aux volontés de cette dernière.

Quant à M. Davenay, faible et aveugle comme le sont les vieillards amoureux, il n'avait pas été sans s'apercevoir de la répugnance qu'inspirait à la jeune fille l'union qu'on lui imposait avec lui, mais l'amour, propre du pauvre valétudinaire le flattait de l'espoir que, une fois devenue sa femme, Angelette, attendrie par l'amour, les caresses et les soins dont il l'entourerait, finirait par s'attendrir en sa faveur et à payer sa tendresse du plus tendre retour. Ce fut, imbu de ces pensées, que sans remords, et le cœur rempli des plus douces espérances, le riche Davenay vint s'agenouiller devant l'autel, à côté de la pauvre Angelette, plus morte que vive en ce moment fatal, et derrière laquelle s'était placée sa belle-mère, dont le regard impérieux et menaçant, en la remplissant de terreur, étouffait ses facultés, la rendait folle et inepte.

Le sacrifice fut consommé, et Angelette, en se levant du fauteuil où elle venait de faire le sacrifice de ses espérances et de son bonheur, tomba sans connaissance dans les bras de son nouvel époux.

Huit jours se sont écoulés depuis que ce mariage s'est accompli, et le dernier, Desjardins et sa femme se séparaient d'Angelette pour retourner à Paris ; ainsi l'avait exigé Victorine, et son mari obéissait. C'était un beau matin que Gabriel, toujours inquiet et chagrin, ayant quitté sa villa, se rendait à travers bois à Meudon afin de faire sa visite habituelle à la tante d'Angelette et de pouvoir s'entretenir avec elle de sa nièce bien-aimée.

— Ah ! c'est vous, mon bon Gabriel ? Eh bien ! rien encore aujourd'hui ; aucune nouvelle ; j'ai beau écrire lettre sur lettre à mon frère ainsi qu'à sa femme, ni l'un ni l'autre ne daignent me répondre. Je ne sais en vérité à quoi attribuer leur silence et le mystère qu'ils me font des lieux où ils sont allés se cacher.

Ainsi disait madame Ravelet au jeune homme, tout en se promenant avec lui dans le jardin.

— Ma bonne madame Ravelet, je ne sais pourquoi, mais cette absence et ce silence m'inquiètent, ils jettent dans mon âme le funeste pressentiment que mon amour pour votre adorable nièce est menacé d'un grand malheur.

— Quel enfantillage! ce voyage n'est autre qu'un innocent caprice de Mme Desjardins, auquel et comme toujours a cédé son mari ; sans doute un voyage incognito en Suisse, en Italie, que sais-je ! dont ils seront de retour d'ici à quelques jours, enchantés de leurs courses vagabondes et tout disposés à entendre et à bien accueillir la demande que vous comptez leur faire de la main de leur fille.

— Ainsi, ma bonne madame Ravelet, vous espérez qu'ils m'accorderont ma chère Angelette ? que je n'ai pas à redouter un refus.?

— Pas le moins du monde ; franchement, n'êtes-vous pas pour ma chère petite nièce un parti très avantageux ? Vous êtes honnête homme, jeune, joli garçon, vous êtes aimé d'Angelette, vous jouissez d'une belle fortune ; où trouveraient-ils pour leur fille un mari qui réunisse plus d'heureux avantages ?

— Ah ! Madame, en me rendant ainsi l'espoir, vous me rendez la vie, s'écria Gabriel en pressant avec effusion la main de la dame dans les siennes.

— Ainsi, mon enfant, plus de noires idées : espérez et attendez patiemment l'heureux instant qui doit vous réunir à celle que vous aimez.

Comme Mme Ravelet achevait ces mots la cloche de la grille se fit entendre et le concierge-jardinier s'empressa d'aller ouvrir pour donner entrée dans la propriété à la voiture qui amenait de Paris Mme Desjardins. En apprenant l'arrivée de la dame les yeux de Gabriel s'illuminèrent de la joie la plus vive ; puis, tenant le bras de Mme Ravelet sous le sien, il entraîna cette dernière à la rencontre de Victorine, qui elle-même venait souriante au-devant d'eux.

— Ah ! ah ! chère belle-sœur, je vous y prends en tête-à-tête avec un amoureux, dit Victorine d'un ton aimable et badin tout en rendant à Gabriel le salut qu'il lui adressait.

— Bonjour, Monsieur, bonjour, chère belle-sœur ! Enchantée de vous rencontrer ici, monsieur Gabriel.

— Il ne s'agit pas de faire ainsi la gentille, vilaine coureuse, mais de me dire tout de suite d'où vous venez, depuis près d'un mois que vous vous êtes envolés tous ensemble comme des petits sournois ?

— De passer tout ce temps au château du bon Davenay, notre ami, dit Victorine.

— Comment ! vous n'étiez qu'à sept lieues de moi et vous me l'avez caché ; je vous ai fait parvenir des lettres par les gens que vous avez laissées à Paris, et vous n'avez pas seulement daigné répondre à une seule ? Mais une pareille conduite est impardonnable ! disait Mme Ravelet du ton d'un amical reproche.

— Chère sœur, nous avions nos petites raisons que nous vous expliquerons un peu plus tard et que vous approuverez, j'en suis certaine, répondit Victorine en souriant.

— Permettez, à mon tour, Madame, que je vous exprime tout le plaisir que me procure votre retour, dit Gabriel.

— Il est une preuve, Monsieur, de l'amitié que vous nous portez et je m'en félicite, dit Mme Desjardins.

— Mais, Victorine, vous ne me dites pas où est mon Angelette et pourquoi elle ne vous a pas accompagnée ce matin, reprit Mme Ravelet.

— Angelette est restée à Royaumont.

— Comment ! vous et mon frère, vous avez consenti à laisser une jeune fille chez un garçon ? dit la vieille dame avec humeur et surprise.

— Quoi de plus naturel qu'une femme reste avec son mari ? répliqua Victorine.

— Son mari ! exclama Mme Ravelet.

— Son mari ! s'écria Gabriel en pâlissant.

— Certainement ! nous venons de marier Angelette avec Davenay, reprit Victorine.

— Angelette mariée ! perdue pour moi ! Ah ! Madame, vous m'avez tué, balbutia Gabriel en s'affaissant et que les deux dames s'empressèrent de retenir afin de lui éviter une chute pour le traîner jusqu'au banc voisin où elles le déposèrent évanoui, pour ensuite appeler le jardinier à leur aide, lequel accourut pour prendre le jeune homme dans ses bras et l'emporter dans la maison où Mme Ravelet et Victorine s'occupèrent de le rappeler à la vie en lui prodiguant leurs mutuels secours.

— Ah ! Victorine ! vous avez fait le malheur de deux pauvres enfants qui s'aimaient d'un amour extrême et ne demandaient qu'à s'unir l'un à l'autre, disait en soupirant Mme Ravelet tout en faisant respirer des sels à Gabriel qui ne reprenait que très lentement ses sens.

— Mon Dieu ! le savais-je, moi ? Pourquoi ne nous ont-ils pas instruit de leur amour, du désir qu'ils avaient de se marier ? répondit Victorine d'un air contrit et patelin.

Gabriel renaît, mais une fièvre dévorante s'est emparée de lui, tout son corps frissonne, sa raison s'égare, et le médecin qu'on s'est empressé d'appeler déclare que le jeune homme est menacé d'une longue et douloureuse maladie ; qu'il serait très prudent avant que le mal n'empirât de s'empresser de le ramener chez lui où les soins les plus grands, les plus attentifs devraient lui être prodigués. C'est Victorine qui, accompagnée de l'homme de l'art, s'offre pour reconduire le malade à sa villa, et, pour ce trajet, qui met à sa disposition la voiture qui l'a amené de Paris à Meudon. Mme Ravelet, qui craint que le voyage n'indispose encore plus son protégé, voudrait le garder auprès d'elle, se réserver la tâche d'être sa garde-malade et de lui prodiguer les soins d'une mère pour son fils.

Victorine s'empressa de s'opposer aux charitables désirs de la vieille dame, en donnant pour motif qu'elle ne pouvait, sans l'assentiment de son mari, consentir à une hospitalité qui pouvait se prolonger fort longtemps ; que ce serait une trop grande fatigue pour une femme aussi âgée que dame Ravelet que celle de garder et de veiller un malade ; ensuite, que la villa du jeune homme n'était pas assez éloignée pour qu'on eût à redouter quelque accident en route.

Mme Ravelet, forcée de s'incliner devant ces raisons prononcées d'un ton qui ne permettait pas de réplique, renonça à accomplir son œuvre de charité et laissa, quoi qu'à regret, emporter le jeune malade dont la souffrance absorbait les facultés et qu'on monta dans la voiture, pour le placer entre Victorine et le médecin. Une heure s'était à peine écoulée que Gabriel était dans son lit près duquel Victorine, restée seule, se tenait attentive, afin de mieux contempler les traits du jeune homme.

— Oui, je savais que tu l'aimais, que tu en étais aimé, et c'est pour élever entre vous une barrière infranchissable, que j'ai marié celle qui me disputait ton cœur ; car je t'aime aussi Gabriel, et la jalousie m'aurait tuée si je t'avais vu prodiguer tes caresses, tes serments d'amour à une autre qu'à moi ; moi qui, si tu veux m'aimer, consens à devenir ton esclave, et te servir à genoux.

Ainsi murmurait Victorine, le visage penché sur celui du jeune homme, dont, pour ainsi dire, elle aspirait le souffle brûlant qui s'échappait de sa poitrine haletante...

Le retour du médecin qui était allé lui-même chercher au village les médicaments nécessaires, interrompit Victorine qui s'empressa de s'éloigner du lit pour se placer debout devant une croisée et regarder dans le jardin.

XV

Huit jours se sont écoulés depuis que la maladie a cloué Gabriel sur un lit de douleur où il gît sans connaissance, en proie à la fièvre et au délire ; puis après ce temps, nous retrouvons Boudinier seul chez lui, se livrant à ses réflexions et opposant toute la logique d'un sage raisonnement à certain désir qui talonne son cœur.

— Décidement, sa fuite de Dieppe sans daigner m'en prévenir, cette manière de me brûler la politesse, me sont une preuve que jamais cette fille-là ne voudra devenir ma maîtresse, quoi qu'en dise Fifine ; or, ce que j'ai de mieux à faire, est de ne plus penser à cette Thérèse qui, d'après le langage qu'elle m'a tenu, consentirait volontiers à devenir ma femme, mais pas autre chose ; et comme certes, je n'ai point envie d'enchaîner ma douce liberté, surtout avec une grisette, je dis bonsoir à cette fille, à ce caprice que ses beaux yeux m'ont inspiré. Allons, du courage Boudinier ! voilà déjà huit jours que tu tiens bon, que tu résistes au désir de revoir cette charmante et cruelle ensorceleuse ; continue, mon ami, sois ferme, prouve que tu as du caractère en effaçant entièrement de ta pensée le souvenir de cette ouvrière, une créature de bas étage, une mercenaire, fi ! Mais un homme tel que moi se déshonore en plaçant aussi bas ses affections, lorsque le rang qu'il occupe dans la société lui donne le droit d'aspirer à la conquête des femmes du monde, de ces femmes chez lesquelles on rencontre avec la beauté l'éducation, l'esprit, la grâce et les arts... Sambleu ! voilà les maitresses qu'il faut à un homme qui, ainsi que moi, réunit l'esprit, un physique des plus agréables à une belle fortune; un pareil amant est un trésor trop précieux pour le ternir au contact d'une grisette, lui qui, lorsqu'il lui plaira de se montrer, de faire les moindres avances, toutes les dames de la haute société se l'arracheront. C'est convenu ; plus de petites filles niaises, indigentes, plus de lorettes ruineuses... Voyons, quelle est la femme heureuse et haut placée, à laquelle je donnerais bien la préférence... Parbleu ! une dame Desjardins elle est jeune, jolie, et son mari n'est autre, m'a-t-on dit, qu'un vieux coureur de femmes qui la néglige. Or, à moi de la consoler, de la venger des perfidies d'un époux caduc et inconstant. Je crois que la tâche me sera facile d'autant mieux que j'ai cru remarquer de la part de la dame, quelques coups d'œil des plus favorables envoyés à mon adresse. Aujourd'hui même, j'entame le siège de ce cœur féminin si le dit cœur est de retour à Paris, ce dont je vais m'assurer en sortant... Mais impossible ! je me suis promis de consacrer cette journée à mon cher Gabriel que je n'ai revu, dont je n'ai reçu aucune nouvelle depuis tantôt dix jours. Le cher garçon, tout occupé de son amour platonique et d'effeuiller les roses de sa villa doit me taxer d'ingratitude, au moins de négligence à son endroit... Donnons-lui donc cette journée et celle suivante sera toute à la belle Thérèse... Desjardins veux-je dire. Pourquoi diable, le nom de cette petite revient-il sans cesse sur les lèvres comme si c'était quelque chose d'important. Une Thérèse, une prude, une vertu à un franc cinquante par jour, voilà qui est précieux ma foi ! Il est vrai qu'elle est d'une beauté ravissante, qu'elle possède une taille divine, un pied d'enfant ; je lui accorde même de l'esprit, elle est la sagesse incarnée jointe à une rare modestie. Total cette fille de rien, cette infiniment petite est un être adorable qui, s'il voulait s'en donner la peine, et avec un peu moins de sauvagerie ruinerait des ambassadeurs, des banquiers, des agents de change, et roulerait carrosse à quatre chevaux ; mais tout cela n'est point une raison pour que son souvenir se permette de venir m'importuner sans cesse.

Boudinier en était là de ce long monologue lorsque la porte de sa chambre s'ouvrit brusquement pour donner entrée à Piquoiseau ainsi qu'à Fifine qu'il n'avait pas revus depuis leur retour de Dieppe, lequel retour s'était effectué le soir même du jour où Thérèse leur avait brûlé la politesse.

— Bonjour, cher, fit le peintre d'un ton familier en venant presser la main de Boudinier.

— Mon petit, Piquoiseau et moi profitons de ce que nous sommes ce matin dans votre quartier pour venir sans façon vous demander à déjeuner et vous apprendre en même temps une drôle de nouvelle, disait Fifine tout en se débarrassant de son chapeau et de son châle avant d'avoir reçu une réponse du jeune homme.

— Quelle est cette nouvelle, chère Fifine ?

— Celle que Thérèse, qui m'a fermé sa porte au nez et refusé de me parler depuis notre retour de Dieppe, a déménagé en sournoise de notre maison, sans laisser son adresse à personne.

— Thérèse partie ! perdue ! s'écria Boudinier avec surprise et douleur.

— Mon Dieu oui, envolée on ne sait où ; un pareil trait est bien digne d'une petite bégueule de son espèce, heureusement que, d'après le tour impoli qu'elle nous a joué en nous plantant là à Dieppe sans daigner nous en prévenir, vous avez renoncé à cette petite péronelle, ce que vous aviez de mieux à faire ; car enfin, je comprends qu'il était humiliant pour un homme comme vous, d'essuyer les dédains d'une méchante repriseuse. Ah ! que j'ai donc faim ! Et toi, Piquoiseau, as-tu faim aussi ?

— Je me sens, en ce moment, doué d'un appétit à dévorer les tiges de mes bottes si le déjeuner que vient de nous offrir notre cher ami Boudinier se permettait de se faire attendre seulement un quart d'heure de plus.

— Ah ça ! à quoi pensez-vous donc que vous demeurez ainsi immobile et silencieux ? demanda Fifine à Boudinier qui se tenait le front à deux mains.

— Je pense à Thérèse, au moyen à employer pour la retrouver, car il faut que je la retrouve à tout prix, et que vous m'aidiez dans sa recherche, mes bons amis.

— Comment, encore ? mais je croyais que vous aviez renoncé à elle, dit Fifine avec surprise.

— Renoncer à Thérèse, à aimer, à posséder cet ange de vertu et de sagesse, oh ! jamais ! jamais !... Piquoiseau, Fifine, mettez-vous à sa recherche, sans perdre de temps, sans relâche ! secondez-moi mes amis, faites que je retrouve Thérèse et ma reconnaissance vous est acquise pour la vie.

— Certes, cher ami, que Fifine et moi ne demandons pas mieux que de vous être agréable ; cette façon d'agir, entrant dans nos mœurs et déjà nous vous en avons donné la preuve en consentant à faire le voyage de Dieppe qui nous a pris un temps précieux, mais mon excessive amitié, se permettra, cher, de vous faire observer que, tandis que Fifine et moi serons à la recherche de votre belle fugitive, nous ne travaillerons pas, et que le travail est notre unique ressource, d'autant mieux que dix-sept sages-femmes viennent toutes à la fois de me faire la commande de dix-sept tableaux, dit Piquoiseau d'un air doucereux.

— Mon cher Piquoiseau, quoique bien convaincu que vous et Fifine vous n'êtes autres que deux paresseux qui, flânez du soir au matin et dînez la plupart du temps à la grâce de Dieu, je prends l'engagement de vous indemniser largement du temps que vous allez me consacrer en vous donnant un billet de mille francs le jour où vous viendrez m'indiquer la nouvelle demeure de Thérèse ; cela vous va-t-il ?

— Ça nous chausse, répondit Fifine.

— Cela me botte, fit à son tour Piquoiseau.

— Alors, mettez-vous en route, mes chers amis, cherchez, interrogez. Voilà vingt francs que je vous donne, allez déjeuner et dîner où bon vous plaira, surtout ! perdez le moins de temps possible.

— Nous irons à la vapeur, cher ami, répondit Picquoiseau en mettant la pièce d'or dans sa poche, pour, ensuite, prendre la porte d'un air empressé, et suivi de sa Fifine, quitter la demeure de Boudinier.

— Dis donc, mon lapin, où me mènes-tu gobichonner ces bienheureux vingt francs ? demanda Fifine.

— Parbleu ! à Saint-Maur, afin d'y manger une matelotte, et faire ensuite un tour de Marne en bateau.

— Décidément, chère, il n'y a que toi au monde pour savoir improviser une partie. Or, sus, grimpons en omnibus.

— Fort bien ! Mais Thérèse ?

— Elle se retrouvera bien toute seule. Pourvu que Boudinier nous indemnise du temps que nous allons passer à nous promener et à nous goberger, le reste doit peu nous inquiéter.

— D'autant mieux, ma Fifine adorée, que je me suis toujours laissé dire que l'argent des riches était le patrimoine du pauvre.

— Tu te trompes, dans cette citation, mon lapin ; c'est l'argent des sots qui est le patrimoine des gens d'esprit, reprit Fifine en riant.

— C'est tout comme, répliqua Piquoiseau.

Tandis que nos deux bohémiens causaient ainsi, Boudinier, tout en s'habillant vivement, disait en soupirant :

— Déménagée ! partie sans laisser son adresse ! Sans doute pour mieux m'échapper ! La cruelle ! la fille sans cœur !... Ah Thérèse ! Thérèse ! j'ai une peur atroce d'en tenir pour toi beaucoup plus que je ne le voudrais !... Allons voir mon bon Gabriel et lui raconter ma mésaventure... Non, non ! c'est Thérèse qu'il me faut chercher d'abord, retrouver et attendrir !

Boudinier quitte sa demeure, s'élance en coupé et se rend rue Fontaine-au-Roi.

— Me reconnaissez-vous, chère dame ? dit-il à l'ex-portière de Thérèse, en se présentant brusquement.

— Certainement ! Monsieur a un de ces physiques agréables qui ne s'oublient jamais, répondit la portière d'un air des plus gracieux, tout en jetant un coup d'œil sur les mains du jeune homme, sans doute en l'espoir d'y voir briller une pièce de monnaie quelconque.

— Thérèse ! Madame...

— Ah ! ne réveillez pas ma douleur, jeune homme, en me citant un nom qui me rappelle que l'ange s'est envolé de chez nous, interrompit la Pipelet sur un ton en mi-bémol, c'est-à-dire, larmoyant.

— Il est donc vrai qu'elle n'habite plus ici ?

— Hélas ! que trop vrai. Aussi, depuis que je n'entends plus aller ni venir cette gentille et bonne colombe, depuis que je n'entends plus le chant joyeux de son petit pinson, je suis comme une pauvre âme en peine. Voilà comme c'est, les bons s'en vont et les méchants restent. Là, franchement, est-ce qu'il n'aurait pas été cent fois préférable pour Monsieur mon propriétaire, que ce soit cette petite pas grand'chose de Fifine Lardon, la passementière, qui est arriérée de trois termes, qui décampât d'ici plutôt que cette chérie de Thérèse, la sagesse et la probité en chair et en os ?

— Brave femme ! cela me fait plaisir de vous entendre parler de Thérèse en des termes aussi flatteurs ! Maintenant, est-il vrai qu'elle ne vous a pas laissé sa nouvelle adresse ?

— Hélas ! non. Pour quelle raison ? je ne puis la comprendre, car la chère mignonne est de la classe de ceux qui, n'ayant rien à craindre, peuvent marcher en plein soleil et la tête haute.

— Chère dame, il faut absolument que je retrouve Thérèse ; que vous me secondiez dans sa recherche ; découvrez sa nouvelle demeure, venez m'en instruire, et je vous récompenserai largement de ce service.

— Je vous promets, Monsieur, de faire tout mon possible pour vous satisfaire, étant bien persuadée que vous n'avez que de bonnes intentions à l'égard de cette jeunesse.

— De très bonnes en effet, chère dame. Or, cherchez ; et si vous la découvrez, venez vite m'en instruire, termina Boudinier, en remettant à la vieille portière sa carte, accompagnée d'un napoléon de vingt francs, cela en faveur du bien qu'elle venait de lui dire de Thérèse et de l'intérêt qu'elle semblait lui porter.

— Que le bon Dieu vous rende l'bien que vous me faites, mon bon mosieu ! s'écria la vieille femme ivre de joie en pressant dans les siennes la main du jeune homme.

Boudinier s'en retournait triste et pensif en longeant le boulevard, lorsque, devant le théâtre du Gymnase, il fut se heurter dans un monsieur qui passait à côté de lui.

— Monsieur Desjardins ! quelle heureuse rencontre, s'écria l'amoureux de Thérèse en reconnaissant le ci-devant jeune homme.

— C'est vous, cher ? comment va ? fit Desjardins le lorgnon dans l'œil et la badine à la main.

Çà, vous nous êtes donc revenu, déserteur de l'amitié? reprit Boudinier.

— Oui, cher, depuis une dizaine de jours.

— Dieu en soit loué! mais donnez-moi donc des nouvelles de Madame à laquelle je brûle d'envie d'aller présenter mes respects.

— Comment va ma femme! le sais-je Figurez-vous, cher, que, depuis notre retour, il a pris à Victorine une rage de campagne que je ne puis comprendre, elle qui détestait la villégiature ; enfin, c'est au point qu'elle est allée se réfugier à notre maison de campagne de Meudon ; d'où rien au monde ne saurait l'arracher.

— Sans doute afin de s'y trouver en famille? fit Boudinier.

— Oh! Victorine n'est rien moins qu'enthousiaste de la parenté.

— Mais elle se trouve être à Meudon très voisine de mon ami Gabriel Dupuis qui, certes, n'aura pas manqué de profiter de cette heureuse occasion pour tenir compagnie à ces dames et de se faire leur cavalier servant. Alors je ne suis plus surpris maintenant si le drôle me néglige et s'il n'est pas revenu à Paris depuis un siècle.

— Franchement, cher, je vous avouerai que j'ignore absolument ce qui se passe là-bas, comment ils arrangent leur vie, et que même je me soucie fort peu d'aller m'en informer, ayant mille choses agréables qui me retiennent ici.

— Parbleu, quelque maîtresse charmante qui vous adore et vous captive ; car, si j'en crois la chronique, vous êtes un terrible séducteur, fit Boudinier en riant.

— J'en conviens, j'ai cette réputation que m'ont faite les femmes... Et, tenez, je soupe ce soir chez la belle Paméla Robinet, une beauté que j'entretiens depuis un an, une drôlesse qui me ruine en m'adorant ; voulez-vous être des nôtres? vous vous y rencontrerez avec une nommée Rosa, une belle fille, ma foi ! dont il vous sera facile de faire la conquête. Venez, cher, nous rirons, nous ferons de l'orgie... Hein ! qu'en dites-vous ?

— Chez votre maîtresse Paméla Robinet, volontiers, fit Boudinier.

— Parfait ! rendez-vous alors au café Tortoni à onze heures précises, dit Desjardins distraitement.

— Que regardez-vous donc ? interrogea Boudinier en voyant son homme suivre de l'œil une jeune femme qui venait de passer près d'eux.

— Cette petite qui trottine là-bas et en laquelle je croyais reconnaître une jeune fille belle comme Vénus, sauvage et chaste comme Diane, dont j'ai fait dernièrement la rencontre dans le chemin de fer de Rouen. Figurez-vous, cher, que je m'étais enamouré de cette fillette au point de lui offrir de l'entretenir ; ce que j'aurais fait, sambleu ! si la belle enfant n'avait repoussé mon amour et mes offres avec un fier dédain. Ce qui, ne m'effrayant pas, et décidé à poursuivre cette conquête, je feignis d'accepter le congé que me donnait cette jeune beauté ; mais, arrivé à Paris et persuadé qu'elle m'avait caché sa véritable demeure, je la suivis en voiture et bien m'en a pris, car Mlle Julie qui sensément habitait la rue du Bac, faubourg Saint-Germain, demeurait positivement rue Fontaine-au-Roi, où elle occupe en qualité de simple ouvrière une espèce de mansarde. Rien au monde ne m'a paru plus comique que la jolie moue que fit cette fille qui avait pensé me dérouter en m'indiquant une fausse demeure, en me voyant entrer dans sa chambre en même temps qu'elle.

— Sa chambre où elle vous reçut, où elle s'humanisa et vous fit sans doute un accueil gracieux, interrompit Boudinier que le récit du vieux Céladon intéressait fort et inquiétait de même.

— Erreur, cher ; la jolie fille en question ne

m'offrit même pas de m'asseoir, et, après m'avoir démontré qu'elle était fille d'honneur, que je la prenais pour ce qu'elle n'était pas, elle m'a flanqué à la porte de chez elle.

— Ce qui a été fort impoli de sa part et vous a fait sans doute renoncer à poursuivre sa connaissance, dit Boudinier.

— C'est ce qui vous trompe, cher, vu que chez moi la résistance double le désir ; or, ne me rebutant pas, je retournai chez elle, elle était absente ; le lendemain, le surlendemain, même déconfiture, et le quatrième jour sa vieille sybille de portière m'annonça d'un air goguenard que Mlle Thérèse était déménagée sans laisser sa nouvelle adresse.

— Ah ! elle s'appelle Thérèse ; mais vous m'aviez dit d'abord Julie, observa vivement Boudinier en essayant de contenir la vive émotion qui l'agitait.

— Cela vient de ce que la finotte m'avait donné ce nom de Julie comme étant le sien, et ce n'est qu'après avoir pris des informations dans le quartier, que j'ai su qu'elle se nommait Thérèse.

— Voyez-vous ça ! Et maintenant qu'elle vous a échappé, vous ne pensez plus à elle ?

— C'est ce qui vous trompe, cher, en ce moment je me rends rue Fontaine-au-Roi, en l'intention de commencer une enquête afin de découvrir, s'il se peut, en quel endroit est allée se percher la jolie colombe.

— Corbleu ! vous avez raison, mon cher monsieur Desjardins ; il ne faut pas qu'il soit dit qu'un homme comme vous, habitué à triompher des femmes, ait été joué par une simple grisette, et même, si mon aide en cette circonstance peut vous être agréable, j'offre de me joindre à vous pour chercher votre fugitive, à la condition cependant que, pour m'éviter des courses et démarches inutiles, vous me ferez part de tous les renseignements que vous aurez pu vous procurer concernant sa nouvelle demeure.

— J'accepte vos offres, cher, et m'engage à vous communiquer jour par jour le résultat de mes démarches et découvertes répondit Desjardins.

Après avoir causé quelques instants de plus, nos deux poursuivants d'amour se séparèrent en se rappelant leur rendez-vous dans la soirée.

— Cette gredine de Paméla qui m'a juré cent fois, depuis trois mois qu'elle me connaît et me vide la bourse, que je suis son unique amour, qu'elle n'aime que moi au monde, tandis qu'elle se fait entretenir depuis un an par ce vieux libertin. Fiez-vous donc à de pareilles drôlesses ! Ah ! ce n'est pas, étant aimé de Thérèse, qu'on aurait à redouter de pareilles perfidies et déceptions... Thérèse ! la charmante fille ! la pureté, la modestie personnifiées, l'ange auquel chacun se plaît à payer un tribut d'admiration et de respect. Ah ! papa Desjardins, vous vous permettez d'aller sur mes brisées, de convoiter la jeune fille que j'adore ! Je vous pardonne d'être de moitié avec moi dans les faveurs de Paméla ; mais, quant à Thérèse, halte-là, mon bon ! Je consens encore à ce que vous tiriez pour moi les marrons du feu, en m'aidant à retrouver celle que j'aime, mais vous n'irez pas plus loin, mon gros Céladon.

C'était, tout en disant, ainsi, que Boudinier s'acheminait vers la demeure de Paméla Robinet, chez laquelle il se présenta.

— C'est vous ? Il est heureux que Monsieur se décide à m'honorer aujourd'hui de sa présence ? Est-ce qu'il n'est pas affreux de votre part, vilain mauvais sujet, ingrat, de délaisser, ainsi que vous le faites depuis trois semaines, votre meilleure amie, de la plonger dans le chagrin et l'inquiétude ? Fi ! vous devriez rougir de honte, disait Paméla en se pendant au cou du jeune homme.

— Chère amie, j'arrive de voyage hier seulement ; voyage forcé, qu'il m'a fallu entreprendre subito, sans me laisser le temps de prévenir de mon absence les gens qui s'intéressent à moi.

— Est-ce bien vrai, ce que vous me dites-là, vilain, qui, sans pitié, s'éloigne de son amie et la laisse doublement dans la peine.

— Doublement ! fit Boudinier.

— Certainement. D'abord de ne plus vous voir ni entendre parler de vous ; ensuite, les poursuites que vient d'exercer comme moi un affreux créancier, pour une misérable somme de deux mille francs dont je lui suis redevable ; un tigre qui a poussé la férocité, malgré mes larmes et mes prières, jusqu'à faire saisir mes meubles qu'il compte faire vendre sous trois jours au plus. Mais je vous ai retrouvé, mon ami, et je suis sauvée, car je vous estime assez pour être certaine que vous ne laisserez pas dépouiller ni réduire à la paille votre aimante et fidèle maîtresse... N'est-ce pas, mon Octave ? disait la syrène en prodiguant ses caresses au jeune homme.

— Laisser vendre les meubles d'une femme qui n'adore que moi, jamais ! Tu dis donc que ce sont deux mille francs...

— En comptant les frais, ce sont deux mille cinq, qu'il me faut au plus tard demain, mon chéri.

— C'est bien ; on fera en sorte de vous procurer cette somme, mon ange d'amour et de constance.

— Merci, oh ! merci d'avance, mon généreux ami... Boudinier, maintenant, petit coureur, que j'ai été assez faible et bonne pour te pardonner, dis moi de quel pays tu viens.

De la Bretagne, d'y visiter une vieille tante dévote, dont je dois un jour hériter de l'immense fortune... Ah ! qu'il fera bon, alors, d'être de mes amis, quand j'aurai, sous peu de temps, empoché les millions de cette chère et vénérable parente !

— Tu seras riche comme un roi, alors, et tu oublieras ta meilleure et fidèle amie, ta Paméla, aimante et dévouée ?

— Je n'aurai garde, sambleu ! j'estime trop la femme fidèle en amour, vu qu'il y en a fort peu, pour jamais t'oublier... A propos, Paméla ; ma tante a eu le singulier caprice de me charger du soin de lui envoyer l'adresse d'une raccommodeuse de châles, à laquelle elle voudrait confier la réparation de ses cachemires. A ce qu'elle m'a dit, les ouvrières de ce genre manquent à Quimper-Corentin ; et comme je me suis rappelé que, dernièrement, tu m'as fait acquitter le mémoire d'une travailleuse de ce genre, j'ai pensé à te demander son nom et son adresse pour les envoyer à ma vieille parente dans mon prochain courrier.

— Cette ouvrière se nomme Thérèse, et demeure rue Fontaine-au-Roi, numéro 10. C'est une fille fort adroite et très consciencieuse.

— Très bien ! j'enverrai aujourd'hui même mon domestique chez elle, s'informer si son temps lui permet d'entreprendre un travail dont ma tante m'a paru très pressée... Mais es-tu certaine que cette ouvrière n'a pas changée de demeure ?

— Je ne le pense pas ; mais, s'il en était ainsi, la concierge indiquerait sa nouvelle adresse.

— C'est assez juste, répondit Boudinier, très contrarié de l'insuccès de sa ruse. Mais j'y pense ; ne pourrais-tu, chère âme de ma vie, envoyer ta servante chez cette Thérèse ?

— Rien de plus facile, répondit Paméla.

— Fais donc, et je reviendrai ce soir t'embrasser et savoir la nouvelle.

— Non, mon chéri, ne viens pas ce soir, tu ne me rencontrerais pas, car je dîne chez une de mes amies, qui habite à Saint-Germain une délicieuse villa, et il est présumable que j'y coucherai et ne reviendrai que demain matin.

— Alors, à demain, ma fidèle adorée.

— Oui, à demain, chez moi, où je t'attendrai toute la journée... Ah ! j'y pense, si tu pouvais, en venant, m'apporter ces deux mille cinq cents misérables francs, cela me ferait plaisir et me débarrasserait d'un grand ennui.

— Soit ; car on ne saurait trop s'empresser de récompenser la constance en amour... A demain donc, ma chère Paméla, fit Boudinier en se retirant.

— Deux mille cinq cents de ce pigeon, trois mille que doit m'apporter ce soir cette oie de Desjardins, total, cinq mille cinq à ajouter aux cent cinquante mille que je possède en actions du Trésor... Allons, cela va bien, très bien même ! Encore trois ou quatre ans de ce travail et d'économie, puis je réalise mon rêve de femme honnête ! Ces pauvres hommes comme je les plume facilement ! se disait en riant Paméla restée seule.

— Décidément, je n'apprendrai rien de cette drôlesse, dont Thérèse se défiera, à qui elle cachera son adresse, sachant que je suis connu d'elle... Quoi faire ? quel moyen employer pour retrouver ma fugitive ?

Comme Boudinier s'interrogeait ainsi, tout en marchant dans la rue, son oreille fut subitement frappée par le chant éclatant d'un pinson, lequel lui rappela celui de Thérèse.

— Si c'était le sien que j'entends ? se dit le jeune homme en s'arrêtant court et en levant la tête pour diriger ses regards du côté d'où partait la gaie chanson du musicien ailé, et, les promener sur toutes les fenêtres jusqu'à ce qu'il eût aperçu une cage accrochée à une croisée située au cinquième étage, et dans laquelle sautillait le pinson, Boudinier, dont à ce moment un rayon d'espérance illuminait le cœur, s'empressa de se diriger vers la maison de l'oiseau, puis, s'adressant au conciege :

— Monsieur, dit-il, soyez assez bienveillant, pour m'apprendre à qui appartient le pinson dont la cage se trouve accrochée à une des fenêtres du cinquième étage de votre maison ?

— A une demoiselle emménagée tout nouvellement ici, répondit le cerbère en toisant le questionneur d'un air curieux et impertinent.

— Le nom de cette demoiselle, s'il vous plaît mon cher ? reprit Boudinier en glissant une pièce de cinq francs dans la main du concierge qui, sensible à cette politesse, s'empressa alors d'ôter sa casquette et de sourire le plus gracieusement possible à notre héros.

— Ce serait avec la satisfaction la plus vive comme la plus respectueuse que je m'empresserais d'apprendre à Monsieur le baron le nom de cette demoiselle, mais par malheur, je l'ignore.

— Comment, vous ne savez pas les noms de vos locataires ?

— Monsieur le marquis me permettra de lui faire observer que cette demoiselle n'habite l'immeuble dont j'ai l'honneur d'être le gérant-concierge, que depuis une dizaine de jours au plus, et que je m'occupe fort peu des petits locataires, dont mon épouse, Athénaïs Chopinet, a seule la surveillance.

— Eh bien ! demandez à votre épouse, comment se nomme cette demoiselle, fit Boudinier impatienté.

— Ce serait avec empressement que j'obtempérerais aux ordres de Monsieur, si Athénaïs n'était absente en ce moment, mais si monsieur le comte veut se donner la peine d'attendre un instant, je vais m'empresser de monter chez cette demoiselle, afin de m'enquérir de son nom.

— Non pas ! car si, par un heureux hasard, cette demoiselle était celle que je cherche, votre demande ne manquerait pas de l'effaroucher : or, je préfère monter moi-même chez elle, afin de m'assurer si elle est ou n'est pas ma jeune parente.

— Monsieur le duc est le maître de faire comme il l'entendra, répondit le concierge en s'inclinant. Cinq étages ; le couloir à gauche, la troisième porte.

Boudinier n'en demande pas davantage ; il s'élance sur l'escalier, atteint la porte indiquée, frappe et se trouve en présence de Laure, une des lorettes avec lesquelles il avait soupé dernièrement. Laure, les cheveux en désordre, à peine vêtue d'un négligé en loque et ondé de taches ; le visage barbouillé de rouge, de blanc, de noir, enfin fort laide à voir, laquelle poussa un cri de surprise en reconnaissant Boudinier.

— Comment ! c'est vous, mon petit Boudinier, qui êtes assez gentil pour venir me voir ? Mais il fallait donc me prévenir de cette galante intention de votre part, au moins je me serais habillé pour vous recevoir.

— Ma chère, ne me sachez aucun gré de ma présence, qui n'est que le résultat d'une erreur, car je vous jure que ce n'était certes pas vous que je venais chercher ici.

— Comme c'est aimable ce que vous me dites-là, Boudinier ; est-ce que je ne mérite pas bien la peine qu'un homme galant me fasse une visite ?

— Je ne dis pas non, ma pauvre Laure ; mais en ce moment j'ai bien autre chose à faire qu'à visiter les femmes... Ah çà, mais, dites-donc, ma chère, je vous ai vu mieux nichée que cela ? vous débinez donc, que vous voilà réduite à la mansarde ?

— Hélas ! la faute en est à un brigand de fournisseur auquel j'étais redevable de quelques cents francs, et qui m'a fait saisir et vendre ces jours derniers ! répondit la lorette en soupirant.

— C'est barbare ! Et vous vous consolez de cette mésaventure en écoutant chanter votre pinson ?

— Plus souvent ! Je me fiche bien de ce méchant moineau qui appartient à Justine, mon ingrate femme de chambre, laquelle, me voyant dans la débine, m'a plantée là, en m'agonisant de sottises ; aussi son oiseau peut crever de faim si cela lui plaît, ce n'est certes pas moi qui m'occuperai de lui donner à manger.

— Comment, Laure, vous seriez assez cruelle pour

laisser mourir d'inanition, sous vos yeux, ce pauvre petit animal ?

—Qu'est-ce que cela me fait, à moi ? répondit de sang-froid la lorette.

— Cependant, Laure, je me suis souvent aperçu que les femmes de votre sorte, lorsqu'elles ruinent un amant sans pitié, en avaient souvent en faveur des malheureux... Tenez, ma chère, vendez-moi ce pinson, que je veux sauver du supplice de la faim, cela, en souvenir de quelqu'un qui me saura gré de ce léger bienfait, qui me portera peut-être bonheur.

— Cette bêtise ! N'importe, emportez la bête et tout son bataclan, cela me débarrassera et fera enrager Justine, s'il lui prend la fantaisie de venir un jour me réclamer ce moineau.

— Si cette fille fait cela, indiquez-lui ma demeure et je m'engage à le lui restituer, répondit Boudinier en décrochant la cage de la fenêtre.

— Franchement, cher, vous êtes un drôle de paltoquet, fi ! préférer un animal à la femme avec laquelle vous vous trouvez en tête-à-tête, c'est une horreur ! dit la lorette avec aigreur.

—, Ma chère enfant, excusez-moi, mais je ne me sens aujourd'hui nulle disposition à la galanterie ; ensuite, le temps me presse. Recevez donc, en échange du cadeau que vous me faites, ces deux pièces d'or et mes adieux, répliqua Boudinier en jetant deux napoléons sur une table, pour se sauver ensuite en emportant la cage qu'il confia, dans la rue, au premier commissionnaire, avec ordre de la porter chez lui.

La onzième heure du soir sonnait comme Boudinier, fidèle au rendez-vous qu'il avait donné à Desjardins, entrait au café Tortoni, où se trouvait le mari de Victoriné.

— Rendons-nous vite chez Paméla qui, j'en suis certain, m'attend avec la plus vive impatience... Une femme superbe qui m'adore ; vous allez en juger, mon cher Boudinier.

— Je vous crois aisément. Ah çà, votre femme n'a-t-elle nul soupçon que vous lui êtes infidèle ?

— Pas le moindre, cher, Victorine est une créature tellement indifférente et froide, que, quand bien même elle me surprendrait en délit d'adultère, cela ne lui occasionnerait pas la moindre humeur ni sensation. Ce n'est pas que Victorine ne m'adore ; mais la faute en est à la nature, qui l'a créée sans passions ni désirs sensuels.

Tout en causant ainsi, nos personnages arrivèrent à la demeure de Paméla, laquelle, en les voyant paraître ensemble, ne put s'empêcher de pâlir, de rester muette et immobile de surprise.

— Ange de mon âme ! vous excuserez, n'est-ce pas, la liberté que j'ai prise de vous présenter et d'inviter à souper avec nous l'un de mes amis intimes, M. Octave Boudinier, auquel je vous prie de faire en ma faveur un de vos plus gracieux accueils, s'empressa de dire Desjardins, tout en baisant la main de Paméla.

— Croyez, Madame, que mon ami ne pouvait me procurer un plus grand plaisir que celui de faire connaissance avec une aussi belle et gracieuse personne que vous, fit à son tour Boudinier en s'inclinant devant la jeune femme.

— Soyez le bienvenu, Monsieur, et, à mon tour, permettez-moi de remercier ce bon Desjardins de m'avoir amené, en votre personne, un homme qui me paraît être aussi délicat que généreux, dit Paméla avec aplomb et en grimaçant un sourire.

— Eh bien ! cher, vous voyez que je ne vous trompais pas en vous donnant ma belle maîtresse pour une femme des plus gracieuses et des plus spirituelles, dit Desjardins en entourant la taille de Paméla pour lui donner ensuite un baiser, que la lorette reçut d'assez mauvaise grâce.

— Non, certes ! car Madame surpasse en grâce toutes celles dont vous l'avez ornée à mes yeux, et pour mon compte, je suis persuadé qu'une aussi belle personne doit être en même temps un modèle de générosité, et par-dessus tout, de constance dit Boudinier.

— Cher, je vous affirme qu'elle est telle que vous le pensez, s'écria Desjardins pour ajouter ensuite : Ça, ma toute adorée, j'ai promis à Boudinier qu'il rencontrerait chez vous votre charmante amie Flora, et cette belle tarde beaucoup à venir, ce me semble.

— Elle viendra, j'en suis certaine, répondit Paméla.

— En attendant l'arrivée de cette gentille compagne, permettez-moi de m'absenter un instant pour me rendre chez mon joaillier, qui demeure ici près, afin d'y prendre un bijou que je lui ai commandé, et qu'il me faut pour ce soir, dit Boudinier en prenant son chapeau afin de s'éloigner vivement, sans même attendre la réponse de Desjardins ni celle de Paméla.

— De cette façon, la drôlesse n'en perdra qu'un sur deux... Paméla, Flora, Laure ! qu'est-ce que toutes ces femmes ? la prostitution, la perfidie, la cupidité personnifiées. Ah ! Thérèse ! combien les vices de ces viles créatures élèvent tes vertus à mes yeux ! disait Boudinier en se sauvant pour regagner son domicile, tout en se promettant de ne pas manquer de se rendre à Verrières, le lendemain, afin d'apprendre ce qui pouvait retenir ainsi Gabriel éloigné de Paris.

XVI

Le lendemain, ainsi qu'il se l'était promis, Boudinier monta en voiture puis, arrivé à Verrières, sa surprise fut extrême, en apprenant de la bouche du jardinier-concierge que Gabriel, depuis dix jours, était, très dangereusement malade enfin entre la vie et la mort.

— Corbleu ! mon ami est malade à ce point et vous ne m'en avez pas fait prévenir ! s'écria Boudinier d'un ton colère.

— Je le voulais, Monsieur, en pensant que votre présence serait agréable à notre pauvre maître, mais Mme Desjardins s'y est opposée, en me disant que la position de notre malade ne permettait ni de recevoir ni d'entendre parler.

— Madame Desjardins ! Cette dame est donc venue ici ? demanda vivement Boudinier.

— Certainement ! c'est chez elle, à Meudon, que notre jeune maître est tombé subitement malade ; c'est elle qui l'a ramené ici, dans sa propre voiture, accompagnée d'un médecin, et c'est encore elle qui vient ici le soigner chaque jour.

— Et je ne savais rien de tout cela ! Ah ! c'est affreux ! Dites-moi, Joseph ; et Mlle Desjardins a-t-elle accompagné sa belle-mère ? s'informa Boudinier au jardinier.

— Mlle Angelette, celle que notre bon maître aimait tant, et que M. et Mme Desjardins ont mariée sans rien dire à personne...

— Angelette mariée ! s'écria Boudinier avec autant de surprise que de douleur.

— Oui, mariée, bien mariée ; et voilà ce qui rend notre maître si malade.

Boudinier, assez instruit, n'en demande pas davantage ; il traverse le parterre, pénètre dans la maison, et se dirige d'un pas pressé vers la chambre de Gabriel, dans laquelle il pénètre doucement.

Les doubles rideaux des fenêtres sont hermétiquement fermés, de manière à ne répandre qu'un demi-jour dans la pièce où règne le plus profond silence, où un épais tapis amortit le bruit des pas. C'est vers le lit que se dirige Boudinier, dont les yeux, en cherchant Gabriel, rencontrent et reconnaissent d'abord Victorine, Victorine endormie, la tête appuyée sur le lit, et tenant collée sur ses lèvres la main de Gabriel qui, lui-même, sommeille paisiblement.

— Oh ! oh ! voilà qui parle avec plus de sincérité que ne le feraient les lèvres de cette femme, cette femme qui aime l'amant de sa belle-fille, et ne s'est empressée de l'unir à un autre que pour se débarrasser d'une rivale, murmura le jeune homme en contemplant le tableau qu'il avait sous les yeux.

Un mouvement que fit Boudinier réveilla Victorine qui, apercevant et reconnaissant l'ami de Gabriel, s'empressa de lâcher la main du malade et de se redresser sur son siège.

— C'est vous, Monsieur ? vous m'avez fait peur. Je veillais sur votre pauvre ami malade, et le silence, l'obscurité qui règnent dans cette chambre m'ont insensiblement livrée au sommeil, dit Victorine, dont les joues s'étaient empourprées.

— J'ai à vous rendre grâce, Madame, de l'intérêt que vous daignez témoigner à mon ami. Mille remerciements à vous adresser pour les bons soins que vous lui prodiguez depuis que la maladie le retient sur ce lit de douleur. Ah ! Madame, Dieu veuille que le funeste incident qui a placé mon ami dans cet état de souffrance ne soit pas pour lui un arrêt de mort, murmura Boudinier à l'oreille de la jeune femme, laquelle, tout en fixant Gabriel, s'empressa de poser le doigt sur ses lèvres, pour indiquer le silence.

Boudinier alors se pencha sur son ami, afin de contempler ses traits pâles et amaigris.

— Pauvre ami, comme tu es changé ! soupira-t-il ; puis les larmes vinrent mouiller ses paupières.

— Gardons-nous de troubler son sommeil, Monsieur, car c'est la première fois qu'il repose paisiblement depuis qu'il est malade, fit Victorine, en entraînant le jeune homme loin du lit, pour le conduire dans une chambre voisine, où elle reprit en ces termes : Veuillez donc, maintenant que nous pouvons causer sans crainde d'éveiller ni d'inquiéter notre cher malade, m'apprendre, Monsieur, de quelle nature est l'incident auquel on attribue la position de M. Gabriel ?

— Au mariage secret et précipité de Mlle Angelette, votre belle-fille, Madame.

— Oui ; tel est aussi le dire de ma chère belle-sœur, reprit Victorine, et cela me surprend étrangement, car j'étais à cent lieues, et mon mari aussi, de penser que ces jeunes gens se connaissaient et qu'ils s'aimaient à ce point.

— Cependant, Madame, et vous me permettrez de le rappeler à votre souvenir, dans le cours de la soirée qui suivit le dîner où vous eûtes la bonté de nous convier, Gabriel et moi, lors d'une intime causerie que nous eûmes ensemble, vous poussâtes l'extrême bienveillance jusqu'à me proposer la main de Mlle Angelette...

— Vous faites erreur ou vous plaisantez, Monsieur ! interrompit vivement Victorine.

— Je ne me trompe ni ne plaisante, Madame ; je dis l'exacte vérité. Certes, Madame, qu'en tout autre circonstance j'eusse accepté une semblable proposition avec tout le transport d'une joie ineffable, mais je savais que Gabriel, mon ami, celui que j'aime comme s'il était mon frère, adorait votre belle-fille ; que son intention, son désir le plus brûlant étaient de vous demander sa main, et que, pour accomplir cette démarche délicate, il n'attendait que l'avantage d'être mieux connu de vous et de votre mari. Ce fut alors, Madame, que n'étant pas libre d'accepter pour ma femme le trésor que vous daigniez m'offrir, je m'empressai de vous révéler les tendres sentiments que Mlle Angelette avait inspirés à Gabriel, et le désir de ce dernier de vous la demander en mariage.

— Eh bien, Monsieur, croyez-moi, si bon vous semble, mais cet entretien, cet aveu de votre part m'étaient entièrement sortis de la mémoire, dit Victorine, en affectant l'accent de la vérité.

— Je vous crois sans peine, Madame, et vois combien le monde est méchant et se plaît à médire.

— Que dit-il, Monsieur ? fit Victorine curieusement.

— Il dit, Madame, que vous aimez Gabriel, et que connaissant l'amour que lui a inspiré Angelette, vous vous êtes empressée de sacrifier cette jeune fille en la forçant de contracter un mariage auquel elle répugnait, afin de vous débarrasser d'une rivale aimée.

— Mensonge ! calomnie ! s'écria Victorine devenue rouge comme une cerise.

— Infamie, Madame ! infamie de votre part ; car tout ceci est la vérité ! oui, pour satisfaire un caprice, une passion coupable, vous avez fait de deux amants deux malheureux.

— Monsieur, qui vous donne le droit de me parler ainsi ? demanda Victorine d'un ton colère et impérieux.

— Votre coupable conduite et votre cruauté, Madame ; lâcheté dont vous n'obtiendrez ni satisfaction ni bonheur, parce que votre belle-fille et l'époux que vous lui avez imposé vous maudiront un jour ; parce que Gabriel, instruit par moi, que vous êtes l'auteur volontaire de son malheur, n'aura plus pour vous que haine et mépris ! Parce que vous aimez Gabriel et que je vous interdis sa présence, et qu'en son nom je vous chasse de cette maison où vous avez introduit le désespoir, la mort peut-être... Oh ! repentez-vous, Madame ! Priez Dieu qu'il me conserve mon ami ; car si je le perds, je vous perdrai Madame, en révélant à votre époux toute l'infamie de votre conduite.

— Il n'osera vous croire, Monsieur, répondit Victorine avec ironie.

— Je ferai en sorte qu'il ose, et sans votre permission encore. Oh ! prenez garde, prenez garde, Madame ; malheur à vous si jamais je vous étais redevable de la perte de mon meilleur ami, de mon frère !... Vous m'avez entendu Madame et comme la place du bourreau n'est pas dans la demeure de sa victime, éloignez-vous, quittez cette maison et n'y rentrez jamais ! termina Boudinier, en indiquant la porte du doigt.

— Victorine, agitée par la colère, se leva pâle et tremblante du siège sur lequel l'émotion l'avait contrainte de se poser ; puis après avoir fixé un regard courroucé sur le jeune homme, elle sortit d'un pas rapide et quitta la villa, suivie d'un jardinier auquel elle avait donné l'ordre de l'accompagner jusqu'à Meudon, n'osant traverser les bois étant seule.

Boudinier, rentra dans la chambre de son ami et fut s'asseoir à son chevet pour fixer un regard attentif sur le visage du malade qui dormait, puis épier ses moindres mouvements, et lui donner les soins que nécessitait sa position.

— N'ai-je pas été trop vif ? se demandait Boudinier. Ma foi non ! cette femme a mérité que je la traite ainsi. Angelette mariée est perdue pour Gabriel ; or ! nul ménagement à garder envers cette drôlesse qui a sacrifié sa belle-fille pour mieux tromper son mari ! J'ai donc bien fait en agissant ainsi, et Gabriel m'approuvera.

— Une grande heure s'écoula et un léger mouvement que fit le malade annonça son réveil. Gabriel ouvrit les yeux, et en apercevant Boudinier penché sur lui et le regardant avec intérêt, les lèvres du malade se contractèrent pour exprimer un faible sourire.

— Toi ! balbutia Gabriel.

— Oui, moi qui ne te quitterai plus, et veux veiller auprès de toi, te donner des soins et te guérir vite.

— Elle ? fit de nouveau Gabriel en cherchant des yeux dans la chambre.

— A Paris, où son mari la fait appeler ; elle reviendra, répondit Boudinier.

— Angelette...

— Oui, Angelette ; je sais tout ; guéris d'abord et

nous parlerons d'elle ensuite, fit l'ami qui sentit son cœur s'oppresser en apercevant une larme s'échapper de la paupière de Gabriel.

— Oh! cette femme, pourvu qu'elle ne l'ait pas tuée! pensa Boudinier fort attristé.

Victorine, après avoir quitté la villa, s'était rendue à Meudon où, la voyant arriver avec un visage pâle et bouleversé, la bonne Mme Ravelet, qui redoutait un malheur, s'empressa de la questionner sur l'état de Gabriel.

— Il n'est pas plus mal, répondit d'un ton sec la jeune femme, tout en sonnant un valet pour lui donner l'ordre de faire atteler sa voiture.

— Vous allez à Paris, Victorine ?

— Oui, Madame.

— Et vous abandonnez votre pauvre malade, vous qui l'ayant pris en pitié veillez depuis douze jours à son chevet avec autant de soin que d'humanité ? Victorine, ne craignez-vous pas que pendant votre absence l'état de Gabriel ne vienne à empirer ?

— Pensez-vous donc Madame, en paraissant blâmer mon éloignement du chevet de M. Gabriel, que je ne dois pas avant tout ma présence et mes premiers soins à mon mari, et qu'en prolongeant davantage mon séjour chez ce jeune homme, je ne cours pas le risque de compromettre ma réputation et d'indisposer M. Desjardins contre moi ? La pitié, l'humanité ont des bornes, et je crois avoir suffisamment donné des preuves de ces qualités par les veilles et les soins que je viens de prodiguer à M. Gabriel, auprès duquel me remplace en ce moment son ami intime, M. Boudinier.

— Est-ce que les soins d'un homme valent jamais ceux d'une femme pour un pauvre malade ? fit la dame Ravelet.

— Je ne le pense pas, mais en m'intéressant à ce jeune homme, je ne me suis pas engagée à lui servir éternellement de garde-malade.

A ce moment un domestique se présenta pour prévenir Victorine que les chevaux étaient attelés.

— Au moins, reviendrez-vous bientôt ? s'informa la vieille dame qui ne voyait pas sans peine s'éloigner sa belle-sœur.

— Cela dépendra de la volonté de mon mari ; quant à vous, ma chère belle-sœur, soyez assez bonne pour envoyer de temps en temps quelqu'un s'informer de la santé de M. Dupuis, et s'il arrivait que sa position empirât, de m'en écrire un mot.

— Je n'y manquerai pas, ma bonne Victorine, et cependant le mieux que vous auriez à faire en faveur du pauvre jeune homme, ce serait de revenir le plus tôt possible reprendre auprès de lui la tâche charitable que vous aviez entreprise.

— Mon mari en décidera, Madame, répondit sèchement la jeune femme en prenant congé de sa belle-sœur.

XVII

Deux grands mois se sont écoulés depuis les derniers évènements racontés dans le chapitre précédent.

Nous sommes au mois de juillet, le ciel est bleu, l'air est brûlant ; il fait bon de chercher l'ombre et la fraîcheur sous la feuillée des bocages et celle des grands arbres ; aussi, quoi qu'il ne fût encore que la sixième heure du matin, Angelette avait-elle quitté sa couche pour venir errer, seule et pensive, à travers les sentiers tortueux du parc de Royaumont !

Pauvre fille ! depuis que nous ne l'avons revue,

comme elle est changée ! comme elle est pâle, et paraît profonde la tristesse qui se lit dans ses yeux, qu'elle tient baissés en marchant d'un pas lent et incertain.

Angelette, après avoir longé une avenue, se trouva arrêtée dans sa course solitaire par le large fossé, dit saut-de-loup, qui entourait la propriété et lui servait de fermeture. La jeune femme s'arrêta alors, se posa sur un banc de pierre, et son regard se porta, triste et indifférent, sur la campagne et les bois situés de l'autre côté du fossé.

Cinq minutes s'étaient à peine écoulées depuis que la jeune femme s'était assise, lorsqu'un homme qui venait de sortir précipitamment d'un buisson, s'avança sur le revers du saut-de-loup en étendant les bras vers elle.

A cette apparition, Angelette poussa un cri de surprise et de joie, puis se releva vivement, car, dans cet homme qui l'appelait et lui prodiguait les noms les plus tendres, elle venait de reconnaître Gabriel.

— Angelette, chère Angelette ! loin de vous, je me meurs de douleur et d'amour ! s'écriait le jeune homme, tombé à genoux en joignant des mains suppliantes.

— Plus d'espoir, plus de bonheur pour nous, mon ami ; je ne m'appartiens plus ! Hélas ! ils m'ont forcée de renoncer à vous, ordonnée de vous oublier et mariée à un autre que je ne puis aimer, répondait Angelette, tremblante et en proie à la plus douloureuse émotion.

— Je sais tout, mon Angelette ; je sais combien votre belle-mère a été cruelle, injuste envers nous ! Mais, Angelette, en empêchant que nous soyons l'un à l'autre, elle n'a pu éteindre dans mon cœur l'amour brûlant que vous y avez allumé, Angelette ! âme de ma vie, je n'ai pas cessé de t'adorer, je souffre loin de toi ! Ah ! permets que je t'approche, car ce fossé qui me sépare de ton adorable personne, qui s'oppose à ce que je presse ta main divine dans la mienne, ton cœur sur mon cœur, n'est qu'un vain obstacle que je puis franchir à l'instant même, si ta bouche m'y autorise.

— Non, Gabriel, n'en faites rien. C'est au nom de l'honneur, de mon repos, que je vous en supplie. Gabriel, songez que je ne m'appartiens plus, que je ne dois plus vous revoir, mon ami, répliqua la jeune femme d'une voix tremblante.

— Angelette, il faut que je vous parle, que je vous ouvre mon cœur! Angelette, permets-moi d'arriver jusqu'à toi !

— Non, non ! s'écria la jeune femme d'un ton suppliant en voyant Gabriel descendre dans le fossé.

Ce fut alors qu'horriblement effrayée Angelette voulut s'enfuir, mais que, paralysée par la peur, ses jambes fléchirent sous elle et qu'elle tomba sur le gazon, privée de connaissance.

Lorsqu'elle reprit ses sens, lorsqu'elle ouvrit les yeux, un cri s'échappa de son sein en se voyant dans les bras de Gabriel, qui, après l'avoir emportée dans un massif épais et déposée sur un tertre, se tenait agenouillé près d'elle.

— Ah ! Monsieur, qu'avez-vous fait ? mon Dieu ! Si quelqu'un vous avait aperçu ! Si M. Davenay venait à vous surprendre ici, près de moi, mais je serais perdue, déshonorée ! s'écriait Angelette au comble de l'inquiétude et de la frayeur.

— Angelette, calmez cet effroi, car je vous respecte autant que je vous aime ; Angelette, daignez pardonner à ma témérité et m'entendre, de grâce !

— De vous entendre, mon ami, cela ne m'est plus permis ; et c'est au nom de ce même respect que vous dites avoir pour ma personne, que je vous conjure de vous éloigner sans retard, de renoncer à me revoir ! Gabriel, je vous l'ai dit, je ne m'appartiens plus, et je dois compte de mon honneur à celui dont je porte le nom, à l'homme bon et généreux que mon indifférence désespère, et qui me pardonne pourtant.

— Cet homme est un infâme ! Oui, infâme est celui qui accepte la possession de la pauvre créature que des parents inhumains jettent de force dans ses bras. Un pareil homme ne mérite ni l'amour ni le respect de la femme qu'on lui a sacrifiée, dont il a consenti à faire l'éternel malheur! répondit Gabriel avec énergie.

— Ah! ne parlez pas ainsi, Gabriel, car malheur aussi à l'homme qui cherche à détourner l'épouse de ses devoirs, à la rendre une créature méprisable, même à ses propres yeux. Fuyez, vous dis-je, et ne nous revoyons jamais, fit Angelette en essayant de se relever, mais que son amant retint par le bras en s'écriant:

— Angelette, ne plus vous revoir, ne plus vous entendre! mais ce serait la mort pour moi, que la douleur de vous avoir perdue vient d'étendre près de deux mois sur un lit de souffrance! Angelette, mais regardez-moi donc; voyez le ravage que la funeste nouvelle de votre mariage, celle de votre perte ont occasionné dans toute ma personne; Angelette, j'ai failli mourir, et si mon âme ne s'est pas séparée de mon corps en apprenant que celle que j'adore appartient aujourd'hui à un autre homme que moi, c'est que j'ai prié Dieu qu'il me permit de vivre pour la revoir encore une fois; non pour lui reprocher un crime involontaire; car je sais, pauvre Angelette! que vous avez résisté de toutes vos forces; je sais toutes les souffrances que vous avez endurées; que votre belle-mère qui voulait vous arracher à mon amour, à ma possession, est demeurée froide, implacable en présence de vos larmes, sourde à vos supplications. Je sais enfin que cette femme est votre bourreau et une infâme que le ciel châtira.

— Gabriel, pitié pour elle qui, éblouie par les richesses de M. Davenay, a cru faire mon bonheur en m'unissant à celui qui, en m'épousant, me faisait le don de sa fortune entière, répondit Angelette.

— Ah! n'intercédez pas pour elle, Angelette! ne priez pas pour la femme indigne qui, guidée par ses coupables désirs, ne vous a sacrifiée que dans le but de vous arracher à ma tendresse et de vous remplacer dans mon cœur.

— O ciel! que m'apprenez-vous! Mme Desjardins oserait vous aimer, oublier à ce point ses devoirs d'épouse et d'honneur? s'écria Angelette en pâlissant.

— Croyez-le, Angelette, car ce que je vous révèle là n'est que trop l'affreuse vérité...

— Malheur, malheur! soupira douloureusement la jeune femme.

— Oui, malheur, en effet, mon Angelette, si esclave d'un devoir que t'a imposé la contrainte, tu consens à passer tes jours auprès de l'homme, dont la passion que tu lui inspiras n'a pas reculé devant tes larmes, celui qui sans pitié pour ta jeunesse, s'est emparé de toi, pour te condamner au supplice d'être témoin de ses souffrances, le martyre de ses caprices et de ses infirmités... Angelette, un pareil sort ne peut être le tien; toi, si jeune et si belle, tu ne peux plus longtemps demeurer l'esclave d'un pareil homme. Angelette, quitte un époux indigne de la possession; viens, fuyons ensemble, pour courir cacher notre amour sous un autre ciel où nous vivrons heureux.

— Grand Dieu! qu'osez-vous me proposer Gabriel? de fuir avec vous! mais vous m'estimez donc bien peu, pour me faire une pareille demande? Oh! n'espérez pas que j'y consente, et pourtant je vous aime, je serais mille fois heureuse d'être votre femme, de passer ma vie auprès de vous; mais je suis devenue l'épouse de M. Davenay, il m'a confié la garde de son honneur et je ne faillirai jamais à ce devoir... Adieu Gabriel, partez, et ne nous revoyons plus, fit Angelette en essayant de s'éloigner, mais que son amant retint de nouveau en l'enlaçant de ses bras.

— Ne plus nous revoir, dis-tu? Ah! cruelle, ne l'espère pas; si pour céder à un cruel devoir tu veux cesser de m'aimer, un pareil sacrifice est au-dessus de mes forces; Angelette, préfères-tu donc d'apprendre que je sois mort loin de toi, de regret, de douleur et d'amour.

— Oh! vivez, vivez, mon ami, s'écria Angelette effrayée.

— Alors, cruelle, cesse donc de m'imposer l'exil, et, me prenant en pitié, daigne venir ce soir, en ce lieu, m'entendre t'exprimer tout l'excès de mon amour et me prodiguer tes douces consolations.

— Non, Gabriel, je ne puis y consentir.

— Angelette, ce soir, je t'attendrai sous ces arbres, et si je ne t'y rencontre pas, demain j'aurai sans doute cessé de vivre. Angelette, à ce soir, ou adieu pour toujours.

Cela dit, Gabriel prit vivement un baiser sur les lèvres de la jeune femme, puis il s'éloigna d'un pas rapide pour quitter le parc par le même chemin qu'il avait pris pour y entrer, et de là se rendre, par un sentier couvert, à une auberge sur le seuil de laquelle l'attendait et le reçut Boudinier.

— Eh bien, quelle nouvelle? s'empressa de demander l'ami, après avoir passé son bras sous celui de Gabriel.

— Je l'ai vue, mon cher, je lui ai parlé.

— Superbe! Parle, je t'écoute, fit Boudinier, à qui l'amant d'Angelette s'empressa de raconter mot à mot l'entretien qu'il venait d'avoir avec la jeune femme.

— En refusant de te revoir, la pauvrette remplissait à regret le devoir d'une honnête femme, et cela ne me surprend pas de sa part; en la menaçant de te laisser mourir, tu as rempli ton rôle d'amoureux dans toutes les règles; or tu peux, sans craindre de faire une course inutile, retourner ce soir au parc, où tu trouveras Angelette exacte au rendez-vous que tu lui as donné; car c'est en vain que le devoir, les scrupules parleront à son cœur; l'amour l'emportera sur eux.

— Oh! je n'aurai garde d'y manquer.

— Fort bien; mais comme tu ne peux passer ta vie à sauter les fossés, et que l'enfant refuse de s'envoler avec toi, il faut prendre un parti extrême...

— L'enlever malgré elle, n'est-ce pas ?... interrompit vivement Gabriel.

— Mieux que cela : devenir l'ami intime de son mari.

— Cela serait peine inutile, parce que Mme Desjardins, aussitôt qu'elle m'apercevrait dans la maison, s'empresserait de m'en faire chasser.

— C'est assez probable ; mais ce qui ne l'est, c'est que la dame vienne s'enterrer ici pour le seul plaisir d'entendre soupirer sa victime et de voir couler ses larmes ; commençons donc par nous introduire dans le ménage et attendons les événements. Or, comme le hasard nous amène dans ce pays, nous nous empressons de profiter de cette heureuse circonstance pour venir saluer M. et Mme Davenay et nous informer de l'état de leur précieuse santé... Trouves-tu cette introduction heureuse et facile ? termina Boudinier.

— Fort naturelle surtout, répondit Gabriel.

— Alors, commençons par déjeûner, puis ensuite nous irons, sans plus de retard, saluer les seigneurs du château.

— Quoi ! aujourd'hui ? fit Gabriel avec suprise.

— En affaire comme en plaisir, cher ami, il ne faut rien remettre au lendemain ; tel est le précepte du sage. Maintenant, à table, car, depuis quatre heures que je cours les champs et les bois afin de repaître mes oreilles et mon cœur du chant des pinsons, j'ai gagné un féroce appétit.

— Tu es comme moi, mon bon Boudinier, tu cherches tout ce qui peut te rappeler la femme que tu aimes.

— Hélas, oui ! Au moins tu sais où est Angelette ; tu peux la voir, lui parler, tandis que voilà deux mois passés que mon rival Desjardins et moi, cherchons ma Thérèse sans pouvoir la trouver. Qui sait si je reverrai jamais cette adorable fille ?

— Que tu auras perdue par ta faute, par ta très grande faute ; toi qui n'a jamais offert à cette belle et vertueuse fille que le triste avantage d'être ta maîtresse.

— Corbleu ! il fallait peut-être lui offrir celui d'être son mari ? fit Boudinier avec humeur.

— Pourquoi pas, si tu aimes Thérèse autant que tu le dis et que je le soupçonne ? Mon cher ami, s'il avait plu à Dieu de placer Angelette dans l'obscure condition où il a fait naître Thérèse, je ne l'en aurais aimée ni plus ni moins, et aujourd'hui elle serait ma femme.

— Certes qu'une fille sage et belle comme Thérèse vaut bien une princesse, à la fortune près ; et si j'ai reculé devant la pensée d'en faire ma légitime, il ne faut en accuser que la profonde antipathie que m'inspire l'état du mariage.

— Alors, cher original, avec des idées pareilles, laisse en repos les filles honnêtes et va frapper à la porte des Flora, des Paméla ou autres femmes de la même trempe.

— Assez de ces sangsues ! Ce que je veux désormais, est une maîtresse à moi tout seul, dont les goûts et caprices soient au diapason de ma fortune ; une fille comme Thérèse, enfin, dont je me ferais un plaisir, un devoir d'embellir l'existence et qui m'en récompensera par son amour, sa constance et ses soins.

— Dieu t'exauce ! fit Gabriel.

— Merci du bon souhait. Et maintenant que ce déjeûner que nous venons de prendre nous a donné force courage, vite en route pour le château.

— Quoi ! tu persistes ?

— Certes !

— Boudinier, je crains que cette démarche hardie n'indispose Angelette contre moi ; que ma présence inattendue ne lui soit funeste.

— Cher ami, tout cela est autant de détails devant lesquels nous ne pouvons nous arrêter. Si Angelette se fâche, l'amour nous raccommodera ; si elle se trouve indisposée, nous lui ferons respirer des sels.

Or, plus d'hésitation, et en avant, marche ! termina Boudinier en fourrant son bras sous celui de Gabriel, pour l'entraîner hors de l'auberge.

Quelques instants plus tard, un domestique entrait dans le salon où M. Davenay lisait son journal, étendu sur une chaise longue, et annonçait MM. Octave Boudinier et Gabriel Dupuis.

— M. Davenay daignera-t-il excuser les deux amis qui, appelés dans ce pays par l'acquisition d'un immeuble, ont pensé qu'il était du devoir, de la politesse, de venir lui présenter leurs salutations et de s'informer de l'état de sa santé ? dit Boudinier, suivi de Gabriel, en se présentant.

Messieurs, vous ne pouviez me procurer un plus grand plaisir que celui de votre présence et de votre amicale visite. Oui, c'est bien, très bien à vous, de vous être souvenu d'un pauvre malade et de venir le visiter dans sa solitude, répliqua Davenay du ton le plus affable, en se levant péniblement de son siège, pour présenter une main amicale aux deux visiteurs. Messieurs, reprit-il, m'apportez-vous de bonnes nouvelles de mon vieil ami et beau-père Desjardins, ainsi que de sa charmante femme ?

— Non, Monsieur ; car, forcés de quitter Paris subitement, mon ami et moi, nous n'avons pu aller prendre les ordres de vos amis, répondit Boudinier.

— Messieurs, comptez-vous rester longtemps à Royaumont ?

— Telle n'était pas notre intention, Monsieur ; mais la beauté du pays nous invite à nous y fixer quelques jours, d'autant mieux que le bon air qu'on y respire sera favorable au rétablissement de la santé de mon cher Gabriel, qu'une douloureuse maladie vient de retenir alité l'espace de deux mois.

— Recevez mes félicitations sur votre heureux rétablissement, Monsieur. Ah ! que ne puis-je, ainsi que vous, recouvrer un peu de cette bonne santé qui donne au cœur la joie et le courage ! soupira tristement Davenay.

— Espérez, Monsieur, fit enfin Gabriel.

— Merci, Monsieur ; mais il y a si longtemps que j'espère, que je commence à désespérer. Les médecins s'efforcent en vain de me guérir, de me cacher ce que mon état a de dangereux ; je les laisse dire et faire ; mais je sais que, mortellement frappé, il me faut prendre mon parti et me préparer au grand voyage de l'éternité.

— Pourquoi perdre ainsi courage, Monsieur ? Hippocrate est un dieu puissant, dit Gabriel, que les paroles empreintes de mélancolie et l'aspect maladif de Davenay émotionnaient.

— Savez-vous, cher Monsieur, qu'un pareil langage sorti de vos lèvres serait bien fait pour attrister votre jeune et charmante épouse ? fit Boudinier, qui brûlait d'impatience d'amener l'entretien sur le compte d'Angelette.

— Croyez-vous donc que la chère enfant n'a pas su deviner que l'homme auquel elle s'est sacrifiée généreusement ne lui empruntait sa liberté que pour un court espace de temps, ou, pour mieux dire, afin de légitimer aux yeux de collatéraux avides et hypocrites, le don de la fortune qu'il lui laissera en mourant. Telle a été la seule intention, Messieurs, qui m'a fait désirer un mariage, lequel a soulevé contre moi plus d'un blâme, plus d'un sarcasme de la part de beaucoup de gens qui ne voyaient en cette union d'un vieillard endolori, avec une jeune et belle fille, qu'un acte de démence inspiré par une passion ridicule. Mais je cause, et en véritable égoïste qui ne s'occupe que de lui, j'oublie, Messieurs, de m'informer si vous n'auriez pas besoin de vous rafraîchir, de déjeûner, par exemple !

— Mille remerciments, Monsieur, mais nous sortons de table il n'y a qu'un instant.

— Vous êtes, sans nul doute, descendus à l'auberge ?

— A celle du *Faucon d'or*, répondit Gabriel.

— Vous me permettrez, Messieurs, de ne pas souffrir que vous demeuriez plus longtemps dans cette auberge, et de vous offrir ici un appartement que je mets à votre disposition tout le temps qu'il vous plaira d'être mes hôtes.

— En vérité, Monsieur, tant de bonté nous confusionne ; mon ami ainsi que moi n'osons accepter cette offre hospitalière dans la crainte de devenir importuns, répondit Boudinier, en s'efforçant de dissimuler la joie que lui occasionnait l'invitation de Davenay.

— Acceptez, de grâce, et sans crainte, Messieurs ; le château est assez vaste pour que nous puissions y vivre tous ensemble sans nous gêner le moins du monde ; ensuite ce sera de votre part un acte de complaisance, je dirai même de galanterie que de consentir à tenir compagnie, et d'égayer, par votre présence et votre conversation, ma pauvre petite femme, qui ne l'avoue pas, mais doit s'ennuyer à mourir dans cette vaste solitude, où mon état de souffrance me prive du plaisir d'appeler mes amis.

— Pour mon compte, Monsieur, c'est avec autant de satisfaction que de joie que je me rends à votre bienveillante invitation... Et toi Gabriel ?

— J'aurais mauvaise grâce en ne t'imitant pas, mon cher Octave, à payer par un refus l'agréable hospitalité que nous offre Monsieur, fit Gabriel.

— Alors nous voilà devenus vos hôtes, Monsieur Davenay, et si, nous trouvant bien sous votre toit, nous y restons outre mesure, ne vous en prenez qu'à vous, et, sans hésiter, flanquez-nous à la porte lorsque vous aurez assez de nos personnes, reprit Boudinier gaiement.

— Vous courez grand risque, alors, Messieurs, d'achever ici la belle saison, et d'avoir ma femme et moi pour compagnons de route, lorsque vous retournerez à Paris, dit Davenay.

— En conscience, il serait difficile de rencontrer un mari plus complaisant, pensa Boudinier.

La porte du salon s'ouvrit pour donner entrée à Angelette qui, n'ayant pas été prévenue de la présence des deux jeunes gens, en les reconnaissant, s'arrêta immobile de crainte et de surprise.

— Venez, Angelette, m'aider à recevoir de notre mieux les deux amis assez bienveillants pour nous visiter et accepter notre demeure pour la leur tout le temps qu'ils voudront bien consacrer à l'amitié.

— Oui, Madame, vous voyez en nous deux voyageurs errants, auxquels un châtelain bienveillant daigne offrir l'hospitalité, faveur qu'ils seront heureux d'entendre confirmer par vos lèvres charmantes, fit Boudinier, afin de donner à la jeune femme le temps de se remettre de sa surprise.

— Puisque tel est le désir de mon mari, Messieurs, soyez les bienvenus, balbutia timidement Angelette.

— Ma chère Angelette, en votre qualité de maîtresse de céans, veuillez en faire les honneurs à nos hôtes d'abord, en les conduisant dans les appartements, afin qu'ils puissent choisir ceux qui leur conviendront le mieux, puis ensuite leur faire visiter le parc... Quant à moi, Messieurs, condamné à souffrir, à demeurer cloué sur ce siége, vous serez assez indulgent pour m'excuser et prendre en pitié le pauvre malade que sa jeune compagne s'efforcera de remplacer auprès de vous.

— Angelette, vous ne sauriez croire combien je me sens heureux en pensant que je vais habiter sous le même toit que vous, que je vais pouvoir vous admirer, vous parler et vous entendre à chaque instant du jour, disait un peu plus tard Gabriel à Angelette, tout en marchant à côté d'elle dans le parc ; petit entretien que favorisait Boudinier en marchant devant eux.

Chez moi, Monsieur, il n'en est pas de même, répondit froidement Angelette. Que venez-vous faire en cette demeure ? une lâche perfidie ; ainsi doit se qualifier la conduite de l'homme, du larron d'amour, qui s'introduit dans une maison dans l'intention d'y semer la séduction et le déshonneur ! Eh bien ! il n'en sera pas ainsi, Monsieur ; j'estime, je respecte en mon mari le meilleur des hommes, et je mourrai mille fois plutôt que de trahir sa confiance. Tel est le devoir que m'imposent l'honneur, la reconnaissance, mes titres d'épouse et de femme honnête. Gabriel, si vous m'aimez, ou si les sentiments que vous m'avez témoignés ce matin sont sincères, vous quitterez cette maison aujourd'hui même et retournerez à Paris.

— Vous quitter ! m'éloigner de vous, Angelette ! Mais, cruelle ! ce sacrifice que vous m'imposez est au-dessus de mes forces... Angelette ! au nom du ciel, ne me chassez pas de votre présence ! laissez-moi vous adorer et souffrir en silence ! Angelette ! accordez-moi cette grâce que j'implore au nom de notre amour, et je vous fais le serment que jamais une parole qui pourrait troubler la paix de votre cœur, rougir votre visage, ne s'échappera de mes lèvres, Angelette, je jure encore de n'être ni ingrat, ni perfide envers l'homme confiant et malheureux auquel j'ai pressé la main qu'il m'a tendue, de respecter sa femme comme je voudrais qu'on respectât la mienne Angelette, répondez : dois-je rester, ou me faut-il aller mourir loin de vous, sans laquelle je ne puis plus vivre désormais ! termina Gabriel, les yeux noyés de larmes, dont la vue, en déchirant le cœur de la jeune femme, jeta le trouble dans son âme et la fit s'apitoyer sur le sort de son amant.

— J'accepte votre serment, Gabriel. Restez, puisqu'il le faut, je vous le permets, et que Dieu nous donne le courage et la force, répondit la jeune femme en soupirant.

XVIII

Quinze jours après leur impatronisation au château, Boudinier, que tourmentait le souvenir de Thérèse, après avoir promis un retour très prochain à M. Davenay ainsi qu'à Angelette, qui ne le voyait pas partir sans en éprouver un grand serrement de cœur, tant elle redoutait la solitude avec Gabriel, Boudinier donc retournait à Paris, où il fit sa rentrée sur les deux heures de l'après-midi, pour se diriger aussitôt vers la demeure de Picquoiseau, où le concierge l'arrêta au moment où il posait le pied sur la première marche de l'escalier, pour lui apprendre que le peintre étant tombé dangereusement malade, on avait été forcé de le porter à l'hôpital, et que Monsieur le propriétaire, auquel il était dû trois termes, s'était empressé de profiter de la circonstance pour faire vendre les meubles de l'artiste.

Là-dessus, Boudinier s'informa du nom de l'hôpital dans lequel avait été transporté Picquoiseau ; mais soit que ce dernier l'ignorât ou ne voulût pas le lui dire, il répondit ne pas le savoir.

Ce fut alors rue Fontaine-au-Roi, où il comptait trouver Fifine, qu'il dirigea de nouveau ses pas.

— Ah ! c'est vous, mon bon Monsieur ? Eh bien ! avez-vous enfin retrouvée notre chère petite Thérèse ? lui demanda la vieille portière, la ci-devant sylphide de l'ex-sublime Opéra.

— Non, chère dame, pas encore, à mon grand regret. Et vous, n'auriez-vous rien découvert concernant le lieu où s'est retirée cette jeune fille ?

— Absolument rien, mon bon Monsieur, à mon grand regret, hélas ! moi qui aime tant Mlle Thérèse.

— Espérons que nous finirons par la découvrir un jour, chère dame ; et maintenant, dites-moi si Fifine est chez elle.

— Fifine la passementière, Dieu merci, a quitté la maison voilà huit jours.

— Comment ! elle aussi ?

— A mon grand contentement ; une mauvaise pratique qui ne pouvait venir à bout de payer un méchant loyer de cent vingt francs par an, et par-dessus ne rentrait que passé minuit, et cela sans jamais m'indemniser de la chandelle que je brûlais à l'attendre.

— C'était peu généreux, en effet. Mais au moins savez-vous où celle-là est allé percher ?

— Rue Cadet, 18, dans le grand quartier, répondit la portière, dans la main de laquelle Boudinier, en s'éloignant, plaça une nouvelle preuve de sa générosité.

Ce fut rue Cadet et au numéro indiqué que se fit conduire notre jeune homme, lequel ne désirait voir la passementière que pour savoir si elle n'aurait pas réussi à découvrir Thérèse.

— Mam'zelle Fifine Dandoulard, au troisième, la porte en face l'escalier, répondit le concierge de la rue Cadet.

Boudinier grimpe lestement l'escalier ; il sonne ; c'est Fifine en personne qui vient lui ouvrir la porte, Fifine, en coquet négligé, fort jolie habillée de la sorte, et qui pousse un cri de joie et de surprise en reconnaissant Boudinier, qu'elle s'empresse d'introduire dans son petit et coquet appartement, où elle le fait asseoir sur un tête-à-tête et se place à côté de lui.

— Ah çà, Fifine, que signifie et d'où provient cette

étrange métamorphose, ce luxe dont je vous vois entourée, cette charmante coquetterie qui vous rend plus charmante encore ? s'informa en souriant le jeune homme.

— Mon bon, rien de plus naturel ; fatiguée de tirer le diable par la queue avec ce pauvre Picquoiseau qui, sottement, vient de se laisser mourir dans un hôpital, je me suis empressée d'accepter la protection d'un Monsieur très comme il faut, et d'un âge mûr, dont j'ai fait la rencontre sur le boulevard, lequel m'a meublé ce petit appartement, où il vient chaque jour me roucouler son tendre langage ; et voilà !

— Comment, Fifine ! ce pauvre Picquoiseau est à peine mort que déjà vous l'avez remplacé dans votre cœur ? fit Boudinier, de l'expression du reproche.

— Remplacé dans mon cœur ? pas le moins du monde, car je conserve un très bon souvenir du bon et cher garçon ; mais comme le chagrin et les larmes enlaidissent et ne nourrissent pas, j'essaye de me consoler avec ce confortable dont j'étais privée depuis bien longtemps.

— Et comment se nomme votre soit-disant protecteur ?

— Il se fait appeler Achille tout court ; mais comme je me doutais que ce nom n'était que d'emprunt et que j'aime à connaître à fond les gens qui veulent bien être de mes amis, je me suis avisée de suivre un soir ledit Achille jusqu'à sa demeure, où j'ai su qu'il se nomme Desjardins, qu'il est marié et très riche.

— Chère, ce Desjardins est un de mes amis intimes.

— Vrai ? Dites donc, mon petit, n'allez pas le détourner de moi en lui racontant ma liaison avec Picquoiseau, moi qui me suis donnée à ses yeux pour une jeune innocente, qu'un riche séducteur, nommé Octave, a détournée de sa famille et abandonnée après l'avoir déshonorée.

— Comment, jolie drôlesse, c'est moi que vous avez chargé de cette iniquité ? fit en riant le jeune homme.

— Ma foi, mon bon, je cherchais un nom pour en orner ledit séducteur, et votre nom de baptême s'étant présenté à ma pensée, je m'en suis servi.

— Et, entendant prononcer ce nom, Desjardins n'a rien dit ?

— Rien ; ce qui prouve qu'il n'a pas reconnu en vous, ledit séducteur... Fifine, il faut m'aider à me venger de ce traître, en m'accordant un peu de ces caresses que vous lui prodiguez pour son argent, fit Boudinier en entourant la taille de Fifine pour lui prendre un baiser.

— Bien, voilà que vous faites une infidélité à Thérèse. Ah ! les hommes ! quel assemblage de perfidie !

— Fifine, je crois Thérèse entièrement perdue pour moi, que je ne la reverrai jamais, et comme à mon âge, je ne peux me résigner à faire vœu de chasteté...

— Vous vous décidez à chipper la maîtresse des autres ? interrompit la jeune fille en riant ; mais mon bon, vous retrouverez votre repriseuse un jour où l'autre ; et ce jour-là, comme je ne serais plus pour vous qu'un être gênant dont vous fuirez la présence et les reproches, permettez donc que refusant d'être votre maîtresse, je reste votre amie et celle de cette chère Thérèse que j'aime de tout mon cœur.

— Fifine, vous êtes une bonne fille, et je crois que je ferais bien de suivre votre conseil, ne pouvant sérieusement vous donner mon cœur. Demeurez donc fidèle à Desjardins dont la générosité ne vous fera pas défaut, et surtout exigez qu'il rompe avec une certaine Paméla qui le ruine, et oublie Thérèse dont il est tombé amoureux fou, en la rencontrant dans le wagon qui la ramenait de Dieppe à Paris.

— Comment, ce polisson se permet d'avoir à son âge plusieurs maîtresses, de jouer au sultan ; suffit, j'y mettrai bon ordre, dit Fifine.

Boudinier tarda peu à prendre congé de la jeune fille après lui avoir promis de revenir la voir et reçu d'elle l'assurance qu'elle le préviendrait aussitôt si un bonheur heureux lui faisait rencontrer Thérèse ou découvrir le lieu où elle se cachait.

En rentrant chez lui, après une absence de près de trois semaines, Boudinier s'empressa de s'informer auprès de son domestique s'il était venu beaucoup de visiteurs le demander.

— Quelques-uns, Monsieur; et entre autres l'ancienne femme de chambre de Mlle Laure qui venait les mains jointes pour vous supplier de vouloir bien lui rendre le pinson que vous a donné son ex-maîtresse; cet oiseau, m'a-t-elle dit, n'est pas à elle, il appartient à une jeune fille qui y tient beaucoup, laquelle forcée de faire un voyage à son pays, l'avait priée de le lui garder pendant son absence, répondit le valet.

— Le lui aurais-tu rendu, par hasard ? fit vivement Boudinier.

— Non, Monsieur, je n'aurais osé sans votre permission, aussi ai-je répondu à cette fille qu'elle n'avait qu'à revenir quand vous seriez de retour.

— Est-elle revenue ?

— Trois fois, et compte revenir une quatrième.

— Lorsqu'elle se présentera, introduis-la tout de suite; si j'étais absent, engage-la à m'attendre; il faut que je lui parle et sache le nom de la jeune fille à qui appartient ce pinson... A propos, en as-tu pris grand soin ?

— Très grand soin, Monsieur, et la preuve est que vous l'entendez chanter à la fenêtre où j'ai accroché sa cage.

— Apporte-le-moi.

Le domestique obéit et plaça la cage sur un guéridon.

— Pourquoi ne peux-tu parler, petit oiseau ? au moins, prenant pitié de moi, tu me dirais le nom de ta jeune maîtresse ; ah ! si elle pouvait s'appeler Thérèse, être celle dont je regrette la perte ! disait Boudinier assis devant l'oiseau qui, fort apprivoisé, battait des ailes en l'écoutant et se collait sur les barreaux de sa cage comme pour demander une caresse.

— Oui, tu es aimable, doux, caressant, c'est une femme jeune et jolie qui a dû t'apprivoiser ainsi, te donner toutes ces gentilles qualités ; oui, tu dois être l'oiseau chéri de ma chère Thérèse !... Fou que je suis de me mettre cette pensée en tête, de croire que cet imbécile qu'on appelle le hasard me serait assez favorable pour m'avoir envoyé en cet oiseau celui de Thérèse, comme si il n'y avait pas mille jeunes filles en ce monde qui possèdent un pinson... Ah ! Thérèse, Thérèse ! vous me faites perdre la tête ! Si jamais j'ai le bonheur de vous retrouver, je jure de ne plus vous quitter, de vous forcer de m'aimer, de m'appartenir ; et s'il le faut absolument, s'il n'y a d'autre moyen d'en arriver là et de vaincre votre farouche vertu, de vous épouser en dépit de la répugnance que le mariage m'inspire.

— Le lendemain du jour où Boudinier avait pris cette résolution, son domestique entrait le matin dans sa chambre pour lui annoncer que la jeune femme de chambre qui réclamait l'oiseau venait d'arriver et demandait à lui parler.

— Fais-la vite entrer, répondit Boudinier.

— C'est moi, Monsieur, Juliette, l'ancienne femme de chambre de Mlle Laure, fit la servante en se présentant souriante et leste.

— C'est vous, ma jolie fille qui venez réclamer l'oiseau que m'a donné votre ex-maîtresse ?

— Moi-même, Monsieur, parce que cet oiseau ne lui appartient pas, qu'elle n'avait pas le droit d'en disposer et que moi-même n'en étais que la dépositaire.

— Je sais cela, ma chère Juliette, mais si je vous rends ce pinson, qui à son tour me rendra les vingt francs que j'ai donnés en échange de sa possession ? demanda Boudinier en souriant.

— Moi, si vous l'exigez, Monsieur, plutôt que de faire de la peine à la personne à qui il appartient, car elle aime beaucoup ce petit animal qu'elle a élevé, qui est sa seule compagnie, l'égaye par son chant durant les longues heures qu'elle consacre au travail.

— Juliette, comment se nomme cette personne ?

— ... Désirée, Monsieur.

— Vous vous trompez, car c'est Thérèse qu'on l'appelle.

— Mais non, Monsieur, je vous assure, fit en rougissant la jeune chambrière.

— Allons Juliette, ne mentez pas ; avouez que c'est Thérèse et vous n'aurez point à vous repentir de m'avoir dit la vérité.

— Eh bien, Monsieur, c'est Mlle Thérèse qui en apprenant de ma bouche que la personne à qui Mlle Laure a donné son oiseau se nomme M. Boudinier, m'a fait promettre de ne pas vous dire son nom, et surtout de vous cacher sa demeure.

— La cruelle ! Juliette, vous allez me dire où est Thérèse, Thérèse que j'aime d'un amour brûlant, sans laquelle je ne puis plus vivre. Au nom du ciel, Juliette, parlez, instruisez-moi, et je vous paierai ce service de tout l'or que vous exigerez, s'écria Boudinier.

— J'ai pourtant bien promis à cette excellente fille d'être discrète, mais votre chagrin me touche et comme vous ne pouvez avoir que des intentions géreuses à l'égard de Thérèse, promettez-moi de me prendre pour sa femme de chambre quand vous l'aurez mise dans ses meubles, si toutefois elle y consent et je vais tout vous dire.

— Juliette, je vous jure que Thérèse n'aura pas d'autre chambrière que vous, et en attendant que vous entriez à son service acceptez toujours cette bourse, répondit Boudinier en présentant la sienne que Juliette joyeuse s'empressa de saisir.

— Alors, pour prix de votre générosité, sachez que Thérèse demeure rue de Chaillot, dans une maison située en face de l'église, où elle occupe deux petites chambres au fond d'un jardin, au deuxième étage, la porte à droite sur le carré.

— Merci Juliette ! merci ! mais est-il vrai qu'elle ait été faire un voyage ?

— Oui, à Senlis, afin d'y voir une vieille tante malade, seule parente qu'elle possède et auprès de laquelle Thérèse a passé quinze jours.

— Juliette, connaissez-vous Thérèse depuis longtemps ? s'informa Boudinier.

— Depuis deux ans; elle habitait la même maison que ma mère, ma mère qui est morte dans ses bras, à laquelle la charitable fille a prodigué les soins les plus grands durant une longue et douloureuse maladie ; car j'étais en Angleterre, alors où m'avaient emmenée les maîtres que je servais et Thérèse, aussi charitable qu'elle est bonne, avait pris ma place au chevet de ma mère mourante.

— Cela était beau et le fait d'un bon cœur, fit Boudinier.

— Oui, oui, aussi je garde à Thérèse une reconnaissance éternelle, et pourtant je viens de la trahir, en vous indiquant sa demeure en dépit de la défense qu'elle m'en a faite.

— Que cela ne vous chagrine pas, Juliette ; je me charge de vous excuser auprès de Thérèse, et d'ailleurs ne voyez-vous pas le doigt de Dieu dans le singulier hasard qui a voulu qu'en passant dans une rue j'entendisse le chant de ce pinson et que je reconnusse Laure dans la personne qui le possédait, et mieux encore que cet oiseau soit celui de Thérèse, en souvenir de qui je l'ai acheté afin de lui sauver la vie que voulait lui ôter Laure, afin de s'en débarrasser sans doute en livrant le pauvre volatile à l'appétit de quelque chat.

— La méchante femme! Oui, je commence à croire en effet que le ciel a créé Thérèse pour vous, vous la rendrez bien heureuse, n'est-ce pas?

— Comme une reine, ma chère Juliette. Quant à son oiseau, c'est moi qui vais le lui reporter, cela me donnera mon entrée chez elle et me vaudra sans doute un peu de reconnaissance de sa part.

— Faites comme vous l'entendrez, mais d'une façon que Thérèse ne m'en veuille pas trop...

— Comptez sur moi pour vous conserver l'amitié de cette chère et cruelle fille, répondit Boudinier en congédiant Juliette pour aussitôt après s'occuper de sa toilette afin de se rendre chez Thérèse.

Notre jeune homme s'habillait donc le plus vivement possible, lorsque son domestique vint lui annoncer la visite de M. Desjardins, visiteur importun surtout à ce moment, et que Boudinier voulait congédier sans le voir, lorsque ce dernier entra sans façon le sourire sur les lèvres.

— Bonjour, cher! voilà un siècle que nous ne nous sommes vus... Vous arrivez de voyage, je sais cela. Dites-moi si vous avez cherché la demeure de la petite Thérèse ainsi que nous en étions convenus ensemble? dit Desjardins après s'être jeté lourdement sur un fauteuil.

— Je n'ai rien découvert, mon excellent ami.

— Alors, cher, je suis plus adroit ou du moins plus heureux que vous, car je sais où la colombe s'est réfugiée.

— En vérité! fit Boudinier avec humeur et surprise.

— Comme je vous le dis, cher.

— Et où perche cette divine colombe?

— A Saint-Mandé, près Vincennes, ce que m'a assuré la vieille portière de la rue Fontaine-au-Roi qui m'a livré cette adresse en échange de deux napoléons.

— A Saint-Mandé, fit Boudinier en respirant, et vous allez vous empresser de courir y surprendre Thérèse ?

— Plus tard, lorsque je commencerai à me fatiguer d'une charmante créature dont j'ai fait la conquête et que j'ai mise dans ses meubles ; un adorable lutin qui m'adore.

— Franchement, vous êtes un fortuné mortel, fit Boudinier en riant.

— Mais oui, pas mal, dit Desjardins avec fatuité.

— Çà, laissons de côté les maîtresses et donnez-moi des nouvelles de Madame.

— De grâce, cher, ne me parlez pas de ma femme qui depuis quelque temps est d'une humeur massacrante, inabordable ; ce qui me contraint d'aller ailleurs chercher l'amour et le repos ; puis à votre tour, parlez-moi de votre ami Gabriel qui m'a-t-on dit a été très malade.

— Le cher ami se ressuscite de jour en jour, Dieu merci ! en ce moment il est en voyage.

— Comment diable s'avise-t-on d'être malade à son âge, fit Desjardins.

— Pourquoi diable vous êtes-vous rendu le principal auteur des souffrances qu'a endurées ce cher Gabriel en vous avisant de marier, sans l'en prévenir, votre charmante fille, dont il était amoureux fou et de laquelle il se disposait à vous demander la main.

— Gabriel aimait ma fille, dites-vous, cher, alors que ne s'est-il déclaré et ne me l'a-t-il demandée ?

— Il n'osait, n'étant pas assez connu de vous.

— Fâcheux ! très fâcheux ! car certes je la lui eusse accordée de préférence à ce pauvre Davenay qui, entre nous, fait un triste mari.

— Mais un bon et honnête homme que sa jeune femme estime et respecte en compensation de l'amour qu'il ne peut lui inspirer, vu son âge et ses infirmités. Convenez, mon cher Desjardins, que vous avez fait là un triste cadeau à votre belle Angelette.

— J'en conviens, mais c'est ma femme, qui d'abord repoussait Davenay, et a subitement changé d'avis en exigeant ce mariage.

— Or, comme ce que femme veut Dieu le veut, il vous a fallu céder.

— Hélas! oui, mon cher Boudinier, soupira Desjardins.

— Et forcer votre pauvre fille d'accepter pour mari un homme maladif, pour lequel une femme n'est qu'une garde-malade. Cela est une cruauté, savez-vous, Monsieur.

— Je comprends, mais je vous répète que c'est Victorine qui l'a voulu.

— Mme Desjardins, si elle eût été la mère d'Angelette, aurait certes reculé devant la pensée de sacrifier son enfant dont elle eût consulté le cœur et deviné le secret, grâce à cette perspicacité que donne l'amour maternel; enfin, s'il faut vous parler franchement, Monsieur, c'est vous qui avez fait le malheur de votre fille, celui de mon pauvre Gabriel, en séparant à jamais deux jeunes gens qui s'aiment avec ardeur, si bien faits l'un pour l'autre, et cela, par faiblesse, parce que vous vous êtes fait honteusement l'esclave des volontés et des caprices de votre femme; d'une femme que vous avez élevée jusqu'à vous, enrichie et qui, en récompense des bienfaits dont vous l'avez comblée, abuse de son ascendant sur votre personne, pour faire le malheur éternel de votre fille, quand elle vous avait sans nul doute fait la promesse d'aimer Angelette, et de remplacer auprès d'elle la véritable mère dont la mort l'a privée.

— Je conviens que je suis fautif, mais ces diablesses de femmes exercent tant d'empire sur nous, répondit Desjardins d'un air embarrassé.

— D'accord; mais il ne faut pas, en pareille circonstance, que la faiblesse dégénère en cruauté, et vous êtes d'autant plus coupable, mon cher ami, que la passion que vous inspire votre femme n'est pas telle, qu'elle ne laisse dans votre cœur beaucoup de place pour y loger vos nombreuses maîtresses, termina Boudinier en souriant.

— Cher, je ne vous en veux pas de m'avoir tenu le même langage que m'adresse journellement ma conscience ; mais, ce qui me console un peu et atténue ma faute, est la pensée que, si le mari que j'ai donné à ma fille n'est pas l'homme selon son cœur, qu'il la dédommagera de certaines privations en lui laissant un jour une fortune immense, dit Desjardins, en se levant, pour prendre congé de Boudinier, lequel le reconduisit jusqu'à la porte de son appartement, pour aussitôt revenir achever sa toilette, puis s'emparer de la cage, et se faire conduire en voiture à Chaillot.

— Ce doit être dans cette maison qu'elle demeure... Du courage, et allons-y hardiment.

Après s'être dit ainsi, Boudinier s'introduisit d'un pas ferme et vif dans l'allée de ladite maison, qui le conduisit à un petit jardin qu'il traversa, au bout de l'unique avenue duquel un escalier se présenta. Il monte deux étages et s'arrête devant la porte située à droite sur le carré.

— Ce doit être la sienne ; pourvu qu'elle soit chez elle... Écoutons... oui, j'entends remuer... C'est singulier comme mon cœur bat.

Au moment où il disait ainsi, il arriva que le pinson se mit à pousser un éclat de voix comme pour avertir sa maîtresse de son retour, signal auquel s'empressa de répondre Thérèse en accourant vivement ouvrir sa porte, Thérèse qui, en reconnaissant Boudinier, portant la cage et l'oiseau sous son bras, resta muette et pétrifiée.

— Oui, c'est moi, Mademoiselle, qui vous rapporte votre gentil compagnon... Oh ! n'ayez nulle frayeur, Mademoiselle, car lui et moi sommes trop joyeux, trop heureux de vous revoir pour vous faire entendre une seule parole ni commettre le moindre fait

qui pourrait nous mériter un reproche de votre part...
De grâce, Thérèse, veuillez mieux accueillir vos amis et leur adresser au moins un sourire qui les encourage, dit Boudinier, qu'affligeait la froideur que lui témoignait la jeune fille, laquelle se décida enfin à rompre le silence.

— Je vous remercie beaucoup, Monsieur, de la peine que vous vous êtes donnée en me rapportant mon oiseau... Veuillez entrer et vous reposer un instant, car la course est fort longue de chez vous ici.

— Merci de votre extrême obligeance, Mademoiselle, et daignez me pardonner de vous avoir fait autant attendre le retour de votre petit favori, dont un heureux hasard m'a fait le dépositaire, reprit Boudinier avec douceur, tout en s'asseyant sur la chaise que venait de lui approcher Thérèse.

— Oui, je sais, Monsieur, comment il est tombé en vos mains, et que vous avez payé fort cher sa possession, dit Thérèse.

— Je l'eusse payé de tout ce que je possède, plutôt que de laisser plus longtemps dans les mains d'une inhumaine ce cher petit oiseau, qu'un pressentiment me disait être le vôtre, dont le doux ramage vous rappelait à ma pensée.

— Vous avez de bons mouvements, Monsieur, qui parlent en votre faveur, et il est vraiment fâcheux que certains méfaits auxquels vous êtes sujet en atténuent le mérite.

— Hélas ! Mademoiselle, n'accusez que l'isolement, des méfaits qu'il vous plaît de me reprocher ; j'ai désiré, j'ai voulu me convertir, et pour cela m'attacher un Mentor dont il m'eût été doux d'écouter et de suivre les sages conseils ; mais ce protecteur m'a repoussé inhumainement, ne m'ayant jugé que très superficiellement, n'ayant pas même daigné prendre la peine d'étudier mon cœur ; il m'a cru indigne de son amitié, de son estime, et m'a privé du bonheur de le voir et de l'entendre. Et pourtant, le ciel m'est témoin que je n'étais animé que de bonnes intentions à son égard.

— C'eût été mal, bien mal de sa part, s'il en eût été véritablement ainsi de la vôtre, mais comme les faits et les paroles ont trahi l'homme, le Mentor le jugeant incorrigible a dû renoncer à la conversion et disparaître, afin de se soustraire à des poursuites incessantes ainsi qu'aux piéges dans lesquels on essayait de faire succomber sa vertu. Enfin, Monsieur, pour me servir d'un langage plus personnel, je vous avouerai avec franchise que, quoique très reconnaissante de la peine que vous avez prise de me conserver et de me rendre mon petit compagnon, je me sens peinée en pensant qu'une personne en laquelle j'avais placée ma confiance, a été assez indiscrète pour la trahir en vous indiquant ma demeure.

— Quoi ! Therèse, vous en voulez à Juliette ? Mais vous êtes donc implacable, sans pitié, pour vous obstiner à me fuir sans cesse ? Mon Dieu ! mais je vous semble donc bien indigne, bien dangereux ? Enfin, quelle opinion avez-vous de moi ? Et lorsque votre vertu est ce que j'admire le plus en vous, qu'elle ne fait que d'augmenter, de purifier de plus en plus l'amour que je vous porte, me croyez-vous donc capable de vouloir briser par des actes coupables l'idole que mon cœur adore ? de ternir cette chasteté qui vous fait à mes yeux plus qu'une femme, mais un ange du ciel ! s'écria Boudinier avec feu.

— Voilà de bien douces paroles, Monsieur, qui ne s'accordent guère avec celles que vous m'adressâtes jadis, lorsque vous me fîtes le suprême honneur de m'offrir le titre de votre maîtresse. Allons, dites ! Que venez-vous faire ici ? me courtiser de nouveau, essayer d'égarer ma raison, de tromper mon cœur et d vous en rendre maître, en lui prodiguant ces douce flatteries, ces serments trompeurs que certaines femmes aiment tant à entendre. Tel est le but auquel vous courez, mais que vous n'atteindrez pas, je vous le jure ! Et cependant Monsieur, mes lèvres inspirées par mon cœur, dans un moment d'épanchement, vous ont avoué que vous ne m'étiez pas tout à fait indifférent ; mais c'est justement parce qu'en fille sensée je dois me méfier de ce sentiment, qu'il me faut redoubler de prudence afin de mieux surveiller mon cœur et de lui imposer silence.

— Thérèse ! vous m'aimez ! que Dieu soit loué ! Thérèse, accordez-moi votre confiance, laissez-moi vous convaincre que mon amour est sincère ; et le jour où vous me direz : Je vous crois ; je vous aime ! ce jour-là, Thérèse, je vous répondrai : Thérèse, soyez ma femme !

— Votre femme ! fit avec joie la jeune fille. A la bonne heure ! voilà donc enfin une parole honnête, que je peux entendre sans colère, sans avoir à en rougir. Alors, et pour vous récompenser de ce bon et honnête sentiment, je vous réponds : Espérez, car je crois que je tarderai peu à vous aimer.

— Ah ! Thérèse, vous remplissez mon âme de bonheur et d'ivresse ! s'écria Boudinier en s'emparant d'une main qu'on ne lui retira pas cette fois, et qu'il couvrit de baisers.

— Thérèse, reprit-il, à vous ma vie, ma fidélité éternelle, ma fortune !

— Chut ! ce dernier mot est de trop. Monsieur. Que m'importe que vous soyez riche ? moi qui ne vous accepterais pas moins pour mon seigneur et maître, ne fussiez-vous qu'un simple et honnête ouvrier. Vous allez me rendre riche, faire de moi une belle dame, voilà qui est convenu ; et moi je vous rendrai, en revanche, du bonheur à ma manière, en vous aimant, en accomplissant tous les devoirs d'une honnête femme, en m'efforçant d'être toujours la Thérèse que vous aimez aujourd'hui. Vous voyez bien, Monsieur, que moi aussi je vous apporte ma petite fortune, acheva la jeune fille en souriant.

— Thérèse, vous êtes adorable! et lorsque vous serez ma femme, ce qui j'espère ne peut tarder, je n'aurai plus qu'un vœu à former, celui de savoir mon cher Gabriel, mon ami, mon frère, aussi heureux que moi.

— Qu'a donc ce pauvre Monsieur, pour être autant malheureux? interrogea Thérèse.

— Hélas! il aimait sans espoir, car celle qui devait faire son bonheur, celle à qui il avait voué sa vie et qu'il voulait pour femme, Angelette, enfin! vertueuse, douce et belle créature, que le ciel a formée, en vous prenant pour modèle, chère Thérèse, appartient aujourd'hui à un autre, auquel une marâtre, une belle-mère, l'a contrainte de s'unir.

— Quel dommage! fit Thérèse avec tristesse, Thérèse, à qui Boudinier s'empressa de raconter les amours et les malheurs de Gabriel et d'Angelette.

XIX

A partir de ce jour heureux, où Boudinier avait prononcé le mot mariage à Thérèse, où cette jeune fille, au cœur aimant et loyal, avait laissé échapper de ses lèvres le doux aveu que le jeune homme ne lui était pas indifférent, Boudinier jouissait de ses grandes entrées chez la sage et jolie fille qui, pleine de confiance en l'homme qui lui donnait chaque jour de nouvelles preuves d'amour et d'attachement, lui avait permis de lui offrir son bras pour faire chaque soir une promenade aux Champs-Élysées. Thérèse n'avait point été sans faire promettre à son prétendu que jamais il ne remettrait les pieds chez Paméla, pas plus que chez Fifine, dont Boudinier lui avait appris le changement de condition ainsi que la mort du pauvre Picquoiseau, et Boudinier s'était empressé de promettre et même de jurer à Thérèse, de par l'amour qu'il avait pour elle, qu'il renonçait éternellement à toutes ces femmes, à leurs pompes et à leurs œuvres. La récompense de ce serment n'avait rien moins été que la faveur d'un précieux baiser que lui avait rendu Thérèse après en avoir reçu deux de son amoureux.

Le mariage des deux amants étant pour ainsi dire chose convenue et arrêtée, Boudinier qui voyait avec regret Thérèse se livrer à un travail incessant, lui avait proposé de l'aider de sa bourse, afin de lui procurer la possibilité de se reposer en attendant leur mariage, que, d'un commun accord, ils avaient fixé à deux mois ; mais la fière jeune fille, quoique cette proposition lui eût été faite dans les termes les plus délicats, s'était empressée de la repousser, en répondant que, de la part d'un mari, elle recevrait tout sans scrupule, mais que, de celle d'un amant, elle ne pouvait ni ne devait rien accepter.

Les choses étant à ce point, Boudinier, qui ne pouvait laisser passer un jour sans voir sa chère Thérèse, entreprenait donc matin et soir le voyage de Paris à Chaillot, lorsqu'il arriva qu'un jour, Thérèse, qui se trouvait avoir de l'ouvrage à reporter en ville, avertit Boudinier qu'elle s'absenterait dans la soirée, et que, ne sachant combien de temps elle serait forcée de rester chez les personnes chez qui elle se rendait, elle le dispensait de venir ce soir-là, en ajoutant, le sourire sur les lèvres, de ne point abuser des instants de liberté qu'elle lui accordait, et surtout d'être bien sage et de penser beaucoup à elle comme elle penserait à lui. Boudinier avait tout promis et juré, quoiqu'en faisant la moue, tant une soirée passée loin de sa bien-aimée lui semblait chose douloureuse.

— Eh bien ! j'irai au théâtre, à l'Opéra ; autant dormir là que chez moi ; quand on dort le temps passe si vite ! avait dit le jeune homme.

Ce fut en l'intention de remplir ce vœu, que, ce soir-là, après avoir dîné seul au *Café Anglais*, il se dirigeait vers l'Opéra, où se donnait une représentation dite extraordinaire ; aussi la foule, attirée par la paillasse de l'affiche, qui promet toujours plus que ne tient l'administration de ce froid et monotone spectacle, était-elle accourue et encombrait-elle les bureaux que Boudinier s'efforçait vainement d'aborder. Notre jeune homme, fatigué de lutter sans succès en l'espoir d'atteindre le guichet, s'était décidé d'envoyer au diable l'Opéra, ses chanteurs et ses sauteurs. Il avait donc quitté la queue et pris le chemin du boulevard dans l'intention d'aller se réfugier au gentil théâtre des Variétés, celle enfin de rire au lieu que de bâiller et de dormir, lorsqu'en longeant la galerie de l'Opéra il se trouva face à face avec Desjardins, tenant Fifine sous son bras, Fifine, richement et coquettement parée, de plus, jolie à damner un saint.

— Ah ! c'est vous, cher ? fit le mari en rougissant et assez vexé de la rencontre.

— Moi-même, mon bon, qui, ne pouvant venir à bout d'attraper un billet d'Opéra, s'en retourne gaiement tenter une meilleure chance aux Variétés, répondit Boudinier, après avoir salué Fifine comme on salue une personne étrangère.

— Mais, mon cher Achille, puisque nous avons une loge de quatre et que nous ne sommes que deux, il me semble que nous pouvons offrir une place à Monsieur ? dit la jeune fille.

— Rien ne s'y oppose, ma mie, si ce cher Boudinier consent à être des nôtres, car tu vois en Monsieur un de mes amis et mon intime confident, en présence duquel, ma colombe, nous n'avons nul besoin de dissimuler notre tendre position dit Desjardins.

— Eh bien ! acceptez-vous la proposition Monsieur Dubordier ?

— C'est Boudinier que je me nomme, Mademoiselle.

— Boudinier, soit ! Allons, répondez : voulez-vous être des nôtres ? reprit Fifine.

— Très volontiers, si vous ne jugez pas ma présence importune.

— Importune ! Pas le moins du monde. N'est-ce pas mon gros chat ?

— Pas le moins du monde, répondit Desjardins.

— D'autant mieux que Monsieur a dû deviner tout de suite que vous êtes mon amant adoré et que je suis votre tendre et fidèle maîtresse.

— Mademoiselle, je ne me serais pas permis d'interroger votre position auprès de ce cher Desjardins, qui est le meilleur des hommes et le plus tendre des amants ; mais puisqu'il vous a plu de m'initier dans votre doux mystère, veuillez recevoir mes sincères félicitations sur l'excellent choix que vous avez fait l'un et l'autre.

Ainsi disaient nos trois personnages en se rendant au théâtre, où ils furent occuper une loge d'avant-scène du rez-de-chaussée.

Ce fut entre le premier acte et le second que Desjardins, laissant Fifine dans la loge, s'empressa d'emmener Boudinier dans le couloir et de lui tenir ce langage :

— Cher, cette petite est la maîtresse dont je vous ai parlé dernièrement, celle qui m'adore. Comment la trouvez-vous ?

— Fort jolie !

— Ravissante ! n'est-ce pas ?... J'en suis fou, cher ; au point que, si elle l'exigeait je me ruinerais pour elle... Dites donc, ne parlez devant elle ni de ma femme ni de ma fille, surtout.

— Il n'y a pas de danger... A propos, comment se portent ces dames ?

— Très bien ! Seulement Victorine a toujours ses humeurs noires, ce qui fait que je décampe le matin de chez moi pour n'y plus rentrer que le soir. Je passe mes journées entières auprès de ma Fifine, qui me dorlotte, me soigne, me caresse, m'idolâtre.

— Cela ne me surprend pas, mon cher Desjardins ; vous êtes un homme très bien, fort aimable et d'infiniment d'esprit, trois qualités bien faites pour captiver le cœur d'une femme.

— Aussi est-ce là ce qui me donne un aplomb d'enfer auprès d'elles, répliqua Desjardins en se rengorgeant dans sa cravate comme un dindon qui avale une noix. Sachez encore, cher, que non-seulement ma Fifine est une créature fort jolie, mais qu'elle réunit en plus l'esprit à la beauté, et je veux vous en faire juge en vous priant de vouloir bien partager le petit souper-régence qu'elle donne ce soir. Oh ! vous verrez comme elle est gaie et sémillante.

— Comment, mon bon, il s'agit d'un souper-régence entre vous et votre maîtresse, et vous consentez à en détruire tout le charme et le mystère en y admettant un tiers ? observa en riant Boudinier.

— Eh ! mon cher, ne puis-je faire le sacrifice d'une soirée de tête-à-tête en faveur de l'amitié, lorsqu'il me reste des journées entières à consacrer à l'amour ?

— N'importe ! cela est généreux de votre part, et si j'accepte votre invitation, ce n'est qu'à la condition que, si ma présence vous devient importune, vous me flanquerez à la porte.

— Je n'aurai garde, sambleu ! d'autant mieux que vous serez témoin oculaire des caresses et de l'amour que me prodigue cette belle, et que cela sera pour vous la preuve qu'il n'y a pas que les adolescents de votre espèce qui savent se faire adorer des femmes.

— Mon bon ! je suis loin de penser cela, vu que le cœur ne vieillit jamais, et que l'amabilité chez un homme, est à tout âge un puissant auxiliaire auprès des femmes, répondit Boudinier d'un air sérieux.

— Je suis tout à fait de votre avis, cher, et j'en suis la preuve vivante... Ah çà ! avant de rentrer dans la loge, dites-moi confidence pour confidence, si la maîtresse que vous avez en ce moment est aussi bien que la mienne.

— Cher, aussi belle et autant aimante. Dix-huit ans, brune, des yeux comme une porte cochère, et une bouche ! oh ! mais une bouche ! enfin, une perfection de laquelle je suis amoureux fou, répliqua Boudinier.

— Allons, allons ! je vois que nous sommes d'heureux coquins, fit Desjardins.

Nos deux personnages rentrèrent dans la loge où Fifine les gronda fort de l'avoir laissée seule aussi longtemps... Fifine, près de laquelle se plaça Boudinier, sur l'invitation de Desjardins qui, peu soucieux d'être aperçu des connaissances s'il s'en trouvait dans la salle, se plaça dans le fond de la loge, de façon que, tant que dura le spectacle, le vieux Céladon ne put s'apercevoir des infidélités que lui fit sa tourterelle, en tenant continuellement son genou collé contre celui de Boudinier, dont souvent elle pressait la main en cachette.

— Va ton train, ma poulette, continue tes agaceries en pure perte, car celui qui aime et est aimé d'une fille comme Thérèse, n'a certes pas envie de la tromper en ta faveur... Celui qui possède un ange n'a garde de l'échanger contre un démon.

Ainsi pensait Boudinier en demeurant froid aux avances de Fifine.

Trouvant le spectacle d'une longueur assommante et ennuyeux comme toujours, nos trois amis s'en échappèrent avant la fin, pour se rendre chez Fifine, dans la chambre à coucher de laquelle ils trouvèrent la table dressée et couverte de mets froids, de flacons et de fleurs.

— Un couvert de plus et mettons-nous à table, s'écria Desjardins.

Des vins de Romanée-Conti, du Clos-Vougeot pour ordinaire, lesquels commencèrent à monter passablement les têtes de nos soupeurs, puis, au dessert, le Champagne à flots, qui acheva de faire déménager entièrement la raison.

— A tes amours avec cette gracieuse nymphe, mon cher Achille ! s'écriait Boudinier en balbutiant et en toquant son verre contre celui de Desjardins.

— A la santé de ta maîtresse ! répondit ce dernier.

— Oui, à la santé, à l'amour de ma belle Thérèse, de celle qui sera bientôt ma femme, reprit maladroitement Boudinier, dont la discrétion s'était évaporée avec la raison, et duquel les dernières paroles furent recueillies avec surprise par Fifine, étendue voluptueusement sur un divan qu'on avait approché de la table.

— Thérèse ! Mais j'ai connu ça dans un wagon... C'est ça même ; une fillette qui jadis m'a glissée des mains... Ah ! tu l'as retrouvée, et elle est ta maîtresse? Alors, à la santé de Thérèse, mon Boudinier d'amour ! fit Desjardins.

— Retrouvée où ? s'informa Fifine !

— Sambleu ! à Chaillot... où nous... nous sommes juré un a... un amour éternel.

— Et tu veux te marier avec... cette... cette jolie fille ? demanda Desjardins.

— C'est ma... ma volonté... et... je l'ai promis à Thérèse... Thérèse, beauté fa... farouche que... que je respecte et que... que j'aime.

— Fichtre ! voilà une gaillarde aussi heureuse qu'elle est fine mouche ; ce qui s'appelle mener adroitement sa barque observa Fifine.

— Fifine, respect à... à Thérèse, balbutia Boudinier.

— Yes, mon bichon ; respect à celle qui est assez adroite pour faire son mari d'un amant qui possède vingt-cinq mille livres de rente.

— Fifine, pas de cancans, et buvons ! fit le jeune homme;
— Hé ! là-bas, mon vieux ! voilà que tu pionses. Prends garde de couler sous la table, mon très cher et vénérable amant, se mit à crier Fifine, en voyant Desjardins s'endormir ; lequel, absorbé par le vin, laissa ces paroles sans réponse ; ce que voyant la jeune fille, fit qu'elle se leva en riant de dessus le divan pour venir s'asseoir sur les genoux de Boudinier, et passer le bras autour de son cou en lui disant d'un air câlin :
— Et moi, me trouves-tu jolie ?
— A... adorable, répondit Boudinier en collant ses lèvres sur celles de Fifine.
— Alors, aime-moi aussi, moi qui t'aime.
— Pourquoi pas ?... A moi tes char... mes, tes... caresses, belle colombe.

Ici, tirons le voile, et disons que la quatrième heure du matin, en tintant à la pendule, éveilla Desjardins qui, entièrement dégrisé et en ouvrant les yeux, sentit la surprise et la colère s'emparer de son être en apercevant Boudinier et Fifine endormis dans les bras l'un de l'autre. La jeune fille, qu'avait éveillé le holà poussé par Desjardins, avait ouvert à moitié la paupière, assez pour deviner le danger qui la menaçait ; ce fut alors que, feignant de ne pas apercevoir Desjardins qui, planté au milieu de la chambre et les deux bras croisés, la contemplait d'un regard furieux tout en cherchant dans sa tête comment il pourrait se venger de son infidèle ; ce fut, alors disons-nous que l'adroite femelle s'empressa de pousser un cri d'indignation en voyant Boudinier rouler sur le parquet.

— Comment, Monsieur, vous vous êtes permis de venir vous étendre à mes côtés ? Mais c'est infâme !... Moi qui, en vous pressant dans mes bras, croyais tenir mon Achille bien-aimé ! fit la jeune fille d'un ton de colère.

— Saperlotte ! je rêvais que je tombais dans un

puits... Où suis-je donc ici ? disait Boudinier tout en se frottant les yeux et sans apercevoir Desjardins qui, pour mieux observer, était aller se cacher derrière un rideau d'alcôve.

— Vous êtes chez moi, Monsieur ; chez la tendre et fidèle maîtresse de votre ami Achille. Mais, répondez : Qui vous a autorisé à me manquer de respect au point de partager ce siège avec moi, et d'abuser ainsi de mon sommeil pour vous permettre une pareille licence ?

— Hélas ! pardonnez à l'ivresse, ma belle demoiselle, qui, seule, a causé ma faute... Mon Dieu ! est-ce que par hasard je me serais permis des choses... disait Boudinier qui, au langage de Fifine, avait deviné la présence de Desjardins.

— Non, Monsieur, fort heureusement ; il n'eût plus manqué que cela.

— Alors, Mademoiselle, puisque l'honneur est sauf, daignez me pardonner et m'apprendre ce qu'est devenu notre cher Desjardins ?

— Coucou ! Ah ! le voilà ! fit Desjardins en apparaissant, le visage souriant.

— Comment, mon amour, vous étiez là ? Oh ciel ! auriez-vous donc vu et entendu ? s'écria Fifine en jouant la frayeur.

— Tout vu, tout entendu, et cela, à ma grande satisfaction, puisque ce qui vient de se passer et de se dire entre vous m'est une preuve de ta fidélité, mon adorée, et que ce cher, en se couchant à tes côtés, n'avait nullement l'intention de te manquer de respect, et qu'il ne faut accuser que l'ivresse de sa témérité.

— Bien parlé ! s'écria Boudinier.

— Mon bichon chéri et idolâtré, afin d'éviter de pareilles incongruités je vous défends de griser vos amis chez moi, dit Fifine d'un petit ton câlin.

— Soit ! excepté ce cher Boudinier, qui a toute ma confiance.

— Lui, volontiers ; mais jamais d'autres, mon cher petit Bibi.

— Merci de la préférence, mes amis. Mais voici le jour qui pointe, or, je vous laisse en doux tête-à-tête pour me rendre chez moi, dit Boudinier.

— Ou plutôt à Chaillot, chez Mlle Thérèse, fit en souriant Fifine avec ironie.

— Quoi ! vous savez ? s'écria Boudinier surpris et contrarié.

— *In vino veritas !* mon cher, fit Desjardins en riant.

— Ah ça ! ce que vous avez dit cette nuit, serait-il vrai ? demanda Fifine.

— Que vous ai-je dit, chère belle ?

— Que vous allez vous marier avec cette demoiselle Thérèse.

— Décidément, j'ai le vin aussi bavard qu'indiscret, et dorénavant je m'en méfierai, répondit le jeune homme.

— Se marier à votre âge ! En voilà une boulette, dit Fifine en levant les épaules, pour ajouter : Ça, Messieurs, j'ai une migraine affreuse ; faites-moi le plaisir de me laisser dormir, et ce soir je serai tout à vous.

Desjardins et Boudinier, afin de se rendre à cette invitation, prirent leurs chapeaux, et après les adieux d'usage, ils gagnèrent la rue, où ils se séparèrent ayant chacun un chemin différent à prendre pour regagner leur domicile respectif.

— S'il y a le sens commun de m'être ainsi oublié avec cette Fifine. Ah ! si jamais Thérèse avait soupçon d'une pareille chose, je serais un homme perdu, se disait Boudinier, mécontent de lui, tout en marchant dans la rue.

— Thérèse, rue de Chaillot... voilà qui est bon à savoir. J'irai faire une visite à cette belle enfant et la soufflerai à ce cher Boudinier, pensait Desjardins de son côté.

— Je ne veux pas qu'il épouse cette bégueule de

Thérèse ; d'ailleurs, maintenant qu'il est mon amant, j'ai des droits sur lui et ne prétends pas qu'il me plante là pour une autre ; une sotte grisette, par qui il s'est laissé ensorceler, poursuit Fifine, restée seule, Fifine qui, en voyant la pendule indiquer la sixième heure du matin, se fit habiller par sa femme de chambre, puis, en simple et coquet négligé du matin, quitta son domicile pour monter en voiture et se faire conduire à Chaillot, où, après s'être renseignée de porte en porte, elle trouva celle de Thérèse, chez qui elle se présenta.

Thérèse, quoiqu'il fût encore de bon matin, était depuis longtemps à l'ouvrage. La surprise de l'active ouvrière fut grande en reconnaissant Fifine en la visiteuse matinale.

— Vous, Fifine ? A quel hasard suis-je redevable de votre visite et qui vous a indiqué ma demeure ? fit Thérèse, assez contrariée, mais tout en avançant une chaise à Fifine.

— Ma petite, je viens vous rendre un immense service.

— A moi ? fit Thérèse avec étonnement.

— Oui, à vous-même.

— Expliquez-vous, de grâce.

— Chère amie, je viens vous dire que Boudinier, qui vous a promis le mariage afin de mieux vous attraper, est un trompeur.

— Je ne vous crois pas, Mademoiselle, fit Thérèse avec dignité et en pâlissant.

— Alors, me croirez-vous, quand je vous aurai dit qu'il est mon amant et que nous avons couché ensemble la nuit dernière ?

— Mon Dieu ! mais c'est impossible !... Vous mentez ! vous mentez !!! s'écria Thérèse, tremblante et avec énergie.

— Pauvre fille ! pauvre incrédule, qui refuse de croire à la perfidie des hommes. Pauvre fille, qui s'imagine qu'un homme du monde, un raffiné d'amour, qui possède une grande fortune, consentira à épouser une simple ouvrière ; qui ne s'aperçoit pas qu'elle est la dupe d'un roué qui la plantera là une fois qu'il aura obtenu d'elle tout ce qu'il désiré.

— Mais ce que vous me dites est horrible, Mademoiselle !... M. Boudinier vouloir me tromper, être votre amant ? imposture ! imposture, vous dis-je !

— Je vous répète et j'affirme, chère fille, qu'hier, au sortir de l'Opéra, où nous avons passé la soirée ensemble, dans une loge particulière, Boudinier est venu faire bombance chez moi, et qu'il n'en est sorti que ce matin à six heures ; et, s'il vous faut des preuves de ce que j'avance, voilà son portefeuille qu'il a oublié chez moi, de plus, sa montre qui est restée accrochée à ma cheminée.

En disant, Fifine présentait les deux objets aux yeux de Thérèse, confondue.

— Il suffit ! je vous crois. Maintenant, laissez-moi, Mademoiselle ; retournez auprès de M. Boudinier sans nulle inquiétude, car je vous promets de ne jamais le revoir, répondit Thérèse d'une voix que saccadait l'émotion et les yeux noyés dans les larmes.

— Je suis désolée de vous faire de la peine, chère petite ; mais vous comprenez bien que, lorsqu'on est la maîtresse d'un jeune homme riche et généreux, on n'est pas bien aise de savoir qu'il en conte à une autre ; ensuite, c'est un véritable service d'amie que je vous rends en vous prévenant, car tôt ou tard Boudinier vous eût attrappée.

Comme Fifine disait ainsi, un bruit de pas se fit entendre sur le carré, puis on frappa à la porte.

— C'est peut-être lui, ma chère, qui vient vous enjôler de nouveau, et je ne serais pas fâchée du tout de le surprendre en délit d'infidélité, de le confondre même à vos yeux... Je vais me cacher derrière les rideaux de votre alcôve, et je paraîtrai quand il en sera temps.

Et, sans attendre de réponse, Fifine courut se cacher dans l'alcôve, puis, Thérèse qui se soutenait à peine, après avoir essuyé ses yeux, s'en fut ouvrir la porte à Desjardins, qui profita de la surprise de la jeune fille pour s'introduire vivement dans sa chambre.

— Que venez vous faire chez moi, Monsieur? que me voulez-vous? Je ne vous connais pas; sortez! s'écria Thérèse d'un ton impérieux, et en indiquant du doigt, à Desjardins, la porte qu'elle avait laissée ouverte.

— Ce que je viens faire, ma toute belle? Parbleu! t'entretenir de mon amour; t'offrir mon cœur et ma fortune en récompense de tes caresses, dont je suis friand en diable!

— Sortez, vous dis-je, Monsieur, sortez?

— Pas avant que tu ne m'aies donné un peu d'espérance et un baiser, répliqua Desjardins, qui se disposait à prendre ce qu'il demandait, quand une main vigoureuse lui appliqua un soufflet.

— Ah! perfide! scélérat! c'est ainsi que vous venez trouver les filles chez elles pour leur conter fleurette! s'écriait Fifine, rouge et tremblante de colère.

— Quoi! c'est vous, ma chère amie? Comment diable ça se fait-il que vous soyez ici! disait Desjardins, confondu, tout en se frottant la joue.

— Je vous l'apprendrai plus tard, libertin, trompeur... Allons! filez devant moi, et lestement encore! reprit Fifine en poussant Desjardins hors la chambre, pour disparaître avec lui.

Thérèse, restée seule, tomba sur une chaise, se cacha la figure dans les deux mains et fondit en larmes.

— Fuyons! ne le revoyons jamais, cet infâme! Oh! mon Dieu! moi qui le croyais sincère, moi, qui l'aimais!... me préférer une Fifine! une fille perdue, déshonorée! Oui, partons! qu'il ne me retrouve plus ici, le trompeur, le méchant, qui s'est joué de ma faiblesse, de ma crédulité!... Mais, avant de partir, je veux lui écrire, lui reprocher son indignité.

Thérèse fut se placer à sa table, prit une plume et se mit à tracer ces lignes en dépit des larmes qui l'aveuglaient.

« Monsieur, Mademoiselle Fifine, votre maîtresse,
« celle avec laquelle vous avez passé la nuit dernière,
« sort à l'instant de chez moi. Elle m'a tout dit, elle
« m'a révélé votre infâme conduite, éclairée sur votre
« odieuse hypocrisie. Vous comprendrez, Monsieur,
« que dorénavant, il ne peut exister entre vous et moi
« aucune liaison amicale. Cette lettre est pour vous
« adresser un éternel adieu, et vous conseiller, ce qui
« sera facile à un homme de votre caractère, de m'ou-
« blier comme je vais m'efforcer de chasser votre sou-
« venir de mon cœur et de ma pensée. Évitez-vous la
« peine de venir chez moi en l'intention de vous jus-
« tifier, car vous ne m'y rencontreriez pas. Je pars à
« l'instant même et quitte Paris pour longtemps, si ce
« n'est pour toujours. Adieu, Monsieur, soyez heu-
« reux ; tel est le vœu que forme en s'éloignant de
« vous.

« Thérèse Bernard. »

Une heure s'était à peine écoulée après que Thérèse eut terminée sa lettre, que la pauvre fille, le cœur déchiré, les larmes aux yeux, abandonnait la chambrette où elle avait rêvé le bonheur, et, suivie d'un commissionnaire chargé de ses bagages, de la cage qui renfermait son oiseau, se dirigeait pédestrement vers le chemin de fer de Senlis, pays qu'habitait une vieille tante, son unique parente chez laquelle elle allait porter sa douleur et verser ses larmes.

— Monsieur ! Monsieur ! où allez-vous ?
— Parbleu ! vous le savez bien ; chez Mlle Thérèse, répondait Boudinier au concierge qui l'arrêtait au passage.

— Mlle Thérèse n'est pas chez elle; il y a deux heures qu'elle est partie en voyage, après avoir donné congé de sa chambre et vendu ses meubles au tapissier du coin.

— Thérèse, partie! Allons, vous plaisantez, mon brave homme. Une personne comme Mlle Thérèse ne se sauve pas sans avoir prévenu ses amis, surtout celui qui, ainsi que moi, doit devenir son mari.

— Vous appelez-vous Boudinier?

— Oui, c'est mon nom.

— Alors voici une lettre qu'en partant Mlle Thérèse a laissée pour vous

— Une lettre! Donnez! fit le jeune homme en s'emparant vivement de la missive pour en briser le cachet, prendre connaissance de son contenu, puis pousser un cri de surprise et de colère, pour s'échapper ensuite et courir chez Fifine, qu'il ne trouva pas au logis, mais dont la servante lui annonça que Mademoiselle serait absente la *journée tout entière*.

XX

— Oui, Gabriel, je l'exige; partez, retournez à Paris; c'est au nom de mon repos, de ma conscience, que j'implore de vous cette séparation. Gabriel, ne me refusez pas, ne persistez plus à vouloir demeurer ici davantage; renoncez au coupable projet et à la réalisation duquel vous travaillez sans relâche depuis le jour où, confiant en votre honneur, en votre amitié, M. Davenay, mon mari, vous a offert de partager notre champêtre solitude. Oui, partez ; au nom du ciel ! éloignez-vous.

Ainsi disait Angelette à Gabriel, un matin qu'ils étaient assis l'un à côté de l'autre dans une avenue du parc.

— Cruelle ! lorsque vous savez combien je vous adore, que vous êtes ma vie, mon bonheur ; lorsque votre cœur partage les brûlants sentiments qui remplissent le mien tout entier, pouvez-vous m'ordonner de me séparer de vous ! m'imposer un exil que je redoute plus que la mort ! Ah ! chère Angelette ! ce sacrifice est au-dessus de mes forces ! Hélas ! pourquoi tant de rigueur ? que vous fait ma présence, lorsque, toujours docile à vos volontés, je respecte en vous la plus sainte des femmes ?

— Est-ce donc respecter une femme, reprit Angelette, que de travailler sans relâche, ainsi que vous le faites, à lui faire oublier ses devoirs d'épouse et la foi conjugale ? Gabriel, j'ai peur. Ce combat perpétuel entre le devoir et la séduction épuise mes forces. J'ai peur, vous dis-je, peur de faiblir, de devenir une femme méprisable, infâme ! Partez ! partez, je l'exige !

— Combien votre erreur est profonde, en interprétant ainsi mes intentions ! Moi, vouloir faire de vous une femme méprisable, une odieuse adultère ! Jamais ! jamais !... Angelette, votre beauté m'a séduit d'abord et attiré vers vous ; mais ce qui m'a fait vous adorer. ce sont les honnêtes et précieuses qualités de votre âme. Chassez donc loin de vous toute pensée coupable de ma part ; cessez de me comparer à ces hommes sans honneur ni respect qui, sous un masque amical, s'introduisent dans les familles, dans le but coupable d'y jeter le déshonneur et la honte, en séduisant une épouse ou une fille, et cela, tout en souriant, en pressant la main de l'époux ou du père de qui leur intention est de détruire le repos et la félicité. Non, mon Angelette ! je ne suis pas de ces gens-là. Je serais entré dans cette maison, où je vous aurais vu pour la première fois, que je n'aurais pu faire autrement que de vous trouver belle, de rendre hommage à vos rares et précieuses qualités, et cela en tout honneur. Mais il n'en a pas été ainsi, Angelette ; nous nous aimions d'une commune ardeur lorsque vous étiez fille, libre de disposer de votre cœur ; j'allais, de votre consentement, demander votre main à vos parents, lorsque votre belle-mère qui, de la bouche de Boudinier, avait appris mes intentions, que nous nous aimions et désirions être l'un à l'autre, s'empressa de vous enlever à mon amour et de vous unir à M. Davenay. Pourquoi Mme Desjardins fut-elle ainsi cruelle envers nous? Je dois le taire...

— Je le sais, moi, fit Angelette vivement. Cette femme nous a séparés, elle a brisé notre bonheur parce qu'elle vous aimait, mon ami, et que notre amour contrariait ses coupables desseins.

— Hélas ! telle est l'affreuse vérité, soupira Gabriel, pour ajouter aussitôt : Angelette, votre perte, la nouvelle de votre mariage que s'empressa de me révéler votre inhumaine belle-mère, faillit me donner la mort, vous le savez ! et, lorsque à peine soulagé de la douloureuse maladie qui, un mois entier, avait fait trembler mes amis sur mon sort, qu'ayant découvert votre retraite, je me suis empressé d'accourir près de vous, le cœur rempli de douleur et de colère, et décidé à vous arracher des bras de votre mari, comme étant le bien qu'on m'avait volé pour l'enrichir. Mais le ciel n'a pas voulu qu'il en fut ainsi, car, en cet homme dont je venais ravir la femme, le trésor, j'ai rencontré l'assemblage de toutes les vertus ; sa bonté, sa confiance ont désarmé mon courroux, ramené ma raison à de plus justes sentiments, et je me suis vu forcé de l'estimer, de respecter son honneur ; mais, hélas ! sans cesser d'adorer sa charmante épouse, et n'ayant plus qu'un désir dans le cœur, celui de l'adorer, de le lui répéter chaque jour, de souffrir sans me plaindre. Angelette, c'est en récompense de tant d'abnégation, de sacrifice et de respect, que vous exigez que je parte et ne vous revoie jamais. Cruelle! avez-vous bien le courage de persévérer à me rendre le plus infortuné des hommes, en m'envoyant mourir loin de vous d'amour, de tristesse et de chagrin?

— Ne mourez pas, Gabriel; imitez mon courage en accomplissant le devoir que nous imposent l'honneur et la prudence. Réfléchissez, mon ami, qu'en vous permettant de rester, en écoutant chaque jour les douces paroles que vous inspire l'amitié que vous avez pour moi, c'est trahir mon mari, c'est presque de l'adultère, et ma conscience m'ordonne de rentrer entièrement dans le devoir, en renonçant à vous entendre, à vous voir. Gabriel, je veux qu'aujourd'hui même vous quittiez ce château pour retourner à Paris reprendre vos habitudes ; je l'exige au nom de l'honneur, de la tendresse ; et si un jour le hasard nous réunit dans le monde, accueillons-nous en frère et sœur, la tête haute, le cœur fier et satisfait d'avoir chacun rempli noblement notre devoir, prononça Angelette avec fermeté.

Gabriel ne répondit à ces paroles que par un douloureux soupir et en se cachant le visage dans les deux mains, à travers lesquelles les larmes qu'il versait tardèrent peu à se faire un passage. Angelette, à l'aspect du désespoir auquel se livrait son bien-aimé, se disposait à lui faire entendre ses consolations, lorsqu'un léger bruissement de feuilles dans la charmille à laquelle ils étaient adossés, en attirant son attention, la fit frémir de la tête aux pieds.

— On nous écoutait ! s'écria en pâlissant la jeune femme.

Gabriel s'empressa de se lever, d'écarter les branches et n'aperçut rien.

— Calmez cette vaine terreur, Angelette, il n'y a personne. C'est sans doute quelque animal, un oiseau, peut-être, qui aura occasionné ce bruit, dit le jeune homme.

— Rentrons, Gabriel, car mon mari doit être levé ; peut-être m'a-t-il déjà demandée, et mon absence prolongée pourrait lui paraître étrange... Gabriel, souvenez-vous qu'aujourd'hui même vous retournez à Paris. Empressez-vous donc d'en prévenir M. Davenay et de donner ensuite des ordres pour votre départ.

— J'obéirai, Angelette, puisque telle est votre immuable volonté ; puisse ma soumission être une preuve de l'amour et de la constance que je vous jure pour la vie, répondit tristement Gabriel.

— Et moi, mon ami, je vous jure de même de ne jamais aimer autre que vous, de vous consacrer ma foi et de garder éternellement votre souvenir au fond de mon cœur.

C'est ainsi qu'ils causaient, tout en regagnant le château, où, à leur grande surprise et contre son habitude, ils trouvèrent M. Davenay dans le salon, lisant son journal, lequel les accueillit en souriant.

— Quoi, déjà descendu, mon ami ? voilà qui me réjouit fort, comme étant une preuve que vous souffrez moins, dit Angelette, en s'approchant de son mari, qui l'attira pour lui donner un baiser sur le front.

— Mais oui, je me sens beaucoup mieux aujourd'hui ; mon mal me câline, mais c'est un perfide dans lequel j'ai peu, très peu de confiance, et qui, s'il me ménage en ce moment, me fera rudement payer l'instant de répit qu'il m'accorde.

— Allons ! pourquoi ces noirs pressentiments, Monsieur, et ne jamais espérer, quand les amis qui vous aiment et vous voient chaque jour se plaisent à contempler chez vous les symptômes d'une prochaine guérison ?

— Vous essayez de me flatter en parlant contre votre pensée, mon cher Gabriel.

— Pas le moins du monde, mon ami, fit Angelette, car, la preuve qu'il y a beaucoup de mieux dans votre position, est que M. Gabriel, qui vous porte un grand intérêt, ne redoutant plus pour vous de douloureuses rechutes, se décide à retourner à Paris, et vient vous faire part qu'il nous quitte aujourd'hui.

— Malgré toute la privation que va nous causer son absence, je ne puis blâmer sa résolution ; un jeune homme de son âge, et dans sa position, ne peut renoncer éternellement au monde, à la société qui le réclame, et à laquelle il se doit, répondit Davenay, de la part de qui Angelette et Gabriel espéraient moins d'abnégation, et qui, en secret, eussent peut-être préféré que le mari opposât quelques raisons amicales pour empêcher cette séparation.

— Croyez, Monsieur, qu'en me séparant de vous, j'emporte un doux souvenir de toute la bienveillance dont vous m'avez honoré, et que le respect et la reconnaissance que vous m'avez inspirés ne s'effaceront jamais de mon cœur, fit Gabriel d'une voix émue, les yeux presque humides de larmes, en pressant la main que Davenay lui tendait.

— Je vous estime et vous crois, mon jeune ami. Surtout n'oubliez pas, en rentrant à Paris, de gronder bien fort votre ami Octave qui, après nous avoir demandé la permission d'aller passer un jour ou deux à Paris, nous a entièrement oubliés et abandonnés.

— De grâce, Monsieur, n'en voulez pas à ce cher Boudinier, que l'intérêt que lui inspire une jeune et charmante fille a dû retenir loin de vous, de qui il conservera un amical souvenir, mais sur lequel l'emporte une vive passion, répliqua Gabriel.

— Mon Dieu ! quoi de plus naturel ? Ah ça, chère amie, veuillez donner vous-même des ordres pour que ma berline soit attelée et mise à la disposition de notre cher voyageur, qu'elle conduira à Paris.

— Vous êtes cent fois trop bon, Monsieur. Pourquoi déranger vos gens et fatiguer vos chevaux, lorsque j'ai, à deux pas d'ici, un chemin de fer à ma disposition ?

— Mon ami, mes gens et mes chevaux n'ayant rien à faire, les uns s'ennuyant à l'office, les autres à l'écurie, ne seront nullement fâchés d'entreprendre ce petit voyage d'agrément, répondit en souriant le mari d'Angelette.

— J'accepte donc, Monsieur, et vous remercie d'avance, fit Gabriel avec résignation, lui qui espérait se réfugier secrètement quelques jours dans les environs du château, afin de pouvoir entrevoir de loin, lors des promenades qu'elle faisait seule dans le parc, la cruelle dont la sévérité le chassait loin d'elle.

La deuxième heure après midi sonnait donc à l'horloge du château, lorsque la berline attelée de deux vigoureux chevaux emportait Gabriel sur la route de Paris, après qu'il eût pris congé de ces hôtes, et vu les larmes d'Angelette s'échapper de ses yeux.

Le sacrifice est accompli ; il est parti ; il fuit loin d'elle, et, à cette pensée, Angelette enfermée dans sa chambre à coucher, s'abandonnait au plus profond désespoir.

— Qu'avez-vous, ma chère amie ? vous me paraissez ce soir d'une pâleur et d'une tristesse mortelle ? Seriez-vous indisposée ? s'informait Davenay, au dîner, en voyant Angelette demeurer silencieuse et refuser la nourriture.

— Non, je ne suis pas malade, mais bien triste, mon ami, répondit la jeune femme d'une voix douce.

— Triste ! De ce que notre jeune compagnon nous a quittés peut-être ? reprit le mari.

— Son absence n'est pas sans laisser un vide dans ce château, mais je ne pense pas que ce soit à cela qu'il faille attribuer la tristesse dont je viens de vous faire le sincère aveu. Ce qui est peu généreux de ma part, mon ami, car, auprès de vous qui êtes si bon, je ne devrais ressentir que le bonheur et la joie.

— Tu dis que je suis bon, chère enfant, et pourtant toi plus que toute autre, devrait me refuser cette qualité de l'âme.

— Pourquoi donc cela, Monsieur ? fit Angelette avec surprise.

— Tu le demandes ! Toi si douce et si belle, dont mille jeunes gens devraient ambitionner le cœur, la possession, la tâche si jolie de rendre ta vie heureuse et joyeuse, ne t'ai-je pas condamnée à une pénitence éternelle en associant ta jeune existence à celle d'un vieillard morose et mortellement malade, auquel les souffrances qu'il endure sans relâche, ont donné l'égoïste conseil de t'éloigner du monde, pour t'enchaîner dans cette campagne et y être l'éternel témoin de son martyre, entendre ses plaintes perpétuelles frapper ton oreille. Et tu appelles cela de la bonté, pauvre ange ! quand mon cœur qui te plaint, me dit sans cesse que ce n'est qu'une affreuse barbarie ?

— Pourquoi dire ainsi, mon ami, lorsque nulle plainte ne s'est encore échappée de mes lèvres pour vous adresser un reproche ?

— En effet, tu te tais ; tu as toute la résignation d'un ange, mon amie, et tu n'en es que cent fois plus méritante, car tu souffres.

— Ah ! ne dites pas cela ! fit vivement Angelette.

— Tu souffres, te dis-je ; mais prends patience, Angelette ; espères ! car le jour de ta délivrance est prochain, et pour que tu ne conserves après ma mort nul mauvais souvenir de moi, souviens-toi alors, Angelette, de ce que je vais te dire. Ton père, homme prodigue et généreux, avait déjà dissipé une grande partie de sa fortune, lorsqu'il lui prit la singulière fantaisie de te donner une belle-mère en la personne de la demoiselle de compagnie de feue ton excellente et sainte mère. En associant son sort à une femme jeune, coquette et impérieuse, que l'intérêt avait seul décidé à accepter ton père pour époux, Desjardins n'a fait que d'activer sa ruine, dont il ressentirait les cruelles conséquences depuis longtemps, si moi, possesseur d'une grande fortune, cent fois trop suffisante pour mes goûts modestes, je n'avais consenti à lui servir volontairement, par pure amitié, une rente de cinquante mille francs par an.

— Quelle générosité ! interrompit Angelette, surprise et attendrie.

— Condamné à mourir avant ton père, il m'eût été facile de lui laisser toute ma fortune ; mais c'eût été la livrer à sa prodigalité, à celle de sa femme, qui, abusant de l'ascendant qu'elle a sur son mari, l'aurait contraint de lui en assurer l'entière possession, et, partant de là, tu étais entièrement ruinée, Angelette, et placée sous la dépendance d'une femme qui conseillée par le peu d'intérêt et d'amitié qu'elle te porte a exigé de ton père qu'il te tînt éloignée du toit paternel, en te confiant à la garde de ta tante Ravenet. Ce fut donc après avoir mûrement pesé toutes ces chances, que la pensée m'est venue de te faire l'héritière de tout mon bien, en t'épousant en te reconnaissant un apport s'élevant à la totalité de ma fortune, et, par ce moyen, de faire de toi, un jour, une femme riche, heureuse, et libre d'apporter avec ses bonnes qualités et ses charmes, à l'homme qu'elle aimera et choisira, la richesse que lui aura laissée son vieux barbon d'époux.

— Mon Dieu ! que vous êtes bon, mon ami ! Ah ! vivez, vivez longtemps, toujours ! tel est le vœu le plus sincère que forme mon cœur, s'écria Angelette attendrie, en portant à ses lèvres la main froide et décharnée de son mari.

— Ne formons pas de souhait impossible, chère petite femme ; vivre toujours serait par trop fatigant et si le bon Dieu, dans sa miséricorde, daigne me laisser sur terre une année encore, sans trop souffrir, par exemple, eh bien ! je serai satisfait et m'en irai sans me plaindre...

— Ni sans regretter votre femme, peut-être ? dit Angelette du ton du reproche.

— En te regrettant et en te bénissant, chère âme... Sais-tu, Angelette, ajouta Davenay en souriant, sais-tu que tu seras alors une bien jolie et riche veuve, dont tout ce qu'il y a de jeunes, d'aimables et de galants, en fait de cavaliers en France, se disputera la possession ?

— Ah ! ne plaisantez pas ainsi, mon ami, interrompit Angelette avec tristesse.

— Chère, les paroles ne tuent pas les vivants ; or, laisse-moi t'adresser une bonne recommandation, celle de bien choisir ton second mari ; et mon avis est que tu ne pourrais mieux faire, qu'en acceptant pour me remplacer, s'il était encore garçon, ce bon jeune homme qui vient de nous quitter.

— M. Gabriel ! exclama vivement Angelette en rougissant.

— Oui, Gabriel, reprit en souriant le mari.

— S'il voulait de moi, en tout cas, reprit Angelette en essayant de sourire, afin de donner à ces paroles un air d'enjouement.

— Il en voudra, ou alors il serait diablement difficile, répliqua Davenay.

L'entretien du mari et la femme fut interrompu à ce moment par le roulement d'une voiture qui entrait dans la grande cour du château.

— Qui nous arrive ? interrogea Davenay.

— M. et Mme Desjardins, vint annoncer au même instant un domestique.

— Qu'ils soient les bienvenus, répondit Davenay, en fixant Angelette qui pâlissait.

— Ma chère enfant, il ne faut pas t'émotionner de la sorte, et que ce que je viens de te révéler t'empêche de faire bon accueil à ta belle mère, dit le mari en prenant la main de sa jeune femme.

Angelette s'empressa donc de se rendre au-devant de ses parents pour recevoir un baiser de son père, et le sourire forcé que lui adressait Victorine.

— Enfin, vous voilà donc l'un et l'autre. En vérité, je croyais que vous nous aviez oubliés, en ne vous voyant plus revenir, dit Davenay d'un ton amical.

— Cher, tu nous excuseras en apprenant que des affaires de la plus haute importance ont captivé tous mes instants depuis que nous ne nous sommes vus ; ensuite, que ma femme a été quelque peu malade du spleen d'abord, qui l'a rendue on ne peut plus maussade.

— Comment, Madame, vous avez été indisposée et ne nous l'avez pas fait savoir ? dit Davenay.

— A quoi bon affliger ses amis ? Mais vous Monsieur, comment va votre santé ? dit Victorine d'un ton léger.

— Dame ! je fais tous mes efforts pour me ressusciter, sans pouvoir y parvenir.

— Je crois, mon cher gendre, que vous avez un tort celui de vivre loin de Paris et des grands médecins, des princes de la science, comme on les appelle.

— Grands médecins, grands charlatans, dont presque toujours le soi-disant talent consiste dans l'équipage qui les traîne chez leurs malades, dit en souriant Davenay à Desjardins.

— Ensuite, reprit ce dernier, vous devez vous ennuyer à mourir, en vivant ainsi, seul, dans ce château ; et l'ennui, dit-on, est un poison.

— Seul ici, non pas ; d'abord, j'y suis avec ma bonne Angelette, qui est, je vous assure, pour moi, une fort aimable compagnie ; ensuite il y a des amis qui viennent nous distraire de temps à autre, et si vous étiez venus ce matin, vous en eussiez eu la certitude en vous rencontrant avec l'aimable jeune homme qui, durant plusieurs jours, nous a tenu fidèle compagnie, M. Gabriel Dupuis, acheva Davenay en fixant un regard scrutateur sur Victorine, laquelle n'eut pas plutôt entendu prononcer le nom du jeune homme, qu'elle fit un bond sur sa chaise en rougissant et pâlissant tour à tour.

— Comment ! ce jeune homme était ici, chez vous ? fit-elle d'une voix étranglée et en fixant sur Angelette un regard où perçait la colère et la haine, regard qui remplit la jeune femme de crainte et d'effroi.

— Il y était, et ce n'est pas sans éprouver un grand déplaisir que je l'ai vu nous quitter pour retourner à Paris, reprit Davenay.

— C'est donc cela qu'on n'apercevait plus ce cher Gabriel nulle part, observa Desjardins.

Victorine ne dit plus rien, elle réfléchissait ; mais lorsque l'heure du coucher fut venue, et qu'Angelette, retirée dans sa chambre, se disposait à se mettre au lit, elle entendit, non sans crainte ni surprise, frapper doucement à sa porte, et la voix de sa belle-mère qui l'engageait d'ouvrir, invitation à laquelle se rendit la jeune femme, dont les premières paroles furent de s'informer si Victorine n'était pas malade.

— Non ; mais je désire causer un instant avec vous, Angelette... Asseyons-nous.

Angelette se rendit à cette invitation.

— Angelette, avouez-moi avec franchise ce qu'est venu faire ici M. Gabriel Dupuis.

— J'ignore, Madame, dans quel but vous m'adressez cette question, mais j'y répondrai en vous disant que MM. Gabriel et Boudinier, que le hasard avait amenés dans ce pays, et sachant que mon mari et moi l'habitions, ont pensé qu'il était du devoir de la politesse de venir nous faire une visite.

— Qui les a engagés à prendre domicile dans ce château ?

— Mon mari, Madame, qui, en apprenant que ces jeunes gens étaient descendus dans une auberge, s'est empressé de leur offrir sa maison pour demeure, tout le temps qu'il leur plairait d'habiter le pays, où M. Gabriel était venu se fixer par raison de santé.

— Votre devoir, Angelette, était de vous opposer à cette hospitalité, fit vivement Victorine.

— Pourquoi donc. Madame ?

— Vous le savez aussi bien que moi !

— En vérité, non, Madame.

— Ah !... Eh bien, parce que vous ne pouviez ignorer que M. Gabriel n'était venu à Royaumont que pour se rapprocher de vous et chercher à séduire, à faire sa maîtresse de celle dont il n'a pu faire sa femme.

— Je ne puis comprendre, Madame le motif qui vous fait interpréter d'une manière aussi défavorable la démarche et les intentions de M. Gabriel, qui, tout le temps qu'il a passé auprès de nous, ne s'est pas écarté un seul instant du respect qu'il devait à l'épouse de M. Davenay, de l'homme qui, en lui serrant la main, lui avait dit : Soyez le bienvenu sous mon toit.

— Ainsi, vous prétendez me faire accroire que ce jeune homme ne vous a pas fait la cour, qu'il n'a pas essayé d'abuser des droits que vous lui donnâtes sur votre cœur, étant fille ?

— Non, Madame. Maintenant, permettez-moi de vous demander à quoi tend cet interrogatoire, je dirai plus, l'inquisition que vous m'infligez en ce moment ?

— Angelette, je remplace la mère que vous avez perdue ; à ce titre, je dois être jalouse de votre honneur, de votre réputation, comme je dois l'être du mien propre ; c'est donc en l'intérêt de votre repos, et pour être à même de vous donner les conseils utiles, pour vous garantir de la séduction que j'ai désiré que vous m'ouvriez votre âme tout entière. Angelette, c'est une amie et non un censeur qui vous interroge en faveur de votre bonheur, de votre tranquillité, de votre avenir ; Angelette, soyez franche, et avouez-moi que ce jeune homme a tout essayé en l'espoir de vous séduire.

— Encore une fois, Madame, il n'en est rien ; et quand bien même cet homme, oubliant qui je suis, les devoirs de l'amitié et de l'hospitalité, se fût permis une seule parole capable de porter atteinte à mon honneur de femme mariée, je lui eusse jeté le mépris à la face, ainsi que doit le faire celle qui se respecte et a horreur de l'adultère. Maintenant, Madame, laissons de côté ce chapitre aussi blessant qu'il est inconvenant, et soyez assez bienveillante pour daigner me donner des nouvelles de ma respectable et excellente tante, dont je suis séparée depuis mon mariage.

— Mariage forcé, ajoutez donc ma chère, fit Victorine en souriant avec ironie.

— En effet, Madame, bien forcé, qui m'a été imposé inhumainement par une femme implacable, une marâtre !

— Angelette, vous m'insultez, prenez garde ! dit Victorine du ton de la colère et de la menace.

— Laissez-moi donc achever, Madame... Oui, c'est à regret et l'âme au désespoir que je me suis vue contrainte de fléchir sous votre verge de fer, forcée d'unir ma destinée à celle d'un homme qui était étranger à mon cœur ; mais tout a changé depuis, Madame ; car ce mari que vous m'avez imposé, je l'aime aujourd'hui, je le respecte, et donnerais ma vie pour prolonger la sienne ; et ce que j'affirme ici, je prends Dieu à témoin que c'est l'exacte vérité... Vous devez bien comprendre maintenant, Madame, qu'avec de pareils sentiments dans le cœur, une femme comme moi peut braver la séduction et la calomnie, fit Angelette avec fermeté.

— Fort bien, recevez alors mes sincères compliments sur votre amour et votre fidélité conjugale, ma chère enfant, reprit en souriant Victorine.

— Qui fait son devoir, Madame, agit d'après l'inspiration de Dieu et ne mérite pas d'être complimenté.

— Angelette, vous me gardez rancune de votre mariage, je le vois, et cependant ma chère enfant, je n'ai agi en cette circonstance que dans votre intérêt, afin de vous assurer la possession de la fortune considérable qui doit vous écheoir un jour ; laquelle, réunie à celle que vous laissera votre père, fera de vous, une fois veuve, la plus riche des femmes.

— Êtes-vous donc, Madame, de ces gens qui ne font consister le bonheur que dans la fortune? demanda Angelette.

— J'en suis quelque peu, et je l'avoue à ma grande honte, ma chère enfant... Aussi, c'est pour retourner à Paris que vous a quitté M. Dupuis?

— Je le pense, Madame, quoique nous ne lui ayons pas demandé quelles étaient ses intentions en nous quittant, ni le lieu où il se rendait, répondit Angelette en quittant le siége sur lequel elle était assise.

— Bonsoir, mon enfant, je vous laisse reposer et vais essayer d'en faire autant. A demain, ma mignonne.

Cela dit, Victorine attira la belle tête de la jeune femme pour la baiser au front, caresse dont Angelette appréciait la valeur, qu'elle reçut avec une extrême froideur sans daigner y répondre.

— Femme indigne, ce n'est pas assez pour toi de tromper mon pauvre père, de le rendre malheureux, il faut encore que tu tortures sa fille, même après avoir brisé ses plus chères espérances. Ah! puisse le ciel te pardonner un jour! soupira Angelette après avoir reconduit sa belle-mère jusqu'à la porte de la chambre.

— Va, tu as beau renier, dissimuler ta faiblesse, l'abriter sous un beau semblant de sagesse, de vertu et d'indifférence, je saurai découvrir la vérité, et te contraindre de renoncer à celui dont je veux à moi seule l'amour et la possession, disait Victorine tout en regagnant l'appartement où son mari l'attendait.

XXI

Le lendemain, le temps était superbe, la douce fraîcheur qui régnait dans l'air atténuait l'ardeur des rayons du soleil ; aussi Davenay avait-il profité de cette salutaire température pour faire un tour dans le parc en compagnie de Desjardins et d'Angelette.

Victorine, qui désirait rester seule au château, avait prétexté un malaise, qui lui commandait le repos et le silence, et pourtant, à travers la vitre d'une fenêtre s'était-elle empressée de guetter les trois promeneurs et de suivre d'un œil attentif les pas qui les éloignaient du château. Lorsque Victorine les eût enfin perdus de vue, ce fut alors qu'elle s'empressa de quitter la chambre où elle s'était mise en observation, et de se diriger vers celle d'Angelette où elle pénétra comme un larron qui craint d'être surpris, où elle s'enferma à double tour.

— Tout semble me dire qu'ici, je dois trouver quelque preuve de sa faiblesse... Cherchons ! se disait-elle, tout en ouvrant les tiroirs des meubles, les riches coffrets incrustés d'or et d'argent qui ornaient la pièce... Des bijoux, des parures, de saintes images se présentent à ses regards, sous sa main, mais ce n'est pas cela qu'ambitionne Victorine, ce sont des lettres, des lettres accusatrices dont la découverte et la possession puisse placer Angelette sous sa dépendance, la forcer de courber sa volonté sous la sienne ; elle cherche encore, et dans le fond d'un petit tiroir elle aperçoit une lettre dont elle s'empare, qu'elle ouvre pour lire au bas le nom de Gabriel et s'apercevoir que la date ne remontait qu'à quelques jours.

Que contenait cette lettre ? Sachons-le :

« Chère et bien-aimée Angelette, âme de ma vie,
« idole de ma pensée, pourquoi hier, après que tes
« lèvres divines m'eussent avoué que tu m'aimes en-
« core, me défends-tu aujourd'hui de t'entretenir de
« mon amour ? Pourquoi hier, maudissais-tu l'odieux
« hymen qui nous a séparés, empêchés d'être l'un à
« l'autre, et aujourd'hui t'armes-tu de ton titre
« d'épouse, du respect que tu dois à ton mari pour
« m'ordonner de m'éloigner et de ne plus te revoir.
« Angelette, tu m'aimes, ainsi me le persuade ce qui
« se passe en toi, les tergiversations de ton cœur sans
« cesse aux prises avec ta vertu. Angelette, cesse de
« combattre ainsi, cède à l'amour qui te commande
« de fléchir sous sa loi, de te livrer à mes désirs ;
« d'abandonner un époux que tu ne peux aimer pour
« suivre l'amant à qui tu as donné ton cœur. Viens,
« te dis-je, sous un autre ciel courons vivre pour
« nous aimer, et attendre pour nous enchaîner par le
« plus doux lien, que le mal qui mine ton mari t'ait
« rendu la liberté. Angelette, je meurs si tu me refu-
« ses. Par une mort prompte, je mets le terme au sup-
« plice que j'endure de te savoir à un autre, un autre
« qui possède le droit de te prodiguer ses caresses,
« d'exiger les tiennes, de me torturer à petit feu, sans
« que je puisse m'y opposer, ni le punir de cette au-
« dace. Ce soir, Angelette, lorsque l'horloge aura
« sonné onze heures, je descendrai dans le parc, j'irai
« t'attendre près du saut-de-loup, et si, cédant enfin
« à mes désirs, tu consens à me laisser vivre, nous

« franchirons le fossé pour nous diriger vers la chaise
« de poste qui nous attendra à l'entrée du village. An-
« gelette, j'espère, et si ton cœur cède à mes vœux, ce
« soir, lorsque réunis au salon, nous ferons comme de
« coutume la partie de whist avec ton mari, une fleur
« que tu auras placée à ta ceinture sera pour moi le
« signal de ton consentement et de mon bonheur. »

— L'hypocrite! elle a osé me soutenir qu'il ne l'avait pas entretenue de son amour; qu'elle était restée insensible à son égard! s'écria Victorine tremblante de colère, après avoir lu. Mais il l'aime donc bien, cette niaise créature, pour me la préférer? Ah! pourquoi faut-il que ce Davenay soit un impotent! combien j'éprouverais de plaisir à mettre ce Gabriel aux prises avec lui! à le pousser à la vengeance! à dire à ce mari : Tuez cet homme, il est l'amant de votre femme! Mais si ce moyen me fait défaut, si celui que tu aimes ne consent à t'oublier, s'il ose me repousser une seconde fois, malheur à toi, Angelette, car cette lettre est une preuve terrible dont je m'armerai pour te perdre auprès de ton mari, te faire chasser de chez lui et te couvrir de honte! s'écria Victorine qui, avant d'agir, de révéler à Davenay la prétendue infidélité de sa femme, voulait tenter un nouvel effort auprès de Gabriel.

Ce fut dans cette intention qu'elle abrégea le séjour qu'elle et son mari devaient faire au château, et que trois jours après leur arrivée les époux Desjardins reprenaient la route de Paris.

— Décidément, mon bon Gabriel, il faut convenir que nous ne sommes pas heureux dans nos amours sérieux; toi, en aimant une femme mariée, qui te résiste et te congédie de chez elle, moi, en adorant une petite sauvage dont la susceptibilité ne tient aucun compte du bonheur de m'avoir pour mari, ni de la fortune, et qui plante-là l'un et l'autre à la moindre mouche qui la pique.

Ainsi disait Boudinier à son ami, dont il avait appris le retour à la villa de Verrières, où il était venu passer deux jours avec lui.

— Au moins ta Thérèse est libre ; ton bonheur ne dépend que d'un raccommodement, tandis que celle que j'aime est la femme d'un autre, reprit Gabriel.

— Oui, celle d'un moribond qui d'un instant à l'autre, ce qui ne peut tarder, fera sa femme veuve et libre de te donner sa main. Ce n'est donc pour toi qu'une question de temps et de patience, un bonheur que le ciel te réserve et qui ne peut t'échapper ; tandis que moi, reverrai-je jamais Thérèse ? Où la chercher ? dans l'univers ? mais l'univers est bien grand.

— Mais cette Justine, cette femme de chambre qui déjà te l'a fait retrouver une fois, ne pourrait-elle t'aider à la retrouver une seconde ? dit Gabriel.

— Cette fille est mon unique espoir. Mais où est-elle ? Si encore elle avait l'esprit de venir me voir, je paierais sa présence au poids de l'or.

— Elle viendra ; espère, fit Gabriel, d'autant mieux que tu lui as promis de la prendre en qualité de femme de chambre de Thérèse, lorsqu'elle sera ta belle moitié...

— Mais Dieu me pardonne si je ne me trompe ; je crois reconnaître Mme Desjardins dans cette femme qui traverse le jardin et se dirige vers la maison, dit vivement Boudinier, tout en s'éloignant de la fenêtre auprès de laquelle il était assis.

— C'est elle-même ! Que vient-elle faire ici ? demanda Gabriel.

— Parbleu ! livrer un nouvel assaut à ton cœur ; essayer de te ravir à sa belle-fille. Décidément, cette femme-là en tient pour toi d'une terrible façon.

— Je ne veux pas la voir, car je la déteste !

— Si, reçois; saches ce qu'elle te veut; quant à moi, retiré dans la chambre voisine, j'écouterai; et si par hasard, la chère femme, à l'instar de Mme Putiphar, essayait de te prendre de force, j'accourerais à ton secours, mon petit et chaste Joseph. Mais j'entends son pas et je me sauve.

A peine Boudinier avait-il quitté la chambre par une porte dérobée, que Victorine s'y présentait avec hardiesse.

— Vous, chez moi, Madame ? En vérité, nous sachant ennemis, j'étais loin de m'attendre à l'honneur de votre visite, dit froidement Gabriel, tout en avançant un siége à la dame, qui s'empressa de s'y asseoir.

— Je comprends votre surprise, Monsieur; mais veuillez croire que s'il ne s'agissait de l'honneur et du repos de ma belle-fille, je me serais dispensée de faire une démarche qui répugne autant à ma fierté qu'elle est en dehors de toutes convenances, car la femme que votre ami a chassée de chez vous, au moment où elle vous prodiguait ses soins et ses veilles, commettrait une lâcheté en s'y présentant de nouveau, si un motif sérieux ne lui commandait cette démarche.

— Madame, il ne tenait qu'à vous que ma demeure vous fût ouverte et que vous y régniez en mère aimée et respectée; mais laissons ces détails, et veuillez m'apprendre en quoi et par qui est menacé l'honneur et le repos de Mme Davenay.

— Par vous, par vos imprudentes démarches, Monsieur.

— Je ne comprends pas, Madame, reprit froidement Gabriel.

— J'arrive de Royaumont, Monsieur, et j'y ai appris avec autant de surprise que de mécontentement le séjour que vous venez d'y faire, et de la touche d'Angelette, les efforts coupables et incessants que vous employez afin de détourner cette jeune femme de ses devoirs afin de la ravir à son mari.

— Angelette ne peut vous avoir avoué de semblables choses, Madame, ses lèvres n'étant pas habituées au mensonge.

— Ainsi, vous niez que votre voyage à Royaumont, votre séjour au château n'avaient point un coupable but? vous niez, qu'abusant de l'hospitalité et sous les dehors de la franchise, de l'amitié, d'avoir abusé de la confiance de M. Davenay, en cherchant à séduire, à lui voler sa femme?

— Je nie, Madame.

— Alors, nierez-vous aussi que la lettre écrite par vous, il y a dix jours à Angelette, n'a pas été tracée de votre propre main? lettre que j'ai trouvée chez elle, dont je me suis emparée, et dans laquelle vous lui proposez d'abandonner son mari et de fuir avec vous?

— Vous avez osé, Madame !...

— Prendre cette lettre? Oui, Monsieur, interrompit en souriant Victorine, et je conserve cette preuve de votre délicatesse, de la fidélité conjugale d'Angelette, jusqu'au jour où il me plaira de la faire lire à un mari offensé.

— Vous ne ferez pas cela, Madame, car ce serait infâme de votre part! s'écria Gabriel avec feu.

— Je le ferai, Monsieur, si vous ne me faites à l'instant même le serment d'oublier et de ne plus revoir Angelette, de renoncer à elle, même si la mort de son mari lui rendait la liberté, si, refusant d'oublier le mauvais tour que je vous ai joué en vous ravissant cette fille, afin de me débarrasser d'une rivale, vous ne consentez à me traiter avec moins de froideur et de sévérité. Vous voyez que mes conditions ne sont pas toutes désastreuses et que je fais passablement les avances, dit en souriant Victorine.

— Certes, Madame, vous êtes belle, gracieuse, et

que l'homme que vous daignez remarquer est un fortuné mortel ; aussi me réjouirais-je grandement d'une aussi précieuse faveur, si mon cœur était libre, si je ne l'avais donné tout entier et pour la vie à ma chère Angelette. Or, Madame, tout ce que je puis vous offrir en ce moment, est l'oubli du mal que vous m'avez fait et une amitié sincère.

— C'est déjà quelque chose, mais ce n'est pas assez, répondit Victorine.

— Je ne puis donner plus que je ne possède, Madame.

— Gabriel, songez que de votre refus dépend le malheur et la vie d'Angelette, car, du caractère dont je la connais, elle succombera sous le poids de la honte le jour où son mari, instruit par moi et par votre lettre de l'inconduite de sa femme, l'aura chassée de chez lui ignominieusement ; et comme en tout il est bon de réfléchir, je vous en accorde le temps ; mais si demain je n'ai pas reçu votre visite, à Paris, chez moi, où je vous attendrai à minuit, où une femme de chambre dévouée vous introduira après avoir été vous prendre à la petite porte du jardin, le lendemain je me rends à Royaumont, et malheur, alors, à votre chère Angelette... Vous avez entendu ! Demain, à minuit, à la porte du jardin, plus, une amende honorable de votre part. A ce prix, mon silence et mon amour.

Ayant dit ainsi et sans attendre de réponse, Victorine se leva pour s'éloigner d'un pas rapide, en laissant Gabriel confondu de tant d'audace et de perfidie.

— Tu as entendu, dit-il, en voyant rentrer Boudinier, qui riait à se désopiler la rate.

— Tout ! mon cher, tout ! D'honneur, si je n'en tenais pour Thérèse, je serais amoureux fou de cette gaillarde-là... En voilà une qui ne va pas par deux chemins. Si vous ne consentez à coucher avec moi, malheur à vous ! Mais c'est délicieux, adorable ! Décidément, tu es un heureux coquin, l'enfant gâté du beau sexe.

— En vérité, Boudinier, je ne puis comprendre de ta part cet excès d'hilarité lorsque tu me vois désolé, plongé dans la plus vive inquiétude... Oh! cette femme! elle perdra Angelette, elle la tuera! s'écriait Gabriel au désespoir.

— Corbleu! sauve-la en couchant avec sa belle-mère, au risque de renvoyer plus tard cette drôlesse à son jobard d'époux, pour te marier avec sa belle-fille, lorsque le moment sera venu.

— Moi! prodiguer mes caresses à cette femme que je déteste, trahir Angelette, mériter son mépris, jamais!

— Cher, tu pousses la vertu et la constance jusqu'au ridicule; mais moi, qui ne relève pas si haut ces beaux principes, afin de te sortir d'embarras et de sauver Angelette, je consens à prendre ta place auprès de cette Mme Putiphar, de la combler d'amour et de caresses si elle y consent, et qui plus est, de lui reprendre de gré ou de force la lettre fatale qui fait ton tourment.

— Tu ne réussiras pas ; Victorine te connaît et te chassera de chez elle.

— Elle ne me chassera pas, et après-demain tu auras ta lettre, répondit Boudinier avec assurance.

Le lendemain, Boudinier et Gabriel quittaient Verrières pour se rendre à Paris, où, en arrivant chez lui, l'amant de Thérèse fut agréablement surpris d'y trouver Justine en grande conversation avec son domestique, qui lui contait fleurette dans l'antichambre.

— Sambleu! soyez la bienvenue, Justine, fit Boudinier.

— N'est-ce pas! pour vous aider une seconde fois à retrouver la trace de votre belle fugitive, ma future maîtresse, dit la jeune chambrière en riant.

— Vous avez deviné, Justine ; hâtez-vous donc de me dire où est Thérèse.

— Je n'en sais ma foi rien !

— Malheur ! fit Boudinier en se frappant le front, pour reprendre aussitôt : Justine, Thérèse a quitté Paris pour courir se cacher aux champs. Cherchez bien dans votre tête si la cruelle n'aurait pas quelques amis, des parents à la campagne chez lesquels elle peut avoir été se fixer.

— Oui ; sa tante, qui habite Senlis, or il est plus que certain que c'est chez cette bonne dame que se sera rendu Mlle Thérèse.

— Senlis ! Oui, c'est la qu'elle doit être, que la cruelle se cache ! Justine, vous êtes mon ange tutélaire, mon sauveur !... Demain je cours à Senlis, j'y trouve Thérèse, je tombe à ses genoux, et si, insensible à mes larmes, à mes regrets, à mes prières, je l'enlève de force et la ramène à Paris.

— Bien dit ! D'autant mieux, Monsieur, qu'elle vous aime et ne fera pas grande résistance.

— Vous savez que Thérèse m'aime, ma chère Justine ?

— Oh ! elle s'est bien gardée de l'avouer à personne, la petite dissimulée ; mais ses actes trahissent le secret de son cœur, vu qu'une femme ne se sauve d'un homme que lorsqu'elle craint de ne pas être assez forte pour lui résister.

— Justine, vous êtes, ma chère, de première force sur la tachygraphie du cœur humain. Décidément, quand j'aurai épousé Thérèse, je vous attache à ma maison et double vos gages en qualité de bonne et spirituelle chambrière, et de devineresse adroite et subtile.

— Je suis tout à vos ordres, Monsieur.

— Même, reprit gaiement Boudinier, afin que vous soyez parfaitement heureuse, je vous marierai à Joseph, mon domestique, lequel possède toutes les qualités requises pour faire la meilleure pâte de mari qui existe, de Paris jusqu'en Chine.

— En vérité, vous me voulez trop de bien, Monsieur, répliqua Justine en riant.

Boudinier, tant son impatience était grande de revoir Thérèse, aurait désiré partir à l'instant même pour Senlis, mais se souvenant de la promesse qu'il avait faite à Gabriel de le remplacer chez Victorine, il avait remis son voyage au lendemain, et acheva de passer cette journée en compagnie de son ami.

La pendule marquait la demie avant minuit, lorsque Desjardins et sa femme rentrèrent chez eux après avoir passé la soirée dans le monde, lorsque le mari et la femme, après s'être souhaité une bonne nuit, se séparèrent pour passer chacun dans leur appartement respectif.

Une fois chez elle, Victorine se fit déshabiller, ôta ses diamants et passa un élégant peignoir ; puis, ayant fixé la pendule et voyant qu'elle marquait minuit :

— Henriette, dit-elle à sa femme de chambre, il doit être arrivé ; allez le chercher.

— Oui, Madame.

Et la chambrière sortit pour remplir la commission.

— Sera-t-il venu ? Oh ! s'il était assez implacable au point de ne pas s'être rendu à cette invitation, malheur à lui, malheur à elle ! se disait Victorine, tout en prêtant une oreille attentive au bruit qui venait du dehors.

Des pas se font entendre.

— C'est lui ! s'écrie Victorine triomphante et le sourire sur les lèvres.

La porte de la chambre s'ouvre, et un homme y pénètre ; la jeune femme tombe muette et pâle dans un fauteuil en reconnaissant Boudinier, qui sourit à sa surprise.

— Monsieur, que venez-vous faire ici, à pareille heure ? demanda Victorine d'un ton ferme.

— Remplacer, Madame, l'heureux mortel que vous attendiez.

— Je ne vous comprends pas, Monsieur, je n'attends personne ; sortez !

— Je vous demande mille pardons, Madame, mais vous attendiez mon ami Gabriel, auquel hier matin vous avez imposé ce doux rendez-vous.

— Vous mentez, Monsieur ! Pour qui donc me prenez-vous ?

— Pour une femme charmante, jalouse, sans doute, de se venger de l'indifférence d'un mari. Quant à nier que ce soit vous qui avez donné ce rendez-vous, cela ne vous est pas permis, Madame, car j'étais caché dans la chambre de Gabriel lors de la visite que vous lui fîtes hier, et je n'ai pas perdu un seul mot de votre entretien.

Victorine, en écoutant, se mordait les lèvres jusqu'au sang.

— Sortez, Monsieur ! ou je sonne mes gens.

— Vous ne le ferez pas, Madame.

— Ne me défiez pas davantage, et retirez-vous, croyez-moi.

— Vous ne pouvez appeler sans vous perdre, Madame... Jugez-en. J'ai pour vous le malheur d'être jeune, d'une figure assez agréable ; vos serrures et vos vitres sont intactes ; je suis connu de votre mari, je ne puis donc être pris pour un malfaiteur. Votre servante m'a introduit ici d'après vos ordres, mystérieusement et, n'oserait le nier ; or, vous voyez bien que vous êtes en mon pouvoir, Madame, car je suis résolu de me dire votre amant, que vous m'avez fait venir ici pour n'en sortir que demain, au jour. Maintenant, sonnez, appelez si cela vous convient, Madame.

— J'admire votre audace et cette lâcheté, dit la dame, frémissant de colère.

— J'en conviens, Madame.

— Mais enfin, qu'exigez-vous donc de moi, Monsieur ; de moi, dont je ne pense pas que vous soyez amoureux, car, s'il en était autrement, vous ne débuteriez pas par la violence dans l'espoir de me plaire.

— Je ne suis pas même assez audacieux, Madame, pour concevoir la pensée de vous inspirer de l'amour, surtout sachant votre cœur enchaîné.

— Mais alors, que me voulez-vous donc ? reprit Victorine avec impatience.

— Maintenant, Madame, que vous avez renoncé à appeler vos gens, je vais vous le dire, reprit Boudinier, en s'asseyant tranquillement auprès de Victorine, dont les mains tremblantes déchiraient un mouchoir de dentelle.

— Commencez donc, Monsieur, et surtout soyez bref.

— Autant qu'il me sera possible, afin d'abréger une visite qui ne me semble pas vous être des plus agréables. Madame, vous avez perfidement soustrait à votre belle fille, une lettre que lui a écrit mon ami Gabriel, et je viens vous prier de vouloir bien me la remettre.

— Je ne vous la remettrai pas, Monsieur, répondit froidement Victorine.

— Donnez-moi cette lettre, vous dis-je, et je pars... Vous ne voulez pas ? vous préférez votre vengeance à votre propre honneur ! Alors, ce dont vous me menaciez tout à l'heure, c'est moi qui vais le faire.

— Quoi donc, Monsieur ? dit Victorine tremblante.

— Je vais sonner tous vos gens, faire éveiller votre mari ; nous vous verrons tous trois dans cette chambre à coucher, qui est la vôtre... à une heure du matin ! et je vous préviens que je serai assez indigne de me donner pour votre amant et soutenir que hier, à la villa de Gabriel, vous ne vous êtes rendue mystérieusement que pour me voir et me donner rendez-vous cette nuit... Allons, cette lettre, Madame, cette lettre.

— Mais quoi vous assure, Monsieur, que, lorsque j'aurai expliqué votre lâche conduite à mon mari, il ne me croira pas plus que vous ? dit la dame.

— Ceci est dans les choses possibles, car le cher homme est à votre égard d'une crédulité parfaite ; mais, comme l'insulte que je lui ai faite de pénétrer la nuit dans la chambre de sa femme, nécessitera un duel entre nous, que je suis de première force en escrime, et qu'au pistolet, d'une pièce de deux francs qu'on jette en l'air j'en fais un anneau d'argent en la perçant de ma balle, je tuerai donc M. Desjardins ; ce duel s'ébruitera dans le monde, et vous perdrez tout à la fois votre réputation de femme honnête et votre fortune dont héritera votre belle-fille... La lettre, Madame, hâtez-vous.

Madame Desjardins, vaincue et humiliée, se leva, fouilla dans le tiroir d'un secrétaire et en tira la lettre, qu'elle remit à Boudinier d'une main qu'agitait la colère.

— Maintenant, Madame, veuillez recevoir mes sincères remerciements et mes salutations empressées, dit le jeune homme en se retirant à reculons, pour ensuite disparaître.

XXII

Le lendemin de cette aventure, un jeune homme se promenait le nez au vent dans une des rues de la petite ville de Senlis, où, après avoir cherché quelques instants, il s'en fut heurter à la porte d'une très modeste maison située à l'extrémité d'un faubourg de la petite ville, porte que vint lui ouvrir une vieille femme au visage hâlé, ridé, et vêtue comme le sont les paysannes.

— Qu'est-ce que vous désirez, mon bon Monsieur? s'informa cette dernière en adressant une belle révérence à Boudinier.

— Parler à Mme Hébert.

— C'est [moi Mme Hébert. Donnez-vous la peine d'entrer, Monsieur.

— Très volontiers, ma chère dame.

Boudinier suivit la dame, qui l'introduisit dans une salle basse, meublée rustiquement, d'une grande propreté, et de laquelle l'unique fenêtre donnait sur un petit jardin légumier.

— Asseyez-vous, Monsieur, dit Mme Hébert en approchant une chaise à Boudinier, dont les yeux cherchaient Thérèse dans tous les coins, Boudinier qui fit un bond de joie en entendant le chant d'un pinson frapper son oreille.

— Je vous écoute, Monsieur.

— Madame, je suis négociant en cachemires, et comme j'ai appris que vous possédiez une nièce qui travaille dans cette partie, et à laquelle je désire donner beaucoup d'ouvrage, je viens auprès de vous pour m'informer de sa demeure afin d'aller la trouver et de m'entendre avec elle sur le prix.

— Vous ne pouviez mieux vous adresser, mon bon Monsieur, car ma nièce Thérèse, qui habite ordinairement Paris, se trouve ici en ce moment.

— Alors, ne pourriez-vous me conduire vers elle ?

— Vous conduire, ce n'est pas la peine ; comme elle est dans la chambre située ici dessus, je vais l'appeler.

— Ne dérangez, bonne dame, ni vous ni elle ; je vais monter la trouver.

— C'est cela, montez, dit la dame, à qui notre jeune homme ne fit pas répéter deux fois l'invitation, et s'élança sur un escalier situé dans la salle, lequel le conduisit à une porte qu'il ouvrit pour se trouver en présence de Thérèse, en train de travailler auprès d'une fenêtre, laquelle poussa un cri en le reconnaissant.

— Thérèse ! fit Boudinier en tombant aux genoux de la jeune fille, dont l'émotion et la surprise paralysaient le mouvement et la voix.

— Vous ! vous, encore ? fit-elle enfin.

Puis deux ruisseaux de larmes s'échappèrent de ses yeux.

— Cruelle ! cent fois cruelle, qui, sur une fausse accusation, sans daigner seulement m'entendre, a voulu briser mon bonheur, a chassé l'espérance et la joie de mon cœur en me fuyant une seconde fois.

— Laissez-moi ! par pitié, laissez-moi, Monsieur, car je ne veux plus vous croire, je ne vous aime plus ! dit Thérèse d'une voix faible et en essayant de soustraire ses mains aux caresses dont son amant les couvrait.

— Tu ne m'aimes plus, dis-tu, âme de ma vie ! alors, d'où proviennent ces larmes qui s'échappent de tes beaux yeux ? Pourquoi les battements de ton cœur agitent-ils ton sein ? Oui, tu m'aimes encore, ma Thérèse ; tu te repens de m'avoir cru coupable, de m'avoir abandonné et réduit au désespoir... Thérèse, ne détourne pas ainsi tes yeux, fixe-les sur l'amant qui t'adore ! Thérèse, je t'aime ! je t'aime !!!

— Alors, la jeune fille attendrie, vaincue, tourna son charmant regard vers l'amant suppliant, et laissa tomber sa tête sur son épaule, douce et tendre familiarité, dont Boudinier profita pour couvrir le visage de Thérèse d'une foule de baisers.

— Hein ! qu'est-ce que cela signifie, mademoiselle ma nièce ? dit la dame Hébert qui, en entrant dans la chambre, venait de surprendre nos deux amants.

— Cela, Madame, n'est autre qu'un mari qui embrasse sa femme bien-aimée, répondit Boudinier.

— Comment ! tu es mariée, Thérèse, et tu ne m'en as rien dit ? fit la tante de l'expression du reproche.

— Mariée ! pas encore, chère dame ; mais vous voyez en moi un futur qui vient chercher sa prétendue pour la conduire par devant M. le maire, et de là à l'église, dit le jeune homme en souriant.

— Mais je ne comprends rien à tout cela. Comment se fait-il que, au moment de vous marier, ma nièce soit venue demeurer chez moi sans me parler de rien ?

— Bonne tante, je m'étais fâchée contre lui, et j'ai voulu le punir en me sauvant sans l'en prévenir, mais je crois que c'est moi qui ai supporté la peine.

— Je devine ; un coup de tête. Oh ! maintenant je devine pourquoi tu étais si triste et que tu pleurais sans cesse en cachette ; il s'agissait d'un amoureux, rien alors de plus naturel.

— Bonne dame, il faut quitter ce pays, venir avec nous habiter Paris, où nous vous rendrons la vie douce et heureuse.

— Quitter mon pays, ma maison, mon jardin, pour votre grande ville ? non, non, mon bon Monsieur ! et pourtant j'aime bien ma chère petite nièce ; mais, voyez-vous, je suis bien vieille, j'ai mes habitudes et je veux mourir ici, afin que l'on m'y enterre à côté de mon pauvre mari, qui m'attend dans le cimetière. Mais cela ne m'empêchera pas de compter à Thérèse la dot que je lui destine et que j'ai mise de côté pour elle, laquelle ne s'élève pas moins qu'à six cents francs, en belles pièces de cent sous toutes neuves, dit la tante d'un petit air brave et orgueilleux.

— Que vous êtes bonne, ma chère tante, fit Thérèse en embrassant la vieille femme.

— Nous acceptons lesdits six cents francs, chère dame, mais à la condition que vous nous permettrez de faire rebâtir votre maison, qui me fait l'effet de tomber en ruine ; d'agrandir votre jardin et de vous donner une servante à nos frais.

— Holà ! vous êtes donc bien riche, mon futur neveu, pour vouloir faire de pareilles dépenses ?

— Assez pour rendre heureux tous les gens que j'aime. N'est-ce pas, Thérèse ?

— Tante, mon mari est riche à vingt-cinq mille livres de rente, dit Thérèse en riant.

— Tant que ça ! Mais alors c'est un seigneur que tu épouses et tu vas devenir une grande dame ? s'écria la tante émerveillée.

— De tout cela, ma tante, ce qui me flatte le plus, c'est l'amour et l'estime que mon futur mari a pour moi ; doux sentiment dont il m'a donné la preuve en venant chercher jusqu'ici l'ingrate fille qui sur une fausse accusation avait été assez injuste pour l'abandonner et le plonger dans le chagrin.

— Oh! oui, bien injuste, chère Thérèse. Moi, vous oublier, vous trahir pour une lorette, une Fifine? fi donc! dit Boudinier avec indignation.

— Mon ami, Fifine vous aime donc pour avoir voulu nous brouiller ensemble?

— Les filles de ce caractère-là, ma chère Thérèse, aiment tous ceux qui peuvent les nourrir et les parer à leurs frais, et sont généralement ennemies des filles et des femmes honnêtes, dont les vertus font encore plus ressortir leurs vices.

— Quel dommage qu'il existe des femmes comme cela! soupira Thérèse.

— Quelle bonne aubaine lorsqu'on en rencontre, qui vous ressemblent, ma douce amie! répliqua Boudinier; paroles dont Thérèse le remercia par un sourire.

— Thérèse, reprit le jeune homme, il nous faut retourner à Paris afin d'y presser les formalités de notre mariage.

— A Paris! mais mon ami, je n'y ai plus de domicile, puisque j'ai abandonné ma chambre et vendu mes meubles.

— Mauvaise tête, va! fit la tante.

— Que voulez-vous? le chagrin m'avait rendue folle. Ainsi, mon ami, c'est une fille errante, sans asile, une vagabonde que vous acceptez pour femme. Convenez que vous faites un bien triste mariage.

— J'épouse un trésor dont les précieuses qualités vont embellir ma vie, une femme, enfin, qui me donnera de chers petits enfants, aimables et beaux comme leur mère. Maintenant, arrangeons nos batteries. Chère tante, à l'occasion du mariage de votre nièce, vous ne pouvez vous dispenser de nous accompagner à Paris, où vous et Thérèse habiterez un appartement meublé situé près de ma demeure, et que vous occuperez jusqu'au jour où je viendrai prendre ma jolie future pour la conduire à l'autel. Surtout, chère dame, ce que je vous recommande par dessus tout, est de ne pas quitter Thérèse de vue, dans la crainte qu'elle ne m'échappe une troisième fois.

— Soyez tranquille, je vous réponds d'elle comme de moi-même, répliqua la tante Hébert en souriant.

Le lendemain, nos trois personnages roulaient vers Paris, où Boudinier installa Thérèse et sa tante dans un hôtel garni de la rue de la Paix. Trois jours plus tard, notre jeune homme qui courait Paris afin de remplir et d'activer les nombreuses et assommantes formalités que nécessitent un mariage, arpentait le boulevard de la Madeleine, lorsqu'il fut se heurter dans un homme dont le visage, quoique souriant, le fit reculer de trois pas et pousser un : Pas possible ! de l'expression de la plus profonde surprise.

— Ah çà ! qu'a donc ma vue pour vous surprendre ainsi ? demanda le personnage.

— Comment, mon pauvre Picquoiseau, vous êtes vivant ? fit Boudinier en pressant la main du peintre.

— Et qui plus est, je n'ai pas envie de mourir, ce dont je viens de donner la preuve en faisant la nique à la gueuse de maladie, qui m'a cloué un mois à l'hôpital. A propos, vous ne pourriez pas, par hasard, me rendre le service de me donner des nouvelles et de m'indiquer où perche ma colombe fidèle, ma bien-aimée Fifine Dandoulard, laquelle a abandonné son domicile à l'instar de votre Thérèse, sans y laisser l'adresse de sa nouvelle demeure.

— Piquoiseau, je puis et veux, pour raison particulière, vous indiquer où vous trouverez cette indigne femelle qui, pour justifier son infidélité et l'oubli de votre personne, vous a fait passer pour mort auprès de tous les gens de votre connaissance.

— Quoi, la malheureuse a fait cela ? Comme si ce n'était pas assez de m'avoir donné la preuve de son mauvais cœur, de la fausseté de son caractère, du peu d'attachement qu'elle avait pour moi en ne daignant pas venir me visiter une seule fois durant ma maladie. Mille tonnerres! mettez-vous donc dans la misère, devenez donc indélicat, carotteur, lorsque vous avez le fond honnête, pour satisfaire les caprices coquets, mondains et voraces d'une pareille péronnelle ! s'écriait Piquoiseau avec dépit.

— Cher, il faut vous venger de cette ingrate fille.

— Oh ! je ne demande pas mieux, aussitôt que j'aurai mis la main sur elle.

— Pour cela, vous n'avez qu'à vous rendre rue Cadet ; c'est là où vous trouverez Mlle Fifine Dandoulard dans le coquet appartement que lui a donné son entreteneur, un nommé Desjardins, vieux libertin marié.

— Merci, j'y cours, fit le peintre.

— Surtout, Piquoiseau, soyez ferme ; n'allez pas faiblir sous les caresses et les paroles mielleuses de cette fille sans cœur ni amitié.

— Oh ! il n'y a pas de danger, fiez-vous à moi.

— Très bien ! Maintenant, comme un homme qui sort de l'hôpital a besoin de se réconforter par des soins et une nourriture substantielle, acceptez ce billet de banque de cent francs, mon cher Piquoiseau.

— Ça n'est pas de refus, car je vous avouerai franchement que je suis sans un sou dans ma poche.

— Piquoiseau, voulez-vous suivre les conseils que je vais vous donner en votre intérêt ?

— Vous avez le droit de m'en donner, moi de les suivre et de m'en trouver bien.

— Alors, mon cher, croyez-moi, renoncez à cette vie de bohème que vous avez menée jusqu'ici ; livrez-vous au travail qui donne la santé, le bonheur et la considération ; puis, si plus tard vous prenez une nouvelle maîtresse, tâchez de la choisir parmi les filles sobres et laborieuses. Si vous vous conduisez ainsi, Piquoiseau, alors je vous permettrai de me compter au nombre de vos protecteurs, de vos clients, et ma bourse vous viendra en aide. Allez maintenant voir Fifine, et faites en sorte de vous venger d'abord et de la punir ensuite du mal qu'elle a voulu me faire à moi-même.

— Ah ! elle vous a joué de mauvais tours ? Suffit ! elle sera doublement punie ; je ne vous dis que cela. Au revoir, mon bienfaiteur ; dans quelque temps, j'espère vous prouver que vous n'avez pas semé vos bons conseils dans un terrain inculte.

Cela dit, Piquoiseau pressa la main de Boudinier et s'achemina vers la rue Cadet, où il se présenta chez Fifine, à laquelle une femme de chambre fut annoncer sa visite sous le nom de M. Ernest et la qualité d'agent de change. Il était alors midi, et Fifine, qui venait d'achever sa toilette, donna ordre d'introduire le visiteur dans sa chambre, à la vue duquel elle laissa échapper un cri de surprise mêlé de frayeur ; mais se remettant aussitôt :

— Comment c'est toi, mon petit Piquoiseau ? On m'avait dit que tu n'étais plus de ce monde, mon cœur, dit-elle.

— Ce sont des méchants qui ont fait courir ce bruit afin d'affecter ton âme fidèle, aimante et sensible, chère tourterelle ; mais, comme tu vois, je suis aujourd'hui en parfaite santé et, de plus, pourvu d'un appétit monstre. Ange, empresse-toi donc d'appeler ta servante et de me faire servir à déjeuner, dit Piquoiseau en se jetant sans façon sur un tête-à-tête.

— Mon petit, ce que tu demandes est impossible, car tu sauras que je ne suis pas ici chez moi, mais chez une amie qui a consenti à me donner asile, après que mon gueux de propriétaire de la rue Fontaine-au-Roi eut fait vendre mes meubles.

— Chère amie, ce que tu m'apprends là me prouve que ton amie a le cœur sensible et qu'elle ne se refusera pas à donner l'hospitalité au tourtereau lorsqu'elle l'accorde à la tourterelle. Allons, je crève de faim, fais-moi servir.

— Ecoute, Piquoiseau, je consens à prendre cela sur moi, mais à la condition qu'après avoir déjeuné tu t'en iras aussitôt.

— Chose convenue. A table, donc.

Le déjeuner fut servi. Piquoiseau mangea pour deux, but comme quatre et, le repas terminé, feignit de s'endormir ; ce que voyant Fifine fit qu'elle le secoua vivement en l'engageant de partir au plus vite.

— Tourterelle, j'ai pour habitude de dîner après avoir déjeuné, répondit le peintre.

— Par exemple ! Et mon amie qui va rentrer, s'écria Fifine, que dirait-elle ?

— Ce qu'elle voudra, je m'en fiche !

— Voyons, mon cœur, sois donc bien gentil ; va-t'en, et lorsque tu m'auras envoyé ta nouvelle adresse par la poste, je te promets d'aller te voir souvent, de te payer même de bons petits dîners.

— Lanlaire que tout cela ! Je me trouve bien ici, et j'y reste.

— Piquoiseau, si tu lasses ma patience, je vais appeler le concierge et te faire mettre de force à la porte.

— Appelles et je flanque le pipelet par la fenêtre... Je reste, te dis-je ; je dîne, soupe et couche ici, telle est ma volonté ; et si ton entreteneur le trouve mauvais, il n'aura qu'à le dire : on le servira.

— Mon entreteneur ! Mais tu es fou ! Est-ce que j'ai un entreteneur, moi qui n'aime que toi ?

— S'il est vrai, tu v'as m'en donner la preuve en m'aidant à congédier le sieur Desjardins, homme mûr et engagé dans les liens du conjungo, lorsqu'il va venir pour soupirer auprès de toi.

— Tu sais !... Mais qui donc t'a instruit ?... demanda Fifine très contrariée.

— Mon petit doigt, ma colombe.

— Eh bien ! puisqu'il n'y a plus moyen de dissimuler, j'avoue, et je te crois assez homme d'esprit et trop l'ami de ta Fifine, pour vouloir, par une sotte obstination lui faire perdre son généreux protecteur et la position que ce Monsieur m'a faite... Or, comme il ne peut tarder à venir, va-t'en, et tu n'auras pas à t'en repentir.

A ce moment, un coup de sonnette se fit entendre, et Fifine, effrayée, supplia Piquoiseau de se cacher, et comme il hésitait, elle le poussa vers la porte d'un cabinet où elle l'enferma à double tour.

— Chère, pourquoi a-t-on tant tardé à m'ouvrir, demanda Desjardins en entrant.

— Je l'ignore, la bonne était sans doute occupée.

— Sambleu ! qu'as-tu donc aujourd'hui ? Je te trouve la figure toute pâle et renversée... Chère, une fois pour toutes, je te défends d'être laide, sous peine de perdre ma protection.

— Ainsi, il est défendu à une maîtresse d'être malade ? fit Fifine avec aigreur.

— Comme tu dis ; une femme qu'on paie n'a pas ce droit, sous peine d'être mise à la retraite.

— Comme un meuble boiteux, n'est-ce pas ? reprit la jeune femme. Mon cher, il devrait en être ainsi de notre part à l'égard des hommes qui ont passé la cinquantaine. Avis à vous, et tâchez d'être un peu plus aimable, si vous tenez que je ferme les yeux sur la date de votre naissance. Ça, m'apportez-vous l'argent que vous m'avez promis hier ?

— Ces deux mille francs que tu destines à ta marchande à la toilette ? Oui, ma chère, quoi que je trouve que tu ne fais pas mal sauter l'argent pour une fille qui, il y a un mois à peine, vivait avec les vingt sous que lui rapportait son rude travail.

— Minet, je vous trouve aujourd'hui d'une impertinence que je ne consens à pardonner qu'en faveur de votre exactitude à combler mes désirs. Allons, remettez-moi ces deux mille francs.

Au même instant où Fifine disait ainsi, en avançant la main, le bruit d'un meuble qu'on renversait se fit entendre dans le cabinet où se tenait caché Piquoiseau.

— Qu'est-ce que cela? demanda Desjardins en fixant tour à tour la porte du cabinet et le visage de Fifine, lequel venait de s'illuminer d'une vive rougeur.

— Rien ! Mon chat qui fait des siennes dans cette chambre.

— Comment ! un chat qui renverse une commode ou autre gros meuble, à en juger par le bruit effroyable que je viens d'entendre ! Chère, voyez donc ce que c'est.

— Bah ! c'est bien la peine, ma foi, de me déranger pour si peu de chose, répondait Fifine, lorsqu'un nouveau bruit, plus fort que le premier, retentit dans le cabinet.

— Décidément, c'est le diable qui est là dedans, et je veux faire connaissance avec lui, reprit Desjardins en se levant, mais que Fifine retint par le pan de son habit.

Mais peine inutile, car Piquoiseau armé de deux baguettes, se mit à battre la retraite sur les vitres de la porte, puis d'en casser une, afin de passer sa tête à travers en s'écriant :

— Coucou ! ah ! le voilà !

Desjardins, stupéfait, roulait des yeux furieux en fixant Piquoiseau.

— C'est mon frère qui est venu me voir, un farceur comme il y en a peu, s'empressa de dire Fifine hors d'elle.

— Yes ! un petit frère avec lequel sa petite sœur va faire dodo cette nuit. Coucou ! ah ! le voilà ! répondit le peintre en sortant du cabinet pour venir se jeter les jambes en l'air sur un misérable tête-à-tête où Fifine était assise.

— Monsieur, vous êtes un drôle, et toi, une misérable catin ! s'écria Desjardins, dont la fureur avait atteint son paroxysme, et cela en prenant son chapeau pour décamper en poussant derrière lui les portes avec violence.

— Que l'enfer te confonde, extravagant, sot animal ! Tu viens ma foi de faire un beau coup. Ne pouvais-tu au moins attendre que ce bipède caressant m'eût lâché ces deux billets de banque, que j'avais l'intention de partager avec toi ?

— Merci de cette généreuse pensée ; mais, comme à partir d'aujourd'hui j'ai pris la résolution de vivre en honnête homme et de ne rien devoir qu'à mon travail, je t'eusse refusé, ma chère.

— Le plus souvent ! fit la jeune fille avec incrédulité.

— Tu doutes, et cela ne me surprend nullement : dis-moi qui tu hantes, je te dirai qui tu es.

— Ah çà ! est-ce que ça serait sérieux que tu es devenu honnête homme ?

— J'espère en fournir bientôt la preuve en me mettant au travail, après avoir renoncé aux femmes de certaines mœurs.

— Compris ! Eh bien ! cher ami je te souhaite bon courage et bonne chance ; quant à moi, à qui le travail donne sur les nerfs, je suis décidée à vivre désormais de mes rentes, et pour cela, d'accepter dès ce soir les hommages d'un nouveau protecteur, afin de remplacer celui que tu viens d'effaroucher.

— Très sagement calculé. Bonne chance je te souhaite à mon tour, mon ex-tourterelle.

— Adieu, mon ex-tourtereau ; surtout, pense quelquefois à moi, dit Fifine.

— Je te le promets, et tu en acquéreras la preuve le jour où, plus généreux que tu ne l'as été à mon égard, j'irai te porter mon aumône à l'hôpital, répliqua le peintre, pour ensuite tourner les talons à Fifine et quitter sa demeure.

XXIII

Un mois s'est écoulé depuis la rupture de nos derniers personnages ; il est minuit, et une nombreuse société, réunie dans les riches salons du restaurant Deffieux, s'agite et danse au son d'un orchestre harmonieux.

C'est le bal de noce de Boudinier et de Thérèse, qui se sont mariés dans la journée, que célèbrent de nombreux amis, fête à laquelle assiste Desjardins en cachette de sa femme, où il fait le lovelace en courtisant toutes les dames, en voltigeant de l'une à l'autre. Desjardins qui, en reconnaissant en Thérèse la jeune fille du wagon, s'est empressé de lui présenter ses excuses et de la féliciter sur son heureuse et honorable union.

Boudinier est au comble de l'ivresse et très empressé d'entendre sonner l'heure où il pourra, sans blesser les convenances, enlever sa femme et l'emporter triomphant chez lui. Boudinier, donc, dirige à chaque instant ses regards sur l'émail des pendules, dont la lenteur avec laquelle marche les aiguilles lui font craindre qu'elles ne soient arrêtées.

Parmi cette foule rieuse et dansante se promène Gabriel triste et soucieux, Gabriel qui pense à Angelette dont le bonheur de son ami Boudinier ne fait que d'augmenter le chagrin et les regrets.

Ce fut en errant indifférent dans le salon de danse que notre triste amoureux se heurta dans Desjardins, lequel s'empressa de passer son bras sous le sien pour l'emmener dans un petit salon désert, où il le fit asseoir à côté de lui.

— Mon jeune ami, vous faites une triste mine ce soir, et j'en connais la raison, grâce à ce que Boudinier m'a tout dit. Je sais que vous aimiez ma fille avant son mariage et que vous l'aimez encore étant femme. Mon bon Gabriel, il ne faut pas m'en vouloir à moi, qui ignorais votre tendresse pour Angelette et vous eût accepté pour gendre sans balancer, si vous étiez venu vous ouvrir à moi.

— Merci ! cent fois merci, Monsieur, de ces bonnes intentions à mon égard. Oui, posséder votre Angelette eut été pour moi le comble du bonheur, mais Dieu n'a pas permis qu'il en fût ainsi, et je dois me résigner, répondit Gabriel.

— Vous résigner d'abord, mais momentanément, car je crains fort que mon pauvre gendre, dont la maladie ne fait que d'empirer de jour en jour, ne fasse sous peu une veuve de ma fille, et alors... vous comprenez.

— Oui, Monsieur ; et pourtant je vous avouerai que, en dépit de l'amour extrême que mon cœur ressent pour Angelette, M. Davenay m'a tellement inspiré d'estime, de sympathie pour sa personne, dans le court espace de temps que j'ai passé sous son toit, en sa société, que mon cœur ne forme aucun souhait qui puisse être fatal à cet excellent homme, et que je n'apprendrai pas sa mort sans éprouver un vif regret.

— Voilà de bien généreux sentiments de la part d'un rival, et qui vous honorent, mon jeune ami. Enfin, ne souhaitez rien, laissez venir les choses, et, lorsqu'il en sera temps, sachez en profiter et être heureux.

— Avez-vous donc reçu depuis peu des nouvelles de M. Davenay? demanda Gabriel.

— Ce matin même ; mais ignorez-vous que lui et sa femme sont de retour à Paris depuis hier ?

— Je l'ignorais, Monsieur, fit vivement Gabriel, à qui cette nouvelle venait de causer une vive émotion.

— Oui, les médecins jugeant l'air des champs trop vif pour sa position, ont exigé qu'il revînt à Paris.

Le jour qui succéda à cette nuit de fête, Gabriel, étant encore au lit, reçut une lettre que lui apporta son domestique ; le jeune homme en brisa le cachet pour lire avec autant de surprise que de joie les lignes suivantes :

« Je souffre, et je sens mon âme qui cherche à
« s'échapper de mon sein pour retourner à Dieu. En
« un pareil moment, il me serait doux de me voir en-
« touré des gens que j'estime ; c'est vous dire que je
« vous attends, mon jeune ami. »

Cette lettre était signée Davenay.

— Pauvre martyr! Oui, je vais courir à ton chevet, non comme un perfide qui cache dans le fond de son cœur de coupables pensées, des vœux sacrilèges, mais guidé par l'amitié et l'estime, s'écria Gabriel avec tristesse.

Il s'habilla et s'empressa de se rendre à l'appel du moribond, dans la chambre duquel il fut aussitôt introduit, au chevet duquel il trouva une jeune épouse en pleurs.

C'est le cœur péniblement oppressé que Gabriel contempla les ravages que le mal avait opéré dans les traits de Davenay, lequel en le reconnaissant, lui tendit une main amicale que le jeune homme s'empressa de saisir.

— Gabriel, soyez le bien-venu, car le temps presse, et la mort n'attend pas. J'ai désiré vous voir, mon jeune ami, vous êtes accouru à la voix du mourant, guidé seulement par l'amitié, j'en suis certain d'avance. Gabriel, écoutez-moi, et toi aussi, Angelette, toi dont les larmes sont sincères... Mes enfants, j'ai deviné votre secret, je sais que vous vous aimez.

— Ah ! Monsieur ! s'écrièrent ensemble les deux jeunes gens interdits.

— N'essayez pas de nier vos sentiments, mes amis ; ce serait en vain que vous dissimuleriez, car vos lèvres me les ont révélés d'elles-mêmes, un certain jour où, assis tous deux dans le parc de Royaumont, vous faisiez assaut de générosité, par pitié pour le pauvre mari qui, caché derrière une charmille, n'a pas perdu un seul mot de votre entretien... Allons, ne rougissez pas ; relevez les têtes, mes gentils amoureux, car ce n'est point un juge qui est devant vous, c'est un ami indulgent. Gabriel, donnez-moi votre main : donne aussi la tienne, Angelette.

Les deux jeunes gens obéirent ; alors Davenay posa la main d'Angelette dans celle de Gabriel, en leur disant :

— Enfants, je vous bénis et vous unis ; soyez heureux, et donnez quelquefois un souvenir à ma mémoire.

— Assez, Monsieur, vous me déchirez le cœur ! s'écria Angelette, qui fondait en larmes.

— Ne pleure pas ainsi, ma chère petite, et pense au bonheur qui t'attend avec celui que ton cœur a choisi. Enfants, pardonnez-moi de vous avoir séparés quelques instants, quoique la faute en soit à vous qui n'êtes pas venu m'ouvrir votre cœur, et me dire : Nous nous aimons, laissez-nous à notre amour. Alors j'aurais refusé ta main, Angelette, toi que je n'acceptais en qualité de compagne, d'épouse, que pour mieux t'assurer ma fortune ; toi dont j'ai respecté la vertu en ne t'imposant pas les caresses d'un vieillard cacochime, en refusant d'unir l'hiver au printemps... Ainsi, tout est bien convenu et accepté de part et d'autre... vous vous marierez ensemble, et vous vous aimerez toute la vie, reprit péniblement Davenay en souriant faiblement. Encore une petite recommandation, mes amis : vous êtes mes héritiers, vous allez être libre de disposer de mes biens comme vous l'entendrez, ce qui fait que je vous recommande, vous supplie même de garder mes domestiques à votre service, car ce sont tous de bons et loyaux serviteurs dont je n'ai jamais eu qu'à me louer. Me le promettez-vous ?

— Vos désirs, Monsieur, sont des ordres sacrés pour nous, répondit Gabriel, dont les larmes étouffaient la voix, Gabriel qui, rempli d'admiration et de reconnaissance, collait à ses lèvres la main du moribond, qu'il n'avait cessé de tenir dans la sienne.

Quinze jours plus tard, Davenay avait rendu son âme à Dieu, et Angelette s'était retirée à l'Abbaye-aux-Bois, afin de passer en prières, dans cette sainte maison, les premiers mois de son veuvage, n'y recevant d'autre personne que Thérèse, que Boudinier lui avait présentée et que son cœur avait prise en affection.

Après quinze mois d'un deuil sévère, la jeune veuve rentra dans le monde pour devenir madame Gabriel Dupuis, mariage où se dispensa d'assister Victorine, restée l'ennemie intime du jeune couple, quoique ce dernier eut consenti à servir à Desjardins une rente de cinquante mille francs par an.

Comme tôt ou tard le vice obtient sa récompense (vieux farceur de dicton), Fifine a fini par rencontrer un boyard russe qui lui a acheté un hôtel et lui fait rouler équipage.

Piquoiseau, qui a tenu la promesse faite jadis par lui à Boudinier, est devenu un piocheur, et, après s'être aperçu qu'il n'était qu'un crouton en l'art de la peinture, il s'est fait peintre en bâtiment, marié, et vit heureux dans son ménage.

FIN

TABLE

Chapitre	I.	1
—	II.	12
—	III.	20
—	IV.	31
—	V.	50
—	VI.	60
—	VII.	70
—	VIII.	82
—	IX.	91
—	X.	105
—	XI.	113
—	XII.	123
—	XIII.	136
—	XIV.	149
—	XV.	155
—	XVI.	173
—	XVII.	180
—	XVIII.	193
—	XIX.	208
—	XX.	222
—	XXI.	237
—	XXII.	250
—	XXIII.	262

FIN DE LA TABLE

Imprimerie DESTENAY, Bussière frères, Saint-Amand (Cher).

Original en couleur
NF Z 43-120-8

www.ingramcontent.com/pod-product-compliance
Lightning Source LLC
Chambersburg PA
CBHW062230180426
43200CB00035B/1428